HERMANN-JOSEF VENETZ
SO FING ES MIT DER KIRCHE AN

HERMANN-JOSEF VENETZ

SO FING ES MIT DER KIRCHE AN

EIN BLICK IN DAS NEUE TESTAMENT

BENZIGER VERLAG
VERLAG SKB

3. (durchgesehene) Auflage 1982 (11. Tausend)

Umschlaggestaltung: Christa Nussbaumer, Adliswil/Zürich,
unter Verwendung eines Relief-Bildes auf einem Sarkophag,
das ein frühchristliches Agape-Mahl darstellt
(Roma, Museo Nazionale Romano)
ISBN 3 54523038 4 Benziger Verlag
ISBN 3 7203 9998 2 Verlag Schweizerisches Katholisches Bibelwerk, Fribourg

INHALT

VORWORT 13

EINLEITUNG

Können wir überhaupt etwas tun? 15
Bibel ohne Nutzanwendung 16
Ist die Bibel maßgebend? 17
Die Biblizisten und ihr keimfreies Christentum 19
Die ganze Bibel ernst nehmen 21
«Neue Interpretationen» kannten schon die Evangelisten 22
Weder Gott noch die Kirche lassen sich «haben» 23
Damit die Bibel zum Tönen kommt 26
Zum Aufbau und Gebrauch dieses Buches 27

I. DIE SACHE JESU – ODER: WIE DER STEIN INS ROLLEN KAM

Wer gibt uns Auskunft? 31
Die Kirche als Partei? 31
Eine Brille, durch die man sehen kann 32
Nur ein Stück Markusevangelium 34
Ausgerechnet Galiläa 34
Mehr als eine «Gute Nachricht» 35
Als ob die Zeit zu Ende ginge 36
Die falsche Alternative 37
Die Zeit des neuen Anfangs... 38
...und des neuen Stand-Ortes 39
Eine eigene Lehrbefugnis... 41
...und eine eigene Art der Nachfolge 42
Die «neue Lehre» 43
Menschen können aufstehen 44
Konkret – oder gar nicht 45
Im Auftrag eines andern 45

Alle Grenzen überschreitend 46
In schöpferischer Kraft 48
Für Deklassierte... 49
... das Angebot der Gemeinschaft 50
Eine neue Sprache 52
Der Sabbat und die Menschlichkeit der Pharisäer 54
Kein «Mann der Mitte» 55
Wo der Mensch hingehört 56
In die Mitte gestellt 58
Eine Herausforderung, die nicht hingenommen werden kann 60
Ein Tod ohne Schminke 61
Der letzte Ernst eines leidenschaftlichen Gottes 62
Kirche und Gottes Herrschaft 63

II. LEUTE DER ERSTEN STUNDE

1. Die Jesusbewegung – soziologisch gesehen

Schlechte Musik 65
Mit «Herr Erneuerer» unterwegs 66
Besitzlosigkeit und Vorratskammer 69
Zwölf wandernde Prediger 70
Seßhafte Sympathisanten 71
Autorität und Konflikte 73
Die zentrale Bezugsgestalt 74
Keine billigen Übersetzungen 75
Kein fertiges Haus 76
Ein Appell an die Verantwortung und an die Phantasie 77
Hineingegeben in eine bestimmte Gesellschaft 78
Bereit «auszuflippen» 79
Land kontra Stadt 80
Der Traum vom «Gottesstaat» 81
Griechisch ist «in» 82
Korinth ist nicht Palästina... 84
... und Tokio ist nicht Flamatt 86
Was schon (fast) genügen könnte 87

2. Modelle für eine christliche Gemeinde

ZGB Art. 60ff 87
Von der Gründung des VEEW 89
Gründungsversammlung und Statuten genügen nicht 90
Modell Synagoge 92
Das «Kirchgemeindehaus» 93
Vorsteher und Aufseher 94
Ein Modell, das sich brauchen läßt 95
Vereine noch und noch 96
Vereinspatrone sind gern gesehen 97
Das ZGB bei den alten Griechen 98
Beamte und Inspektoren 99
Menschen – auch Christen – sind meist natürlich und banal 100

3. Thessalonich und Korinth

Gruppendynamik und Brüderlichkeit 101
Der Adressat ist die Gemeinde 103
Alle sind in Pflicht genommen... 104
...doch die einen sind geschickter als die andern 105
Keine Inthronisation, aber Anerkennen der Fähigkeiten und Begabungen 107
Ordnet euch solchen Menschen unter 108
Mitarbeiter ohne «amtliche» Qualifikationen 110
Ein Blick ins bunte Korinth 111
«Rechte» und «Linke» gab es schon damals 112
Quer durch alle Gesellschaftsschichten 113
Ein Berg von Problemen 114
Es kommt darauf an, wer die Fragen stellt 115
Eine Autorität eigener Art 116
Argumentieren statt diktieren 117
Christen, die das Recht haben zu unterscheiden 118
Vertrauen statt Ämter 120

4. Was Gemeinde wirklich ist

Ist das «korinthische Experiment» gescheitert? 121
Ein Name für die Christen 122
Ein Briefkopf als prophetische Vision 123
Die den Namen unseres Herrn Jesus Christus anrufen 125
Ein Glaubensbekenntnis 126
Wann ist der Mensch gesund? 127
Keine Privilegierung des Zeigefingers 128
Mit Abraham sind wir gemeint 129
Aus der persönlichen Erfahrung gesprochen 130
Der leibhafte Christus 131
Ein Christus, den man sehen kann 132
Nur die Gemeinde als Ganzes 133
In diese Welt hineinverwoben 133
Eine Gemeinde, die Geschichte hat und Geschichte macht 134
Unverfügbar – selbst für Paulus 135

5. Der kirchliche Dienst

«Charisma» – ein besonderes Wort 136
Wenn der Christus im einzelnen konkret wird 137
Ehelosigkeit als Charisma 139
Wenn besondere Begabungen die Gemeinde durcheinanderbringen ... 140
Was doch jeder wissen sollte 141
Keine Überheblichkeit – aber auch keine Angst 142
Tragt Sorge zu den «kleinen» Gaben 143
Ordnung muß sein 144
Was weit wichtiger ist 145
Freiheit muß nicht schon Wildwuchs sein 146
Und das Amt? 147
Von Anfang an mit dabei 148
Wenn Prediger und Theologen Leute verunsichern 149
Eine Kurzformel zum Mitdenken 151
«Versöhnung» ist kein Zauberwort 152

Mitbeteiligt 153
Keine Gemeinde ohne Amt – kein Amt ohne Gemeinde 155

6. Charisma oder Amt?

Wo sind die Charismen geblieben? 155
Vom Ernstnehmen der «kleinen Dienste» 156
Initialzündung und Kleinarbeit 157
Wenn man beginnt, um sich selbst zu kreisen 158
Wenn aus der «Gemeinde Gottes» «Pfarrkinder» werden 160
Wenn man versucht, Gott und die Menschen in Griff zu bekommen 162
Summa summarum 164

III. WENN DIE ZEIT SICH HINZIEHT...

1. Eine Zeit des Übergangs

25 Jahre VEEW 166
Bilanz: Nicht schlecht 167
Ein «Ende» ist nicht abzusehen 168
Von der Gemeinde zur Großkirche 171
Das Problem mit den Häresien 172
Das «Apostolische» 174
Die Aufteilung und Festigung von Ämtern 176

2. Ephesus – eine Kirche von Welt

Das Fundament, ein Bauleiter und einige Handlanger 177
Die ersten Verkünder avancieren zum Fundament 179
Die Una, Sancta, Catholica et Apostolica 180
Eine Sprache, die einem den Atem nimmt 181
Wenn man versucht, die Chiffren zu deuten 183
Einheit als Gabe... 184
...und Aufgabe 185
Kein hierarchisches Modell... 187
...aber ein klarer Auftrag 188

3. Mattäus – ein Mann der Kirche

Das Evangelium vom «ausprobierten» Jesus	189
Mattäus, der Realist	190
Nur ein kleines Beispiel	192
Ein «Credo» eigener Art	193
Aus Levi wird Mattäus	195
Aus dem Haus wird die Kirche	196
«Geht und lernt!»	197
Mit Jesus Gemeinde neu entdecken	198
Ein Spiegel für Gemeindeleiter	199
Die Ordnung der Barmherzigkeit	200
Kritik an den Amtsträgern?	201
Und die Apostel und ihre Nachfolger?	203
Und Petrus, der Fels?	205
Am Felsen kann nicht gerüttelt werden	205
Die Kirche, die den Felsen braucht	208
Unverzichtbar, doch nicht unantastbar	209

4. Lukas – Evangelist, Schriftsteller, Geschichtsschreiber

Was gibt uns Sicherheit?	210
Nicht in einem verborgenen Winkel	211
Heilige Geschichte	212
«Heute»	213
Das große Brausen	214
Apostel sind unersetzlich	216
Fixpunkt Jerusalem	217
Ein Leitungsgremium für die Minderheit?	218
«Und sie legten ihnen die Hände auf»	219
Bei den Ältesten in guten Händen	220
Propheten und Lehrer	221
Das Testament des Lukas	223
«Diakonia» ernst genommen	225
Das Amt, das vom Geist kommt	225
Das «Prinzip» ist die «Liebe Gottes»	226

Kurz zusammengefaßt 227
Die Mär von der heilen Welt 229

5. Die Pastoralbriefe – das Vermächtnis des Unaufgebbaren

Sachte mit voreiligen Übersetzungen 230
Timotheus und Titus – die ersten Metropoliten? 232
Wenn das Image zerbröckelt 233
Der Episkopos muß für vieles herhalten 234
Ein «edler Beruf» 235
Ein Wort an die Ältesten 237
«Vorgesetzte» scheinen es nie leicht zu haben 238
«Diakonos» – ein Name für jedes kirchliche Amt 240
Trotz allem kein konkretes Bild 242
Eine Vermutung, die man ernst nehmen sollte 242
Paulus wird zum Heiligen erklärt 243
Abschluß der theologischen Forschung 244
Wenn der Gegner verketzert wird 245
Keine Angst vor Pseudonymen 246
Was würden Sie denn tun? 247
Der Sinn für das Bewährte und Praktische 249
Die «Norm» des Christlichen 250
Das Heiligste, das wir haben 251
Die Lehre und der Lehrer 253
Die Ämter und ihre Bedeutung 254
Worauf es ankommt 255

SCHLUSS

Die Bibel ist kein Alibi... 257
...aber auch kein Rezeptbuch 258
Die Verbindlichkeit der Bibel 259
Die Bedeutung der Geschichte 261
Der Pastoraltheologe hat das Wort 262
Ein Blick über den Zaun 263
Keine Angst vor Veränderung 265
Das Amt – Zeichen der Freiheit und der Treue 267

ANHANG

Literaturhinweise 269
Stichwortverzeichnis 275
Register der Bibelstellen 279

VORWORT

Die Vorbereitungen zu diesem Buch reichen schon einige Jahre zurück. 1978/79 hielt ich an der Theologischen Fakultät in Freiburg (Schweiz) ein Seminar mit dem Titel «Gemeinde und Gemeindeleitung im neutestamentlichen Schrifttum». Gleichzeitig standen auch die sogenannten Vierwochenkurse für die Weiterbildung der Seelsorger der deutschen Schweiz unter diesem Thema. An drei dieser Kurse hatte ich als Referent während je einer Woche den biblischen Teil zu bestreiten. Sowohl von den Teilnehmern am Seminar wie auch von denen an den Vierwochenkursen erhielt ich manch interessante Anregung. Bald einmal wurde ich auch darum gebeten, meine Einsichten und Ausführungen zu diesem Thema in einer Schrift festzuhalten.

Letzter Anstoß zur Publikation gab dann das Interdiözesane Pastoralforum der Schweiz. Es soll im Mai 1981 das Thema «Lebendige und missionarische Gemeinde – ihre Dienste und Ämter» behandeln. Es ist in der Tat nicht einzusehen, warum Erkenntnisse, die für den Bibelwissenschaftler bereits zu den Gemeinplätzen zählen, nicht auch einer breiteren Öffentlichkeit zugänglich gemacht werden sollten. Auf alle Fälle hoffe ich, daß die Veröffentlichung neutestamentlicher Forschungsergebnisse zu diesem Thema engagierten Christen helfen wird, die dringenden Probleme um Gemeindeorganisation und kirchliche Ämter frei und angstlos – wie es sich für Christen ziemt – zu diskutieren.

Durch vielerlei Anregungen haben mich mehrere Kollegen zur Veröffentlichung dieses Buches ermuntert und mir dabei geholfen. An erster Stelle sei hier Dr. theol. Max Küchler erwähnt. Er nahm am Seminar in Freiburg aktiv teil, half bei der Vorbereitung der Vierwochenkurse, machte mehrere Verbesserungsvorschläge zum Text und besorgte die Register. Namentlich angeführt seien hier auch Prof. Georg Schelbert, Lic. bibl. Anton Steiner und Dr. theol. Pierre Casetti. Ihnen allen möchte ich an dieser Stelle herzlich danken.

Seine endgültige Gestalt erhielt das Buch in der Benediktinerabtei St. Lawrence zu Ampleforth (England). Allen Mönchen, die mich ein neues Stück Kirche erfahren ließen, ganz besonders Abt Ambrose Griffiths und Prior Placid Spearritt, sei für die überaus liebenswürdige Aufnahme in ihrem Kloster bestens gedankt.

Das Buch ist eine kleine Dankesgabe an meine Mutter, die vergangenen Sommer ihren 80. Geburtstag feiern durfte. Sie ließ mich wohl als erste erfahren, was Kirche sein könnte, und hat mich – ohne viel Worte – dazu geführt, an der Kirche Freude zu haben.

Freiburg, im Herbst 1980 Hermann-Josef Venetz

EINLEITUNG

Können wir überhaupt etwas tun?

Die Probleme sind bekannt. Die Priesterberufe gehen weiter zurück; der «Laie» engagiert sich mehr und mehr in der Kirche. Laientheologen, Pastoralassistenten, Katecheten, Seelsorgehelferinnen usw. werden nicht nur für die Spezialseelsorge herbeigezogen; mit ihnen teilt der Priester auch die Sorge der Gemeindeleitung. Der Priester selbst sieht sich immer mehr in den kultischen Raum verdrängt: er feiert Eucharistie, sitzt im Beichtstuhl und spendet Krankensalbung.

Hand in Hand mit diesen Vorgängen geht eine Krise im Selbstverständnis. Wozu ist der Priester eigentlich noch da? Was hat er den «Laien» voraus, die täglich mehr zu «Spezialisten» werden? Warum soll der «Laie», der sich in Religionsunterricht, Erwachsenenbildung und Krankenbegleitung abmüht, nicht auch der Eucharistiefeier vorstehen? Warum werden die Frauen weiterhin beharrlich vom priesterlichen Dienst ferngehalten?

Das sind nicht nur Fragen der Organisation. Länger je mehr kommt man zur Überzeugung, daß die Ämter nur im Zusammenhang der Gemeinde und der Kirche als ganzer betrachtet werden können. Darum die Frage: Was ist eigentlich Kirche? Was will sie? Welches sind ihre Grundfunktionen? Was ist ihre Zukunft?

Wie gesagt, der Probleme sind genug, und sie sind auch weitgehend bekannt. Was tun? Sollen wir «weiterwursteln» und auf einem rein pragmatischen Weg die Dinge so nehmen, wie sie kommen? Sollen wir nicht besser zurück auf das alte Kirchenrecht greifen und auf die sogenannte alte Theologie, deren Vorstellungen bezüglich all dieser Fragen doch recht ordentlich und präzise waren? Haben wir überhaupt eine andere Wahl? Ist die Kirche mit all ihren Strukturen und Ämtern nicht etwas Gottgewolltes und darum Unabänderliches, so daß wir weder vor- noch rückwärtsgehen können?

Wenn irgendwelche Fragen auftauchen, die man grundsätzlicher behandeln möchte, greifen Christen zur Bibel. Sie erwarten, daraus eine Antwort oder sogar irgendwelche Direktiven entnehmen zu können. Wir müssen uns im klaren sein: Wenn die Bibel so etwas wie eine Antwort, so etwas wie Direktiven hätte, hätte die Kirche schon längst davon Gebrauch gemacht. Offensichtlich ist die Bibel – wenigstens in diesem Punkt – nicht so eindeutig. Wir wollen darum zuerst einmal ein paar grundsätzliche Fragen zur Interpretation der Bibel erörtern.

Bibel ohne Nutzanwendung

Nur in seltensten Fällen lassen sich aus der Bibel unmittelbare konkrete Folgerungen für die Meisterung unserer heutigen Probleme ableiten. Predigten, die einem vorgestellten Bibeltext die «Nutzanwendung» folgen lassen und breitschlagen, sind heute kaum mehr gefragt. Die heutigen Predigten orientieren sich weniger an einem vorgegebenen Text als an bestimmten Problemen. Das heißt, sie gehen von der Situation der Zuhörer aus und suchen nach einer Erhellung in einem biblischen Text. Dadurch, daß dieser in die bewußtgemachte Situation hineingesprochen wird, erhält er einen ganz neuen Klang.

Dieses Vorgehen in der Predigt ist nicht nur ein Trick, den man anwendet, damit die Predigt besser «ankommt». Dieses Vorgehen wird von der Bibel selbst diktiert. Keine biblische Erzählung ist aufgezeichnet worden, damit man einen «Text» hat, mag diese Erzählung noch so schön und interessant und weise sein. Es gibt keinen Text, der nicht irgendwo ein «Ankommen» hat, eine bestimmte Situation, eine bestimmte Umwelt, einen bestimmten «Sitz im Leben». Einen Text von dieser Situation zu trennen, ist Fälschung.

So hilft es auch nicht, wenn ich aus einer Erzählung das «Wort Gottes» herauszukristallisieren suche, um es in die heutige Situation hineinzusprechen. Das Wort Gottes «an sich» gibt es nicht. Es kann darum auch nicht aus der Erzählung herausgenommen und dem Leser oder Hörer mitgeteilt werden. Vielmehr soll der Leser oder Hörer eingeladen werden, sich selbst und seine Situation und seine Probleme in die Erzählung mit einzubringen, weil nur in der Erzählung als solcher Gottes Wort «zu einzigartiger Darstellung und Kraftentfaltung» kommt (vgl. 2. Vatikanum, Dei Verbum 12 und 17). Vom «Hier und Jetzt» der heutigen Situation des Menschen darf man nicht absehen, will man ernsthaft die Bibel lesen.

Ist die Bibel maßgebend?

Man soll das Bibellesen nicht allein dem Bibelwissenschaftler überlassen. Er wird uns wohl darüber Bescheid geben, was in der Bibel steht und was man damals darunter verstanden haben könnte. Er wäre aber hoffnungslos überfordert, wenn man von ihm erwarten würde, daß er uns sagt, was denn nun heute anhand der Bibel konkret zu tun sei. Der Exeget tut gut daran, seine mangelnde Kompetenz einzugestehen. Wenn nicht, läuft er Gefahr, zum »Biblizisten» zu werden.

Unter Biblizisten versteht man jene komische Art von Menschen, die nur das gelten lassen wollen, was so und nicht anders in der Bibel steht. Irgendwie ist eine solche Haltung konsequent. Hat sich die Kirche nicht immer wieder nach der Bibel zu richten? Und ist nicht alles, was in der Bibel steht, für uns maßgebend? Sägen wir nicht den Ast ab, auf dem wir sitzen, wenn wir anfangen, an der Bibel Abstriche zu machen?

So verführerisch eine solche Einstellung auch ist, ihre Folgen sind bedenklich. Die Bibel kennt z.B. kein Amtspriestertum, wie es das in der katholischen Kirche seit Jahrhunderten gibt. Ist die katholische Kirche deswegen auch schon auf dem falschen Weg? Sollen wir die Ohrenbeichte abschaffen, weil von ihr in der Bibel nicht die Rede ist? Soll man Frauen zu Diakonen weihen, weil in Röm 16,1 eine Diakonin namens Phoebe erwähnt ist? Soll man das Kardinalskollegium abschaffen, weil es in der Bibel nirgends zu finden ist? Soll man den «Witwenstand» einführen, weil wir davon im 1. Timotheusbrief lesen? Soll es neben dem Petrusdienst (Papsttum) auch noch einen Lieblingsjünger-Dienst geben?

So interessant manche dieser Perspektiven auch sein können: so geht es offensichtlich nicht. Bibelwissenschaft hat mit Nostalgie nichts zu tun.

Die Frage aber bleibt: Inwiefern ist die Bibel für uns maßgebend?

Neuere Methoden der Bibelwissenschaft bezeichnen gewisse Stellen und Einsichten in den Evangelien und in den Briefen als «sekundär», d. h. als etwas, das mündlich oder schriftlich zum Text hinzugewachsen ist, bevor er so niedergeschrieben wurde, wie wir ihn jetzt vor uns haben. Ein Beispiel soll das erläutern.

Der erste Evangelist, Markus, berichtet uns vom Vorhaben des Auferstandenen, daß er seinen Jüngern und dem Petrus in Galiläa begegnen wolle. So sagt nämlich der «junge Mann im weißen Gewand» am Grabe zu den Frauen:

... Nun geht und sagt seinen Jüngern und dem Petrus: Er geht euch nach Galiläa voraus. Dort werdet ihr ihn sehen, genau wie er es euch gesagt hat (16,5–7).

Dieser Tradition folgte auch der Evangelist Mattäus, der dann auch prompt von einer Erscheinung des Auferstandenen in Galiläa berichtet (28,16ff). Auch das Johannesevangelium weiß von einer Begegnung des Auferstandenen mit den Jüngern in Galiläa (21,1ff).

Nur dem Evangelisten Lukas, der sonst dem Markusevangelium als Vorlage folgt, paßt diese Tradition nicht ins Konzept. Mit Galiläa kann er nichts anfangen. Für ihn ist *Jerusalem* der Ort der Vollendung und Erfüllung. Dementsprechend läßt er die Erscheinungen des Auferstandenen auch alle in und um Jerusalem herum stattfinden. Die «zwei Männer in strahlend hellem Gewand» (Lukas hat sicherheitshalber zwei hingestellt) sagen denn den Frauen auch nichts von einer künftigen Erscheinung in Galiläa. «Galiläa» erwähnen die beiden Männer nur, um das Gedächtnis der Frauen aufzufrischen:

... er ist auferstanden! Erinnert euch an das, was er euch in Galiläa gesagt hat... (Lk 24,4–6).

Ja, nach Lukas gibt der Auferstandene seinen Jüngern sogar ausdrücklich die Weisung, von Jerusalem nicht wegzugehen, sondern dort auf das Geschenk des Vaters zu warten (Lk 24,49; Apg 1,4).

Lukas hat Jerusalem zum «Angelpunkt» der Kirche gemacht, zu jenem Ort der Erfüllung, auf den die Kirche immer wieder zurückgreifen muß. Diese Idee war Lukas so wichtig, daß er auf die Tradition von den Erscheinungen des Auferstandenen in Galiläa verzichtete. Dabei würden wir doch fragen: Was gibt es denn Wichtigeres für einen Evangelisten als das Festhalten an jenen Traditionen, die vom Erscheinen des Auferstandenen berichten?

Die Jerusalemer Tradition des Lukas ist «sekundär», so sagen die Wissenschaftler, sie ist ein Werk des Lukas.

So weit, so gut. Für viele ist es nun aber so, daß dem Wort «sekundär» ein negativer Beigeschmack anhaftet. Das Sekundäre sollte aus der Bibel entfernt werden; wir wollen doch auf das *Ursprüngliche* zurück. Und nun wird kräftig all das aus der Bibel entfernt, was «sekundär» sein könnte. Aus der richtigen Einsicht heraus, daß das Neue Testament zu verschiedenen Zeiten geschrieben worden ist – das Markusevangelium früher als das Johannesevangelium, der 1. Korintherbrief früher als die Pastoralbriefe (1 u. 2 Tim; Tit), die Traditionen, die Markus verwendet, früher als seine Überarbeitungen usw. – geht man nun dahinter, das ganze NT bis auf das «Ursprüngliche« zusammenzustreichen. Das Resultat ist kläglich. Nicht die Bibelwissenschaftler propagieren es, sondern eine Art «Biblizisten», die den Glauben an ein «keimfreies» Christentum noch nicht aufgegeben haben.

Eine andere Art von «Biblizisten» behauptet gerade das Gegenteil: Maßgebend sind die späteren Passagen des Neuen Testaments, denn diese verraten ein reiferes Stadium der Überlegung und der Theologie. Das Spätere ist auch das Bessere, das alles Vorausgehende in sich aufnimmt und in sich aufhebt. Diese Art von «Biblizisten» geben den Vorzug dem Johannesevangelium, dem gegenüber die anderen höchstens Vorbereiter oder Vorstufen waren. Sie ziehen das Mattäusevangelium dem Markusevangelium vor, weil Mattäus den größten Teil des Markusevangeliums aufgenommen und theologisch besser – wie sie meinen – durchdacht hat. In bezug auf Gemeinde und Gemeindeordnung geben sie Lukas und den Pastoralbriefen den Vorzug, weil hier deutlicher als sonstwo von «Ämtern» die Rede ist.

Und ich meine: so geht es auch nicht. Ein Markus, ein Mattäus, ein Paulus würden sich bedanken, daß man sie so hintanstellt. Aber wichtiger ist noch dies zu sehen: Als die Urkirche im Lauf der ersten Jahrhunderte das Verzeichnis der «Heiligen Schriften» zusammenstellte, ist sie nicht so vorgegangen. Nach ihrem Verständnis hat das Johannesevangelium die anderen Evangelien nicht verdrängt. Und neben den Paulusbriefen hat auch das Mattäusevangelium Platz gefunden und neben dem Jakobusbrief auch die Offenbarung des Johannes.

Richtiger wird sein, wenn wir *allen Schriften* und auch *allen Teilen der Schriften* im Verzeichnis der «Heiligen Bücher» ihren Platz belassen, denn nur so kann der ganze Reichtum des Glaubens der frühen Kirche aufleuchten.

Einige Beispiele können das einsichtig machen. In den

synoptischen Evangelien wird Jesus oft der Titel «Menschensohn» gegeben. Es wäre nun sicher nicht richtig, wenn wir sagen würden: Der Titel «Sohn Gottes» sagt mehr, also lassen wir den Titel «Menschensohn» beiseite. – Paulus spricht von der Kirche als vom «Leib Christi», und man könnte meinen, damit sei eigentlich schon alles gesagt. O nein. Sie ist für ihn auch die «Gemeinde Gottes», sie ist der «Tempel Gottes», sie ist die «Pflanzung Gottes» usw., alles Titel oder Benennungen, die jeweils einen eigenen Einblick in das Geheimnis der Kirche geben wollen. – Es gibt in der Kirche «Apostel, Propheten und Lehrer«, wie es im 1. Korintherbrief (1 Kor 12) heißt. Aber es bleibt daneben das Wort, daß ihr euch nicht «Lehrer» nennen lassen sollt, «weil nur einer euer Lehrer ist, nämlich der Christus» (Mt 23).

«Neue Interpretationen» kannten schon die Evangelisten

Gewiß wollen wir die Entwicklungen innerhalb des Neuen Testaments ernst nehmen und alle Methoden berücksichtigen, die uns die moderne Wissenschaft bereitstellt. Wenn wir im Neuen Testament Früheres vom Späteren unterscheiden, dann nicht mit dem Ziel, dem einen vor dem andern den Vorzug zu geben. Das Interesse liegt an einem anderen Ort. Aus dem oben erwähnten Beispiel von «Jerusalem» läßt sich das gut erläutern. Es geht uns nicht darum, dem Markus oder dem Lukas den Vorzug zu geben. Für uns ist vor allem wichtig zu wissen, was dazu geführt hat, daß Lukas eine Tradition so völlig neu interpretieren konnte. Was hat ihn dazu veranlaßt, Jerusalem so ins Zentrum zu rücken, daß dabei alte und historisch ziemlich zuverlässige Traditionen einfach hinfielen? Was für ein Leben, was für Sorgen, was für Probleme, was für eine Theologie, was für ein Recht, was für ein Glaube, was für eine Treue, was für eine Freiheit, was für eine Geistesbeschäftigung bestimmten diesen Theologen? Lukas ist ja nicht der einzige, der so vorgegangen ist. Immer wieder stellen wir fest, daß die Urkirche, daß die Evangelisten, daß ein Paulus nicht einfach Worte Jesu oder kirchliche Traditionen archivarisch gesammelt und weitergegeben haben, sondern Worte Jesu überraschend neu formuliert, ja sogar selbst gebildet haben. Wir stehen hier vor einer Lebendigkeit und Kraft und Phantasie, die uns vielleicht etwas verwirrt. Aber gerade in der Art und Weise, wie die Urkirche die Probleme, die sich ihr stellten, angegangen ist und in aller Treue zu Jesus Christus ganz Neues riskiert hat, können wir lernen, wie auch für uns Treue in Freiheit oder freie Treue möglich ist, können wir lernen, was für eine Spannweite an Kreativität auch uns aufgegeben ist.

Weder Gott noch die Kirche lassen sich «haben»

Könnte es aber nicht vorkommen, daß wir aus lauter Kreativität die Treue vergessen? Wie übrigens auch das Umgekehrte der Fall sein kann, daß wir aus lauter vermeintlicher Treue vergessen, kreativ zu sein?

Paulus hat gegen beide Fronten kämpfen müssen, um es sehr vereinfacht zu sagen. Die Galater waren in Gefahr, aus einer falsch verstandenen Treue heraus sich selbst und die Sache Jesu zu blockieren. Der Galaterbrief ist darum ein einziges großes Plädoyer für die Freiheit. In Korinth war es anders. Da haben die «Geistbesessenen» so sehr «herumgeschwärmt», daß sie den Boden unter den Füßen verloren haben. Darum mußte sie Paulus wieder an die Wirklichkeit zurückbinden, an das Kreuz, an die konkrete Gemeinde, an die Bruderliebe.

Man würde darum gerne wissen, wo denn nun eigentlich die richtige «Mitte», was das «Wesentliche», was das «Spezifische» sei. Und immer wieder hört man die Frage nach dem Wesentlichen des Christentums, nach dem Wesen der Kirche, nach dem Wesen des kirchlichen Dienstes, nach dem Wesen des Priesters.

Diese Fragen sind verständlich. Man soll es dem Exegeten aber nicht verargen, wenn er darauf nicht sogleich eine Antwort bereit hat. Denn *so* ist eine Antwort in der Bibel auch nicht gegeben. Die Bibel spricht nicht vom Wesen Gottes, nicht vom Wesen der Kirche, nicht vom Wesen des Priesters.

Wir könnten einmal versuchen, das Wesen Gottes zu definieren. Wir würden dann vielleicht sagen, er sei das «höchste Wesen», das «unendliche Sein» usw. Ich zweifle nicht an der Richtigkeit und an der Bedeutung solcher Aussagen. Ich bin nur etwas besorgt, wie wenig in solchen Definitionen die «Leidenschaftlichkeit» Gottes zum Ausdruck kommt, hat er sich im Alten Testament doch selbst als der Leidenschaftliche (oder Eifersüchtige) vorgestellt (vgl. Ex 20,5; Dtn 4,24)...

Die Bibel spricht von Gott ziemlich anders als in Definitionen. Die «Definitionen», die sie gebraucht, sind Geschichten und Erzählungen, Anekdoten und Legenden, Lieder und Visionen.

Ich will damit nicht sagen, man könne von Gott nicht

auch anders sprechen; sonst müßte ich ja der Theologie, auch der biblischen Theologie ihre Daseinsberechtigung streitig machen. Wenn Gott zu Abraham gesprochen hat, zu Mose, zu Jeremia usw., dann ist das ja nicht jeweils ein anderer oder etwas ganz anderes gewesen. Irgendwo haben all diese Begegnungen und Worte gewiß eine «Konstante», etwas «Gleichbleibendes», das man als «wesentlich» bezeichnen könnte. Als Illustration aus dem Neuen Testament diene Joh 21. Petrus und sechs andere Jesusjünger waren beim Fischen auf dem See Tiberias, als der Auferstandene plötzlich am Ufer stand. Da war es «der Jünger, den Jesus liebte», der zu Petrus sagte: «Es ist der Herr.» Warum konnte dieser Jünger das sagen? Doch wohl nur, weil er eine bestimmte Vertrautheit mit diesem Herrn hatte, weil sich ihm ganz bestimmte unverwechselbare Züge eingeprägt hatten. Dieses Unverwechselbare könnte auch als das «Wesen» bezeichnet werden. Aber was würde der Jünger, den Jesus liebte, tun, wenn wir ihn bäten, vom «Wesen» des Herrn zu reden? Mit großer Wahrscheinlichkeit würde er anfangen, Geschichten von und über Jesus von Nazaret zu erzählen, Anekdoten und Legenden, er würde Lieder singen und Gesichte schauen.

Und das ist recht so. Denn Gott ist nicht jemand, den man «hat», erst recht nicht jemand, den man «gehabt hat», sondern ein Gott, der auf uns zukommt.

All das Gesagte ließe sich mit Leichtigkeit auf die Kirche übertragen. Selbst ein gewiegter Theologe wie Lukas würde uns kaum mit einer «Definition» der Kirche dienen. Auf unsere entsprechende Frage würde er mit einer Fülle von Erzählungen antworten. Er würde über Korinth und Ephesus berichten, er würde die Christushymnen anstimmen, die dort gesungen wurden und von den kleinen Leuten erzählen, die in der Gemeinde ein Zuhause bekamen. Und erst dann würde er versuchen, all das in einen theologischen Begriff oder in ein theologisches Bild zu bringen, mit dem er dann doch nicht so ganz zufrieden wäre.

Und auch das ist recht so. Denn die Kirche ist nicht eine fertige Größe, die man «haben» kann; so auch nicht das Papsttum, auch nicht der priesterliche Dienst, wie ja auch das Christsein selbst noch lange nicht bis in all seine Tiefen ausgelotet ist.

Damit die Bibel zum Tönen kommt

Wir sollen nicht so tun, als ob sich zwischen der Zeit der Apostel und der unseren nichts Vernünftiges ereignet hätte. Damit will ich sagen: Wenn wir die Bibel nicht in der Kirche und mit der Kirche lesen, kommt sie gar nicht zum Klingen. Und wenn ich «Kirche» sage, meine ich ja schon auch die «zwei oder drei», die im Namen Jesu versammelt sind (Mt 18,20). Ich meine aber ebensosehr die Kirche, wie sie durch die Jahrhunderte geworden ist, die Kirche mit ihrem Auf und Ab, mit ihren Heiligen und Gaunern, mit ihren Erleuchtungen und Verblendungen, wie es denn auch in der heutigen Zeit, ja in jedem Christen ein Auf und Ab gibt, jeder Christ irgendwie Heiliger und Gauner, jeder erleuchtet und verblendet ist. Die echteste Interpretation der Bibel steht nicht im allerneuesten Kommentarwerk. Die echteste Interpretation der Bibel ist die Kirche selbst in ihrer Geschichte und in ihrem jetzigen Leiben und Leben, in ihrem Aufbruch und ihrer Umkehr. Eine solche Aussage soll nicht gleich als «Referenz» gegenüber der Kirche abgetan werden, durch welche sich der Exeget zum vornherein absichern kann. Eine solche Aussage ist auch ein Glaubensbekenntnis. Und jeder, der zu glauben versucht, weiß, wie gefährdet ein solcher Glaube ist. Konkret: Die «Konstanten» des katholischen Priestertums, des kirchlichen Amtes, ja die «Konstanten» der Kirche wird nicht nur die Bibel, sondern eben auch die Kirche aufzuweisen haben, die sich der Bibel als «ihrem» Buch verpflichtet weiß.

Zum Aufbau und Gebrauch dieses Buches

Ist das einmal gesagt, braucht es keine weiteren Hinweise mehr bezüglich der Absicht dieses Buches. Es will nichts anderes, als einige Hilfen anbieten, damit der an der Problematik Interessierte die Bibel mit ein bißchen mehr Sachverstand lesen kann. Es enthält darum einige Informationen, die zum besseren Verständnis ihrer Aussagen zum kirchlichen Amt nützlich sein könnten. Es enthebt den Leser nicht der Mühe, sich selbst in der Kirche von der Bibel her interpretieren zu lassen und mit und in der Kirche nach gangbaren Wegen zu suchen, der Kirche in der jetzigen Zeit jenes Gesicht zu geben, das die Sache Jesu am besten zum Leuchten bringt.

Im *ersten Teil* wollen wir in aller Kürze von der «Sache Jesu» sprechen. Viele werden diesen Teil als überflüssig betrachten. Ich bin da anderer Meinung. Wir sollten die «Sache Jesu» nicht so oft im Mund führen, ohne von dieser «Sache» immer wieder neu zu sprechen, auch wenn das, wie in unserem Fall, sehr notdürftig geschieht. Von der Kirche und ihren Ämtern läßt sich ohne ständigen Rückbezug auf Jesus Christus schlechthin nicht sprechen.

Der *zweite Teil* handelt von den «Leuten der ersten Stunde». Eigentlich gehören sie mit zur «Sache». Wenn wir die «Leute» von der «Sache» trennen, geschieht das nur der besseren Übersicht wegen. Wir werfen einen Blick in die Jesusbewegung im damaligen Palästina und machen auf die veränderte Situation aufmerksam, die die Kirche im außerpalästinischen Raum antrifft. Als wichtigen Zeugen dieser Geschehnisse lassen wir besonders den Apostel Paulus zu Wort kommen, der in der heidnischen Welt nicht nur Gemeinden gegründet, sondern diese Gemeinden samt ihren Funktionen und Strukturen auch theologisch interpretiert hat.

Im *dritten Teil* des Buches sollen dann jene Männer zu Wort kommen, die bei den «Anfängen» nicht unmittelbar dabei waren. Was tun sie, wenn der «Zahn der Zeit» das ganze Unternehmen zu zernagen droht?

Die *abschließenden Überlegungen* werden nur sehr knapp sein. Der aufmerksame Leser wird bereits in den einzelnen Abschnitten eingeladen, für sich selbst etwelche Schlußfolgerungen zu ziehen; und zum Teil treffen sich die Schlußbemerkungen auch wieder mit den hier oben genannten Punkten.

Es ist wenig sinnvoll, dieses Buch zur Hand zu nehmen, ohne daß der Leser die einschlägigen Stellen in seiner eigenen Bibel nachliest. Falls der Wortlaut seiner Bibel mit den in diesem Buch zitierten Texten nicht ganz übereinstimmt, soll ihn das nicht beunruhigen. Die Unterschiede der Übersetzungen sind meist rein sprachlicher und stilistischer Art. Sie berühren nicht den Nerv der Sache.

Auf Fußnoten habe ich bewußt verzichtet, damit der Leser in seiner Lektüre nicht immer unterbrochen wird. Er wird im Anhang dieses Buches ein Verzeichnis ausgewählter Bücher und Aufsätze finden, die ich zur Vorbereitung dieser Schrift benutzt habe. Ob der theologisch nicht geschulte Leser, an den sich mein Buch vor allem richtet, mit diesem Verzeichnis viel anfangen kann, wage ich zu bezweifeln. Er soll aber wissen, daß meine Darstellung von Kirche und Amt im Neuen Testament nicht die Frucht eines eigenwilligen Studiums im Alleingang ist, sondern auf jahrelanger Forschungsarbeit vieler Bibelwissenschaftler und Theologen beruht, denen wir alle viel zu danken haben.

Ebenfalls im Anhang dieses Buches wird der Leser ein Register der Bibelstellen und ein kleines Stichwortverzeichnis finden.

I. DIE SACHE JESU – ODER: WIE DER STEIN INS ROLLEN KAM

Wer gibt uns Auskunft?

Darüber wird man sich bald einigen können: Angelpunkt, Bezugspunkt, Fundament, Mitte der Kirche ist Jesus Christus. Was von Jesus Christus her nicht gedeckt ist, wird auch nicht den Anspruch erheben können, «christlich» oder «kirchlich» zu sein. Jesus Christus und die Kirche gehören zusammen; und wer über Wesen und Gestalt der Kirche Bescheid wissen will, fragt am besten Jesus Christus. Über Jesus Christus gibt uns die Bibel Auskunft, insbesondere das Neue Testament, die Evangelien und die Briefe.

So weit, so gut – wenn man die ganze Sache nicht auch umkehren könnte: Wer über Wesen und Gestalt, wer über die «Sache» Jesu Bescheid wissen will, fragt am besten die Kirche, der das Erbe Jesu Christi anvertraut ist. Auch sie wird zuerst mit der Bibel antworten, vornehmlich mit dem Neuen Testament. So sind wir in jedem Fall an das Neue Testament verwiesen, ob wir über Jesus Christus oder ob wir über die Kirche Auskunft haben wollen.

Die Kirche als Partei?

Bewegen wir uns so aber nicht in einem Teufelskreis? Die Schwierigkeit liegt auf der Hand: Ist die Kirche, die im Neuen Testament zur Sprache kommt und die uns die Bibel deutet und weitergibt, nicht schon Partei? Ist nicht anzunehmen, daß die Kirche, auch die frühe Kirche, diesen Jesus zu sehr für sich vereinnahmt und zurechtgebogen hat, so daß in den Evangelien Jesus das sagt und das ist, was der Kirche selbst am meisten nützt? Und ist nicht zu argwöhnen, daß die Kirche sich selbst im Neuen Testament in ein allzu gutes Licht stellt? Das heißt mit anderen Worten: Müssen wir nicht tunlichst unterscheiden zwischen dem, was Jesus gelehrt und getan hat und dem, was die junge Kirche zu ihrer Legitimation daraus gemacht hat? Müssen wir nicht ganz klar unterscheiden zwischen dem historischen Jesus und dem von der Kirche verkündigten Christus und Gottessohn? Denn nicht nach dem Christus hat sich die heutige Kirche auszurichten, den sie sich von Anfang an zurechtgebogen hat bis er «stimmte», sondern nach dem Jesus von Nazaret, wie er leibte und lebte, nach dem Einmaligen, Unverwechselbaren und Unverfügbaren.

Hier stehen wir vor einem echten Problem: wir können von Jesus von Nazaret praktisch gar nichts sehen, es sei denn durch die Brille der ersten Christen, d. h. durch die Brille der frühen Kirche.

Eine Brille, durch die man sehen kann

Man wird heute vor diesem Sachverhalt nicht so schnell kapitulieren, wie man das vor wenigen Jahrzehnten noch versucht war. Man wird im Gegenteil feststellen müssen, daß die Brille der frühen Kirche so schlecht nicht war, ja daß die Kirche durch diese Brille hindurch an Jesus Züge entdeckt hat, die wir mit unserer historischen und wie wir meinen «unvoreingenommenen» Sehweise gar nicht wahrnehmen könnten. Oder sagen wir es so: Die Brille, durch welche die Urkirche auf Jesus schaute, als sie die Evangelien schrieb, war der Glaube. Ein Glaube aber, der, obwohl er gewisse historische Unschärfen in Kauf nahm, der eigentlichen «Wirklichkeit» gegenüber viel offener war als gewisse Historiker des 19. und 20. Jahrhunderts, die mit ihrem vielen Reden von «vorurteilsfrei» und «unvoreingenommen» und «objektiv» die Blickweite viel zu sehr einengten. Die Probe dieser Behauptung liegt darin, daß das Jesusbild des Markusevangeliums z. B. viel herber, profilierter, komplexer, archaischer und unbequemer ist als das der Jesusbiographien der letzten Jahrhunderte und auch noch Jahrzehnte. Und was unbequem ist, hat gute Chancen, echt, ursprünglich, unverfälscht zu sein.

Nein, heute ist man der Überzeugung, daß es sich die Kirche mit der Überlieferung des Jesusbildes und der Jesusworte nicht leicht gemacht hat. Wir werden auch bald sehen, daß die urchristliche Gemeinde, die für diese Überlieferung verantwortlich war, ein viel zu kompliziertes «Ding» war, als daß «einfache Lösungen» so leicht möglich gewesen wären.

Was hat Jesus also gewollt? Das auf ein paar Seiten niederschreiben zu wollen, ist ein fast aussichtsloses Unterfangen. Aber es muß hier wenigstens ansatzweise geschehen, nicht um «Jesus» und «Kirche» gegeneinander auszuspielen – die Kirche ist es ja, die von Jesus redet –, sondern um auf jene Mitte aufmerksam zu machen, nach welcher Kirche durch all die Jahrhunderte hindurch und am heutigen Tag sich messen, deuten, erfahren und richten soll.

Nur ein Stück Markusevangelium

Damit man sich des Bruchstückhaften unseres kleinen Jesusporträts bewußt bleibt, versuchen wir es entlang eines Evangelienabschnittes zu zeichnen. Dabei ist leicht einzusehen, daß man ein ganzes Evangelium, ja das ganze Neue Testament hernehmen müßte. Andererseits könnte aber auch eine einzige Perikope, ein Gleichnis etwa, ein Wunderbericht oder ein Teil aus der Bergpredigt genügen.

Wir wählen aus dem Markusevangelium den Abschnitt 1,14-3,6. Er beginnt mit einer Kurzfassung der Predigt Jesu (1,15) und endet mit dem Tötungsbeschluß der Pharisäer und Herodianer (3,6). Den geneigten Leser möchte ich bitten, seine Bibel an dieser Stelle aufzuschlagen und die entsprechenden Texte behutsam nachzulesen.

Der Vers, der die Kurzfassung der Predigt einleitet, ist nicht ohne Belang. «Nachdem Johannes überliefert war...» Dem Evangelisten liegt daran, bereits das allererste Auftreten Jesu mit dem Geschick des Täufers zu verkoppeln. «Überliefern» ist ein Ausdruck, der sonst hauptsächlich in den Leidensweissagungen und in der Passionsgeschichte wiederkehrt; es bedeutet: sich dem gewaltsamen Tod anheimgeben. Das erste Auftreten Jesu schon, seine erste Predigt ist bereits unter dem Vorzeichen des gewaltsamen Todes zu lesen.

Ausgerechnet Galiläa

«Jesus kam nach Galiläa.» Daß Jesu Tätigkeit in Galiläa ihren Anfang nahm, gilt historisch als gesichert. Für die ersten Christen und für den Evangelisten ist aber die Erwähnung Galiläas mehr als eine historische oder geographische Reminiszenz. Zu gerne würde man erwarten, daß Jesus in Jerusalem auftritt, in jener Stadt, an welche die kühnsten Hoffnungen geknüpft waren, in jener Stadt, «in welcher Gott seinen Namen wohnen ließ», in der Davidsstadt, in der heiligen Stadt, dort wo doch jeder hätte auftreten müssen, der im damaligen Judentum Rang und Namen für sich in Anspruch nehmen wollte. – Nein, Jesus tritt in Galiläa auf, jenem Landstrich, dessen Bevölkerung jedem frommen Juden in Jerusalem verdächtig war. Jesus tritt im «Galiläa der Heiden» auf, wie Mattäus die Markusstelle auf Grund einer mißverständlichen Verheißung bei Jesaja verdeutlicht (Mt 4,15). Jesus beginnt seine Tätigkeit nicht im frommen, gottesfürchtigen Zentrum, sondern am heidnischen «Rand», wie er dann im folgenden überhaupt immer wieder am «Rand» anzutreffen ist, «an der Grenze», wie man auch sagen könnte.

Mehr als eine «Gute Nachricht»

«... und er verkündete die Heilsbotschaft Gottes.» Dieses *«Verkünden»* hat etwas mit «Proklamation» zu tun. Es ist etwas Feierliches, etwas Ungewohntes, etwas, das aufhorchen läßt; denn diese Art des «Verkündens» gehört in den Aufgabenbereich eines Herolds. Diese Bedeutung erstaunt hier nicht; denn was Jesus verkündet, ist das *«Evangelium Gottes»*. In manchen deutschen Übersetzungen steht für «Evangelium» das Wort «Heilsbotschaft».

In seiner ursprünglichen Bedeutung meinte *«Evangelium»* den Lohn, den der Soldat empfängt, wenn er dem König den

Sieg seines Heeres über den Feind mitteilte. Sehr bald aber gebrauchte man das Wort «Evangelium» für die Siegesnachricht selbst. In späteren Zeiten wurde der Ausdruck für jegliche gute Nachricht gebraucht, besonders wenn sie von großer Bedeutung war und das ganze Volk betraf. So war die gute Nachricht von der Geburt des neuen Königs oder Prinzen ein «Evangelium». – Sicher ist, daß auch dem Wort «Evangelium» im Neuen Testament immer noch etwas Königliches, Sieghaftes, Befreiendes anhaftet.

Und das Evangelium, das Jesus proklamiert – man verzeihe mir jetzt die Häufung von Fremdwörtern – ist das *«Evangelium Gottes»*. Ein durch und durch wacher Theologe und Schriftsteller der ersten Stunden hat die Predigt Jesu in einen einzigen Satz, ja fast in eine Formel zu bringen vermocht:

Die Zeit ist erfüllt, und die Herrschaft Gottes ist nahe herangekommen;
kehrt um, und glaubt an das Evangelium.

Als ob die Zeit zu Ende ginge

«Die Zeit ist erfüllt» – ein mehr als gewagtes Wort. Als ob die Zeit jetzt zu Ende ginge. Aber so wollte es der Verfasser (und Jesus!) verstanden wissen: Was jetzt kommt, ist nicht mehr zählbar und meßbar; es soll nicht mehr gewartet werden in Stunden, Tagen und Jahren; das Abzählen von Zeitepochen ist jetzt vorbei; etwas völlig Neues bricht an.

Auch inhaltlich ist die Zeit erfüllt. Was Menschen im Lauf der Jahrhunderte von Gott und für sich selbst erträumt, ersehnt und erdichtet haben – es kann weder auf eine lange noch auf eine kurze Bank geschoben werden: es trifft jetzt ein. Noch prägnanter wird dies zum Ausdruck gebracht mit dem nächsten Satz: «Die Herrschaft Gottes ist nahe herangekommen.»

Wir brauchen es gar nicht zu bedauern, daß im ganzen Neuen Testament nirgends eine Definition der *«Herrschaft Gottes»* oder des *«Reiches Gottes»* anzutreffen ist. Das erschwert uns zwar das Reden über das, was damit gemeint ist, es zwingt uns aber zugleich, immer wieder Ausschau zu halten nach dem, der in seinem Reden und Tun eigentlich nichts anderes vorhat, als Reich Gottes zu verwirklichen und zur Erfahrung zu bringen. Um also zu verstehen, was Jesus – und die ersten Christen – mit «Herrschaft Gottes» meinten, werden wir im folgenden ganz gut hinsehen auf das, was Jesus sagt und tut. Denn Herrschaft Gottes und Jesu Reden und Tun sind eins.

Die falsche Alternative

Für jetzt nur so viel. Es ist schade, daß für uns das Wort «Herrschaft» oder «Reich» – und damit auch das Wort «Gott» – so belastet ist. «Herrschaft» hat für uns meist etwas Repressives an sich, etwas Gewalttätiges, und wenn wir an Gott denken, denken wir an einen überlegenen Konkurrenten. Ja, wir sind nur schwer aus diesem Konkurrenzdenken herauszubringen. Immer noch meinen wir, die «Religiosität» oder auch die «Aufgeklärtheit» eines Menschen dadurch auf die Probe stellen zu können, daß wir ihn vor die Alternative «Gott – Mensch» stellen.

«Gott ist alles; der Mensch ist dem gegenüber wie ein Nichts.» Wir sind gerne versucht, einen Menschen, der so etwas sagt, als «religiös» oder als «fromm» zu bezeichnen – oder je nach unserem eigenen Standpunkt als «naiv» oder «verschroben».

«Der Mensch kommt an erster Stelle; denn die Verantwortung, die er trägt, nimmt ihm Gott nicht ab. Die Geschichte mit ihren Kriegen und die Welt mit ihrem Hunger zeigen das deutlich genug.» – Einen Menschen, der so spricht, betrachten wir gerne als «emanzipiert», «fortschrittlich», «aufgeklärt» – oder je nach unserem eigenen Standpunkt eben als «unchristlich», «ungläubig» und «links».

Ein solches Konkurrenzdenken versperrt uns die Sicht auf das, was Herrschaft Gottes oder Königtum Gottes meint. Wenn Gottes Herrschaft nahe heran gekommen ist, d. h. wenn Gott nun endgültig selber das Ruder in die Hand nehmen will, dann bedeutet das gerade nicht Sieg über den Menschen, sondern umgekehrt: der Mensch soll zu sich selbst kommen können, der Mensch soll zum wahren Menschen finden können – wie er von Anfang an gemeint war –, der Mensch soll frei werden können. Herrschaft Gottes drückt den Menschen nicht an die Wand, versklavt ihn nicht; Herrschaft Gottes will den Menschen befreien, will ihn zur Geltung bringen, will ihm zu seinem wahren Sinn und Sein verhelfen.

Die Zeit des neuen Anfangs...

Aber lassen wir diese etwas theoretischen Überlegungen. Im folgenden wird sich konkret zeigen, wie Jesus Herrschaft Gottes versteht. Überall, wo er auftritt, können Menschen wieder aufatmen, können Menschen sich erheben und entdecken Sinn und Freude in ihrem Leben. Überall, wo Jesus auftritt, ereignet sich Freiheit.

Ist die Zeit erfüllt, ist Herrschaft Gottes nahe heran gekommen, dann liegen die Konsequenzen auf der Hand. Die Predigt Jesu formuliert sie so:

«Kehrt um, und glaubt dem Evangelium». *«Umkehr»* ist zuerst einmal wörtlich zu verstehen. Es hat keinen Sinn, die alten, ausgetretenen Wege der alten Welt weiter zu benutzen. Ist die Zeit erfüllt, ist es zwecklos, die Welt nach der alten langweiligen Zeiteinteilung abzuschreiten. Ist Herrschaft Gottes vor der Tür, dann brauchen wir nicht mehr jene Wege weiterzulaufen, die uns von dumpfen Mächten vorgezeichnet sind. Der Ruf zur Umkehr ist ein Weckruf zur Freiheit, der Umkehr-Weg der Weg zum Menschen hin. *«Umdenken»* sagt der Grieche und meint damit nicht nur ein paar neue Gedanken, die einem in Stunden der Ergriffenheit durch den Kopf gehen. Umdenken meint in der Predigt Jesu, daß es dem Menschen möglich ist, aus einem neuen Grund heraus zu leben, ausgeleierte Denkmuster zu verlassen und in schöpferischer Kraft Verantwortung zu übernehmen.

... und des neuen Stand-Ortes

Hier nähern wir uns bereits der zweiten Konsequenz, und wir tun gut, sie mit der ersten zusammen zu sehen:

«Glaubt dem Evangelium».

Immer wieder wird darauf hingewiesen, daß sich *«Glauben»* nicht im «Für-wahr-Halten» von Sätzen und Dogmen erschöpft. Ebenso wichtig ist zu sehen, daß «Glauben» nicht nur so ein Allerweltsgefühl ist, das mir Geborgenheit und Heimat schenkt. Glauben bedeutet etwas Ganzheitliches und Persönliches. Es kann höchstens mit Vertrauen und mit Lieben verglichen werden.

Bei dem Haus, das ich vor Jahren in Freiburg bewohnte, lag ein winziges offenes Schwimmbad. Im Winter war es zugefroren, aber man wußte nie so recht, wie dick die Eisdecke war und ob sie wohl zu tragen vermochte. Um das herauszufinden, standen wir mit einem Bein fest am Rand des Beckens, während wir mit dem andern Fuß bzw. mit der Fußspitze die Tragfähigkeit des Eises erprobten.

Dem Evangelium glauben würde heißen: mit beiden Beinen auf ihm stehen. Nicht nur so meditationsweise ab und zu mit der Fußspitze darin herumstochern. Glauben hat etwas mit «festem Stand» zu tun (vgl. Jes 7,9). Glauben hat etwas Unerschütterliches an sich. Dem Evangelium glauben bedeutet, mit dem Evangelium leben. Und vertrauend auf seine Tragfähigkeit, ohne Angst unterzugehen, kann der Glaubende alle Sicherungen lassen; er kann sich vom Ufer der alten Welt fortbewegen zu einer neuen Zukunft hin.

Predigten sind immer etwas schwierig. So wie das Markusevangelium die Predigt Jesu zusammenfaßt, hat Jesus wahrscheinlich nie gepredigt. Darum sind wir dem Evangelisten dankbar, wenn er dieser zusammenfassenden Predigt einige Szenen folgen läßt, die veranschaulichen wollen, was es auf sich hat, wenn die Predigt von der «erfüllten Zeit» spricht und von der «Königsherrschaft Gottes», von der «Umkehr» und vom «Glauben».

Da steht zuerst einmal die Berufung der ersten Jünger (Mk 1,16-20). Eigentlich sind es zwei aufeinanderfolgende Erzählungen, die durch ihre Doppelung der ganzen Aussage ein doppeltes Gewicht verleihen.

Wie die vorausgehende Predigt läßt sich auch das Auftreten Jesu gegenüber den Fischern nicht hinterfragen. Mit einer unvergleichlichen Vollmacht ruft er Männer von der Arbeit weg in die Nachfolge. Es sind Fischer auf dem galiläischen See – weiß Gott nicht gerade zu etwas Besonderen prädestiniert.

Gewiß hatten die religiösen Lehrer zur Zeit Jesu auch ihre Schüler, die ihnen «nachfolgten». Aber das war etwas Anderes. Da mußte der Schüler zuerst seinen Lehrer aufsuchen und ihn dann höflich bitten, ob er ihm «nachfolgen» könne.

«Nachfolgen» – auch das ist zuerst einmal wörtlich zu nehmen. Es war Brauch, daß die Schüler in angemessenem Abstand ihrem Lehrer folgten, wenn dieser irgendwohin ging. «Nachfolgen» bedeutet darum soviel wie «Jünger» sein, «Schüler» sein. Der Schüler oder Jünger hatte seinem Lehrer gegenüber auch eine Reihe bestimmter Verpflichtungen, die denen eines Sklaven recht nahe kamen. Die Gelehrten der damaligen Zeit ergingen sich in langen Diskussionen, ob der Schüler auch verpflichtet sei, seinem Meister die Füße zu waschen.

Spätestens hier wird der Unterschied zu Jesus mehr als deutlich. Von ihm berichtet das Johannesevangelium, *er* hätte seinen Jüngern die Füße gewaschen (Joh 13,1-15). Mag es um die Geschichtlichkeit dieses Berichtes auch Zweifel geben, sicher ist, daß mit einer solchen Erzählung die Grundhaltung Jesu bestens getroffen ist.

Woher nimmt sich Jesus aber die Kompetenz, so ganz anders zu sein als seine Kollegen? Was fällt ihm eigentlich ein, eine Schule zu eröffnen? Woher hat er denn seine Lehrbefugnis (vgl. Mk 6,2), und was will er mit diesen ungebildeten Fischern aus Galiläa überhaupt anfangen?

... und eine eigene Art der Nachfolge

Wir wissen, daß es bei der «Nachfolge» der Jünger nicht nur um einen schulischen Drill und auch nicht um ein gesellschaftliches Spiel ging. «Nachfolge» im Sinne Jesu bedeutet vielmehr Lebensgemeinschaft. Wie ernst Jesus diese Lebensgemeinschaft verstand, geht etwa daraus hervor, daß er sich nicht scheute, die Jünger immer wieder auf sein eigenes, ruheloses Leben und Wirken aufmerksam zu machen. Der Menschensohn hat nichts, worauf er sein Haupt legen könnte (Lk 9,57-58). Mit der Verkündigung der Gottesherrschaft verträgt es sich schlecht, wenn ein Nachfolgewilliger zuerst noch hingehen will, um seinen Vater zu begraben (Lk 9,59-60) oder sich von seinen Hausgenossen zu verabschieden (Lk 9,61-62). Angesichts der hereinbrechenden Königsherrschaft Gottes gibt es kein anderes «Zuerst» oder «Zuvor». Wer das nicht einsehen will oder einsehen kann, der ist nicht «tauglich» (Lk 9,62).

Es will auch nicht gelingen, den Nachfolgeruf Jesu in die Nähe jenes «Mir nach!» zu bringen, mit dem religiös-patriotische Kreise – wie die Zeloten – Leute zu bewaffnetem Widerstand aufriefen. Der Ruf mag sich ähneln, das Ziel jedoch ist ein ganz anderes. Wehr- und schutzlos schickt Jesus die Jünger übers Land, und die Botschaft, die sie zu verkünden haben, ist die Botschaft vom Frieden und vom Anbruch der Königsherrschaft Gottes (Lk 10,1-12).

Aber kehren wir zurück zu unserer Jüngerberufung. Der Erzähler kümmert sich nicht um die Psychologie seiner Darstellung. Die angesprochenen Fischer scheinen auch nicht einen einzigen Augenblick an der Richtigkeit ihres Tuns zu zweifeln, wenn sie «alles verlassen» und Jesus «nachfolgen». Psychologische Fragen sind bei diesem holzschnittartigen Gemälde fehl am Platz. Vielmehr wird in der Szene festgehalten, was «Umkehr» und «Glaube» für diese Männer konkret bedeutet, und daß von der «erfüllten Zeit» und vom «Kommen der Gottesherrschaft» gar nicht erst gesprochen werden muß, wenn Jesus selber auftritt und ruft.

Die «neue Lehre»

Worin die «neue Lehre» dessen besteht, der eben seine ersten Jünger berufen hat, zeigt die Szene von der Heilung eines Besessenen in Kafarnaum (Mk 1,21-28). Es ist hier nicht der Ort, auf die Frage nach Besessenheit, Exorzismus und Existenz von Dämonen näher einzugehen. Lesen wir die Erzählung im Licht der Predigt von Mk 1,15, zeigt sich aber gut, was mit der «erfüllten Zeit» und mit dem «Anbruch der Gottesherrschaft» gemeint ist. Wo Gottesherrschaft ankommt, werden Menschen befreit, von was für einem Dämon oder Ungeist sie auch immer beherrscht werden. Der Hinweis sei erlaubt, daß die bösen Geister in den Evangelien samt und sonders eine sehr «religiöse» Sprache sprechen.

Daß es auch religiöse Unterdrückung gibt, Versklavung im Auftrag «höherer Mächte», bedarf heute keiner besonderen Erwähnung. Gerade die religiöse Unterdrückung ist die perfideste, menschenunwürdigste und unchristlichste von allen. Dessen sollte man sich besonders in jenen Zeiten bewußt werden, in denen man das Schwinden «religiöser Autorität» durch Errichtung von «neuen» Formen der Machtausübung wettmachen will.

Zur Erzählung von der Heilung des Besessenen bleibt noch dies zu bemerken: *Im Auftreten Jesu* bricht Herrschaft Gottes an, und sein Wort ist es, das den Gebundenen frei macht. Der Evangelist Markus kommentiert die Erzählung etwas überraschend aber doch unvergleichlich träf: «Das ist die neue Lehre in Vollmacht.»

Menschen können aufstehen

Die Erzählung von der Heilung der Schwiegermutter des Simon (Mk 1,29-31) ist ein Wunderbericht, wie er knapper und regelgerechter nicht verfaßt werden könnte. Die Frage, ob Wunder möglich sind, führt hier nicht weiter. Die Frage ist doch die, ob angesichts des Kommens der Gottesherrschaft das Darniederliegen des Menschen das Letzte ist, das man von ihm aussagen kann.

Die Erzählung von der Heilung der Schwiegermutter des Simon ist von einer erstaunlichen Anspruchslosigkeit und Einfachheit. Weder christologisch noch missionarisch ist sie für sich genommen etwas Umwerfendes. Im Zusammenhang aber, in dem sie nun steht, illustriert sie ausgezeichnet das Kommen des Gottesreiches: Menschen können sich wieder erheben.

Konkret – oder gar nicht

Der folgende Abschnitt im Markusevangelium ist literarisch gesehen ein Sammelbericht (Mk 1,32-34). Die beiden Erzählungen, die wir eben besprochen haben, sind also nur Beispiele aus einer Fülle von Ereignissen. Und man beachte: obwohl von Jesus als einem «Lehrer» die Rede war, seine Lehre als «vollmächtige Lehre» bezeichnet wurde (Mk 1,21-22.27), hat Jesus praktisch noch gar nichts gesagt. Herrschaft Gottes ist nicht etwas, worüber man viele Worte macht. Herrschaft Gottes ereignet sich sehr konkret; – oder aber sie ist gar nicht.

Im Auftrag eines andern

Die nächste Szene (Mk 1,35-39) verrät uns zwei wichtige Aspekte der Person Jesu. Haben wir bisher Herrschaft Gottes und das Auftreten Jesu immer in eins gesehen, verwehrt uns diese Szene, von einer statischen «Gegebenheit» zu sprechen. Das Gebet Jesu in der Einsamkeit deckt die ganze Dynamik, damit aber auch den Kern seiner Sendung auf.

Das Zweite: Jesus läßt sich nicht festhalten. Er läßt sich nicht dazu verführen, sich einzurichten, auch nicht bei Menschen, denen er sich nahe weiß. «Wir müssen in die umliegenden Dörfer gehen, damit ich auch dort die Gute Nachricht verkünde; denn dazu bin ich gekommen.» Jesus ist von der Sendung, die Heilbotschaft zu verkünden, nicht zu trennen. Diese Sendung ist notwendigerweise missionarisch, auch wenn man von Simon und seinen Gefährten den Eindruck haben muß, sie kämen nicht mehr so recht mit...

Alle Grenzen überschreitend

«Ein Aussätziger kam zu Jesus.» In der damaligen Zeit galten Aussätzige wie tot. Abgeschnitten von der Gesellschaft fristeten sie ein Dasein, das dumpf und elend war. Man sprach nicht gern von ihnen. Uns heutigen Menschen steht es schlecht an, uns über die Grausamkeit der damaligen Zeit zu empören. Ausgeschlossene gibt es auch in unserer Gesellschaft. Es genügt, wenn man ein bißchen verkalkt oder auch nur ein bißchen alt und unbeholfen ist, und schon ist man «abgesondert».

Die Vorschriften, die die Aussätzigen betrafen, waren zwar hart, sie hatten aber doch den Zweck, das Volk gesund zu erhalten. In diesem Sinn sind z. T. auch die verschiedensten Reinheitsvorschriften des Alten Testaments (vgl. Lev 11-16) zu verstehen.

Gewiß hatte bei diesen Reinheitsvorschriften nicht nur das Gesundheitsamt die Hand im Spiel. Mehr noch ist es das Numinose, das Unheimliche, das Dämonische vieler Krankheiten, vor dem man sich fürchtete und gegenüber dem man sich abzusichern trachtete. Gerade der Aussatz, der die Züge des Todes trägt, war immer etwas, wovor den Menschen graute.

«Wenn du willst, kannst du mich gesund machen», so sagt der vom Tod Gezeichnete, und der Leser fragt sich umsonst, woher dieses Häufchen Elend seine Zuversicht nimmt.

Die folgende Geste und das damit verbundene Wort sollten wir uns tief einprägen: «Jesus hatte Mitleid mit ihm, streckte die Hand aus und berührte ihn. Und er sprach zu ihm: ‹Ich will, sei gesund!›» Das Berühren des Aussätzigen steht für das Überschreiten und Überwinden aller «vernünftiger» politischer, religiöser, gesellschaftlicher Barrieren. Ja, die Geste Jesu steht gewissermaßen für den entfesselten Gott selbst, der sich nicht mehr halten kann, um beim Leidenden, beim Ausgestoßenen, beim Deklassierten zu sein. Achten wir auch gut auf das Wort Jesu: «Ich will...» Keine Rechtfertigung, keine Erklärung, kein von irgendwo hergeleiteter Auftrag; einfach das nicht mehr hinterfragbare «Ich will». So stellt sich Jesus dem menschlich Äußersten; so stellt er sich dem Tod.

Wo Jesus auftritt und Herrschaft Gottes hereinbricht, da geht es letztlich um die Überwindung des Todes, da ereignet sich Leben. «Und im selben Augenblick war der Mann von seinem Aussatz geheilt.»

Wenn wir die Erzählung weiterlesen, stellt sich heraus, daß es Jesus nicht um die Konfrontation mit der gängigen Gesetzgebung geht. Klischees wie «Anarchist», «Revolutionär», «Linker», usw. sind fehl am Platz; und Leute, die sich selbst eine solche Etikettierung zulegen, werden Jesus zu Unrecht für sich in Anspruch nehmen.

In schöpferischer Kraft

Die Erzählung von der Heilung des Gelähmten (Mk 2,1-12) – in der jetzigen Fassung ein sogenanntes Normenwunder – wird eine längere Entstehungsgeschichte hinter sich haben. Wahrscheinlich hat die Gemeinde ihre Vollmacht, Sünden zu vergeben, durch diese Erzählung auf Jesus selbst zurückgeführt. So wie die Erzählung jetzt vorliegt, trägt sie unzweifelhaft Züge theologischer Gelehrsamkeit, mit welcher die junge Gemeinde ihren Auftrag und ihre Sendung im Licht des Auftretens Jesu überdachte. Es geschieht hier also etwas, das die Kirche im Lauf der Jahrhunderte immer wieder tun mußte und auch heute tun muß: die eigene Sendung zu messen und zu durchleuchten am Auftreten und an der Sendung Jesu.

Die Reaktion der Schriftgelehrten, der damaligen Theologen, ist verständlich und theologisch durchaus berechtigt: «Jesus lästert.» «Wer kann Sünden vergeben als Gott allein?» Damit berufen sie sich auf ein Dogma, das im Glauben des jüdischen Volkes fest verankert war. Die Sünde – richtig verstanden – berührt allzu sehr das Wesen der Schöpfung und die Substanz des Menschen, als daß sie «einfach so» vergeben werden könnte. Sündenvergebung ist nicht ein Verwaltungsakt, sondern ein schöpferisches Geschehen, und schöpferisch im eigentlichen und letzten Sinn ist nur Gott allein.

Gewiß war – durch Prophetenwort – im Volk immer wieder die Hoffnung wach nach einem neuen Schöpfungsakt Gottes. Man scheute sich nicht, ihn mit den Bildern der ersten Schöpfung zu zeichnen oder mit den Bildern der Berufung des Volkes, wo die Israeliten ja als erstes das unvergleichlich wunderbare Eingreifen Gottes in die Geschichte erfahren haben. Man träumte von einem neuen Himmel und einer neuen Erde (vgl. Jes 65,17), von einem neuen Einzug ins Gelobte Land (vgl. Jes 41,17-20), von einer neuen Intimität mit Gott, von einem neuen Herzen, von einem neuen Anfang (vgl. Jer 31,31-34; Ez 36,23-28). Aber all das konnte doch von niemand anders erwartet werden als von Gott allein.

In unserer Erzählung von der Heilung des Gelähmten fällt wieder auf, mit was für einer Selbstverständlichkeit Jesus spricht und mit was für einem Scharfblick er die Situation durchschaut, wenn er zum Gelähmten sagt: «Deine Schuld ist dir vergeben.» Zugleich aber wird wieder deutlich, was es heißt, die Zeit sei erfüllt und Herrschaft Gottes sei nahe herangekommen. Deutlich wird auch, daß Jesus hier an Stelle Gottes steht. Er ist der «Menschensohn» – so deutet es die Gemeinde anhand der Vision des Propheten Daniel (7,14) –, dem Gott Vollmacht, Herrlichkeit und die nur Gott zukommende Königsherrschaft übertragen hat, «eine ewige Herrschaft, die nie vergehen und ein Königtum, das niemals untergehen wird». Das Wunder, nämlich die Heilung des Gelähmten, wirkt Jesus fast nur widerstrebend. Das eigentliche Wunder liegt viel tiefer: im Anbruch der schöpferischen Kraft der Sündenvergebung.

Für Deklassierte ...

Die Berufung des Levi in der Erzählung Mk 2,13-14 dient nur als Anlaß zur folgenden Diskussion. Gegenüber der Berufungserzählung in Mk 1,16-20 enthält sie eine Besonderheit: waren galiläische Fischer schon verdächtig genug, so war ein *Zöllner* im Verständnis der damaligen Zeit ein Gauner und wurde im gleichen Atemzug mit den Huren und Sündern genannt. Politisch stand er im Widerspruch mit den Hoffnungen der jüdischen Bevölkerung, weil er mit Fremden und Unterdrückern zusammenarbeitete. Wirtschaftlich gesehen konnte er wohl sehr erfolgreich und angesehen sein, mehr noch war er gefürchtet und verachtet. Durch die übersetzten Zollabgaben, mit denen er sich bereicherte, hat er die Beduinen und Bauern, die ihre Waren auf den Markt brachten, arg bedrängt und ihren kleinen Verdienst noch mehr geschmälert. Religiös war der Zöllner durch seinen ständigen Umgang mit den Heiden, mit den Reichen und mit dem Geld völlig deklassiert. Es war ihm nicht einmal mehr möglich, am Gottesdienst teilzunehmen. Und persönlich befand er sich in einem ungeheuren Zwiespalt. Einerseits wußte er, daß das, was er tat, Sünde ist. Andererseits war er zu sehr vom Reichtum verwöhnt, zu sehr in eine ungerechte Wirtschafts- und Gesellschaftsordnung hineinverwoben, als daß er hätte ausbrechen können. Ganz zu schweigen von der persönlichen Vereinsamung, unter der er litt: von den Kollegen und Gaunern beneidet, von den Frommen im Land verurteilt und verachtet.

... das Angebot der Gemeinschaft

Ausgerechnet einen solchen Mann spricht Jesus an und ruft ihn in seine Gefolgschaft. Und nicht nur das: »Viele Zöllner und Sünder« lagen bei Jesus zu Tisch. Herzlicher und ernster kann man die Gemeinschaft mit jemandem nicht zum Ausdruck bringen als dadurch, daß man mit ihm zu Tisch liegt.

Es erstaunt darum nicht, daß die Schriftgelehrten der Pharisäer ihre Bedenken anmelden. Sie tun es nicht aus irgendeiner Laune oder Zwänglerei heraus, sondern aus einer echten Sorge um all das, was ihnen selbst und ihren Volksgenossen heilig ist.

Man achte nun gut auf die Argumentationsweise Jesu. Wie sein Auftreten und Tun, so ist auch seine Sprache: natürlich, unmittelbar, verständlich und – das müßte doch auch gesagt sein – verführerisch. Jesus antwortet mit einem Sprichwort, das in der jüdischen wie auch in der heidnischen Welt bekannt war. «Nicht die Gesunden brauchen den Arzt, sondern die Kranken.» Diese Antwort ist so natürlich und selbstverständlich, daß sie den Hörer in Verlegenheit bringt; denn auf das hätte er ja – auch ohne alle Schriftgelehrsamkeit – selber kommen können. Der Arzt ist für die Kranken da. Das ist selbstverständlich. Das ist logisch. Dagegen kann man nichts sagen. Eigentlich wäre all das ungemein einfach.

Die zweite Antwort faßt auf diesem Hintergrund die Sendung Jesu zusammen und bringt das ganze Paradox gut und überspitzt zum Ausdruck: «Ich bin nicht gekommen, um diejenigen in die neue Welt einzuladen, bei denen alles in Ordnung ist, sondern die ausgestoßenen Sünder.»

Das sind Antworten, die keinen Widerspruch ertragen, Antworten, die keine Möglichkeit schriftgelehrter Deutelei übrig lassen. Darum sind es auch Antworten, die Zuhörer, die in einer gewissen (theologischen) Argumentations- und Sprechweise beheimatet sind, nicht gern hören.

Ohne zu übertreiben kann man sagen, Jesus habe eine neue Sprache gebracht, eine ursprüngliche, eine schöpferische Sprache. Es ging wieder einmal um das Fasten, dieses so wichtige Zeichen echter Frömmigkeit (Mk 2,18-22). Die Jünger des Johannes fasteten, die Pharisäer fasteten, was religiösen Rang und Namen hatte, fastete – nur Jesu Jünger schienen nicht zu fasten. Wie reagiert Jesu auf einen solchen Sachverhalt?

Wäre ein Schriftgelehrter, ein Theologe, ein Pharisäer oder sonst wer an Stelle Jesu gestanden, hätte er gewiß einen langen, komplizierten Traktat geschrieben. Viele Bibelzitate und Hinweise auf Sprüche großer Gelehrter hätten einsichtig gemacht, daß die Heilige Schrift und die Tradition auf seiner Seite stünden.

Jesus reagiert völlig anders. Er frägt zurück: «Fastet ihr denn an einer Hochzeit?» – Eine «dumme Frage», so würde man gerne sagen. Freilich fastet man an einer Hochzeit nicht. Die Hochzeit ist ein Fest, und verrückt ist, wer an diesem Fest fasten will. Wenn schon, würde man eher einen Tag vorher fasten, damit man bei der Hochzeit selbst ja keinen Gang auszulassen braucht. Bei einer Hochzeit fasten! Jesus hat hundertmal recht: bei einer Hochzeit fastet man nicht; und da nützen alle noch so gescheiten Argumente nichts.

Aber was geschieht mit dem Hörer, wenn er sich von einer solchen Antwort «verführen» läßt?, wenn er der Antwort Jesu zustimmt? Er muß ja dann auch dem zustimmen, was in einem tieferen Sinn mit diesem Rätselwort gemeint ist, oder – er muß gegen die Sprache und gegen die Person

Jesu, ja letztlich gegen die «vernünftige» Welt protestieren. Und was sagt der tiefere Sinn dieses Bildwortes? Daß mit Jesus die *«Hochzeit»* angebrochen ist. – Damit bewegen wir uns wieder auf dem Feld kühnster Erwartungen. Schon rein menschlich gesehen: welches schöne Märchen endet nicht mit einer «Hochzeit», d. h. mit der Zeit, in der die Liebenden sich finden, in der alles wieder in Ordnung kommt, ja in der es unvergleichlich schöner ausgeht, als am Anfang erhofft werden konnte? Aber auch theologisch gesehen: welcher von den jüdischen Hörern Jesu erinnerte sich nicht an die fantastischen Verheißungen großer Propheten, nach denen am Ende der Zeiten Gott sein Volk als seine Braut zu sich führen wird, um sich mit ihr zu vermählen (vgl. Hos 1-3; Ez 16)? Und wer dächte dabei nicht an die übersprudelnden Aussagen im Hohelied: «Sein linker Arm liegt unter meinem Haupt, und mit seiner Rechten hält er mich umschlungen» (2,6)?

In Jesus ist die Hochzeit angebrochen, ist die Zeit erfüllt, ist Gottesherrschaft nahe herangekommen. Jesus ermöglicht und schenkt eine neue Zeit und eine neue Sprache.

Und weiter: während wir sehr komplizierte Abhandlungen schreiben über «Zeit» und über «Sprache», über «Herrschaft Gottes» und vieles andere mehr, spricht Jesus von ungewalkten Lappen, von Wein und von Schläuchen (2,21-22), alles Dinge, die furchtbar weltlich klingen und sind, die aber in der Sprache Jesu zu Aussagen des Gottesreiches werden, jenes Gottesreiches, das gerade auch in Jesu Sprechen über die weltliche Welt «mitten unter den Menschen» ist (Lk 17,21).

Zum besseren Verständnis der nächsten beiden Perikopen ist es nötig, daß wir uns kurz die Problematik des Sabbats in Erinnerung rufen. Seit dem Exil wird der Sabbat (zusammen mit der Beschneidung) als das deutlichste Zeichen der Zugehörigkeit zum Auserwählten Volk angesehen. Es ist darum nicht erstaunlich, daß die jüdischen Gelehrten vor und nach Christus gerade dem Sabbatgebot ihre besondere Aufmerksamkeit schenkten. Am Sabbatgebot sollte sich zeigen, wie ernst dem Juden sein Glaube war.

Der bedeutendste Testfall für das Sabbatgebot war der Sachverhalt der «Lebensgefahr». Bin ich auch dann noch an das Sabbatgebot gehalten, wenn ein Mitmensch in Lebensgefahr ist? Nehmen wir an, ein Kind fällt in den Fluß und läuft Gefahr zu ertrinken. Darf ich nun das Sabbatgebot übertreten, dadurch daß ich die nötigen Vorkehrungen treffe, um das Kind zu retten?, dadurch daß ich geeignete Gegenstände herschleppe?, dadurch daß ich vielleicht selbst ins Wasser springe? Grundsätzlich standen sich zwei Meinungen gegenüber, die bei näherem Besehen beide etwas Richtiges an sich haben: die «praktisch-menschliche» und die «theologische». Die «praktisch-menschliche» Auffassung wurde von den Pharisäern vertreten. Nach ihrer Meinung «verdrängt» – wie sie sagen – die Lebensgefahr den Sabbat.

Überhaupt sollte an dieser Stelle einmal etwas zur Ehrenrettung der Pharisäer gesagt werden. An ihrem schlechten Ruf sind zwar nicht zuletzt die Evangelien selber schuld. In Wirklichkeit gab es unter den Pharisäern auch zur Zeit Jesu richtige Heilige. Tag und Nacht waren sie über das Gesetz gebeugt, um zu erforschen, was Gott vom Menschen will –

und Gott will ja das Glück des Menschen. In den Lehrhäusern haben sie dann dem einfachen Volk zu erklären versucht, wie es glücklich und gottgefällig leben könne. Ihre Überlegungen kommen uns zwar manchmal kleinkariert und überspannt vor. Ihr Bemühen entsprang aber der Überzeugung, daß es keinen Bereich im menschlichen Leben gibt, der nicht von Gottes Willen durchwaltet wäre, dem der Mensch eben entsprechen soll. Ganz abgesehen davon ähnelte auch die «katholische Moral» bis in die letzten Jahrzehnte einer gewissen Haarspalterei. Nimmt man dazu, daß die Pharisäer – im Unterschied zu den Sadduzäern – nicht nur der Schrift, sondern auch der Tradition verpflichtet waren, ist es gar nicht so abwegig, wenn man die Pharisäer zur Zeit Jesu mit den «Katholiken» vergleicht.

Kein «Mann der Mitte»

Einen strikt «theologischen» Standpunkt in der Sabbatfrage nahmen die Leute von Qumran ein, einer jüdischen Sekte, die wie eine Mönchsgemeinschaft am Nordufer des Toten Meeres lebte. (Ich setze das Wort «theologisch» bewußt in Anführungszeichen, denn ich habe eine ganz andere Auffassung von dem, was «theologisch» meint.) Zum Problem Sabbat – Lebensgefahr sagen sie folgendes: «Der Sabbat ist der Tag des Herrn, und der Herr ist mehr als ein Mensch.» – Die Argumentation ist sehr verführerisch; denn der Satz ist scheinbar völlig richtig. Wer möchte leugnen, daß der Sabbat der Tag des Herrn ist? Und wer möchte leugnen, daß der Herr-Gott mehr ist als ein Mensch? Die Beweisführung der Qumran-Leute führte konsequenterweise dazu, daß sie lieber einen Menschen umkommen ließen, als daß sie das Sabbatgebot übertreten hätten.

Frage: Auf welcher Seite steht Jesus? Auf der Seite der Pharisäer oder auf der Seite der Qumran-Leute? Wir machen uns die Sache zu einfach, wenn wir sagen, Jesus stünde in der Mitte; und es wäre auch nicht viel gewonnen, wenn wir diese Mitte als «dynamisch» bezeichneten. Das Konkurrenzdenken, von dem wir oben gesprochen haben – und um das geht es ja letztlich auch hier –, wird nicht dadurch überwunden, daß man zwischen beiden Polen herumlaviert.

Am Ende der Erzählung von den ausgerupften Ähren (Mk 2,23-28) steht ein Jesuswort, das zwar nicht unbedingt originell ist, das aber die Denkweise Jesu gut zum Ausdruck bringt: «Der Sabbat ist für den Menschen da, nicht der Mensch für den Sabbat.» Mit diesem Wort wird ziemlich alles auf den Kopf gestellt, was fromme Menschen über Gott und die Welt denken. In letzter Konsequenz muß nämlich dieses Wort so interpretiert werden: «Der Mensch ist nicht für Gott da, sondern Gott für den Menschen!» Hier wird dem letzten Rest an Konkurrenzdenken die Grundlage entzogen. Wenn Gott so ganz radikal für dich ist, wie willst du da mit ihm noch konkurrieren?

Wo der Mensch hingehört

Mit diesem Wort bringt Jesus seinen Zuhörer zudem dahin, wo er ihn immer wieder haben möchte: in die letzte Unmittelbarkeit zu Gott selbst, dorthin, wo der Mensch hingehört, sich auch in seinem Eigentlichsten neu verstehen kann.

Eine ähnliche Funktion hat auch die Bergpredigt (Mt 5-7; Lk 6,20-49). Es wird ja niemand richtig zuhören, wenn gesagt wird: «Du sollst nicht töten!» Wer von uns kommt schon so oft in die Lage einen Menschen umzubringen; und wenn er in die Lage kommt, dann ist er nicht nur zu feinfühlig, sondern auch noch zu feige, den Mord auszuführen. Freilich kann der Mensch den Mangel an Gelegenheit und den Mangel an Mut für sich als Tugend buchen. Sehr oft ist es ja so, daß der Mensch meint, sich durch ein Gebot, das er hält, Gott gegenüber ins Recht zu setzen, ja sogar Ansprüche geltend zu machen. «Wenigstens in diesem Punkt, was das Morden anbelangt, soll mir Gott keinen Vorwurf zu machen brauchen.» – Diese Art, mit den Geboten umzuspringen, nenne ich gerne die «Politik der weißen Weste». Ich wage zu behaupten: Christen tragen keine weißen Westen. Entweder sind das, was sie tragen, keine weißen Westen, oder sind die, die sie tragen, keine Christen.

«Ich aber sage euch: schon wer seinem Bruder zornig ist, gehört vor Gericht gestellt und verdient die Todesstrafe» (Mt 5,22). Hier gibt es kein Verhandeln, hier gibt es keine Rechtfertigung mehr. Meinten wir bisher noch, durch das Gebot, das wir halten, Gott gegenüber im Recht zu sein, wird uns dieses Gebot, diese letzte Möglichkeit der Selbstbehauptung und des Selbststandes, unter den Füßen weggezogen. Schutzlos und nackt stehen wir da, nicht mehr die geringste Sicherung in der Hand, ausgeliefert diesem Gott, demgegenüber wir «des Todes schuldig» sind. In dieser Nacktheit, in dieser Schutzlosigkeit und Unmittelbarkeit ist Gott wirklich der Einzige, der uns noch retten kann.

Zugleich entwirft Jesus mit diesem Wort das Bild vom

neuen Menschen, von einem Menschen, wie er nur in diesem Freiheitsraum der Unmittelbarkeit zu Gott gedeihen kann, von einem Menschen, wie er «eigentlich» ist, weil ihn Gott immer so gemeint hat: ein Mensch, bei dem die Grenze zwischen Zorn und Totschlag, zwischen Mord und Haß nicht mehr gilt, ein Mensch, der nicht haßt, nicht zürnt, nicht verachtet, nicht zerstört. – Wie lange könnte man doch bei dieser prohpetischen Vision noch verweilen! Dabei haben wir eben nur die erste der sechs Antithesen der Bergpredigt gestreift (Mt 5,21-48). Was für ein Potential an Freiheit und Menschsein wird hier aufgezeigt und ermöglicht!

Es ist nicht richtig zu sagen, Jesus hätte die Gebote über Bord geworfen. Auch nicht das Sabbatgebot. Was er mit seinen prophetischen Provokationen beabsichtigt, wie wir sie in der Bergpredigt und in den Gleichnissen finden: daß der Mensch dem begegnen kann, der hinter den Geboten steht. Man kann höchstens sagen, Jesus breche die Gebote auf, damit der zu Wort komme, der in seiner Güte dem Menschen die Gebote zum Leben gibt.

In die Mitte gestellt

Der letzte Abschnitt, den wir in dieser Reihe besprechen wollen (Mk 3,1-6), ist mir besonders lieb. Es ist die Geschichte vom Mann mit der gelähmten Hand.

Man stelle sich die Szene plastisch vor: Es ist Sabbat. Jesus geht, wie viele andere Männer auch, zur Synagoge. Unter ihnen ein Mann mit einer gelähmten Hand. Von einer «Lebensgefahr» kann also keine Rede sein; ja vielleicht ist der «Mann mit der gelähmten Hand» vom Dorfbild schon gar nicht mehr wegzudenken.

Alle Aufmerksamkeit ist auf die Mitte des Synagogengottesdienstes gerichtet: auf die heiligen Schriftrollen, aus denen bald das Wort Gottes verkündet werden soll. Einige der Anwesenden denken dabei allerdings an etwas ganz anderes: Wie wird Jesus sich verhalten? Was wird er mit dem Mann mit der gelähmten Hand tun? Für die Argwöhnischen wird das Verhalten Jesu nicht nur taktische oder ethische, sondern auch religiöse und «politische» Bedeutung haben. «Sie beobachteten ihn..., damit sie ihn anklagen könnten.»

Jesus begegnet der Situation auf eine höchst ungewohnte, ja provozierende Art: er ruft den Mann in die Mitte.

Mit dieser «Mitte» ist mehr als nur eine Ortsbezeichnung gemeint. Jesus stellt den Mann mit der gelähmten Hand in seine Mitte, ja in die Mitte des Synagogengottesdienstes, ja in die Mitte des Gottesdienstes überhaupt. Mit dieser umwälzenden prophetischen Geste ist im Grunde genommen alles gesagt und getan, um das Ur-Anliegen Jesu, ja das Ur-Anliegen Gottes aufzudecken. Die Szene ist in gewissem Sinn die zeichenhafte Verdeutlichung dessen, was vorher grundsätzlich gesagt wurde: daß der Sabbat für den Menschen, daß Gott für den Menschen da sei. Alles andere, was nun kommt – die herausfordernde Frage an die Anwesenden und die Heilung des Mannes – sind eigentlich nur erklärende Vertiefungen der prophetischen Geste. Sie sollen aufweisen, daß es Jesus nicht nur um symbolhafte Zeichen einer kühnen Idee geht, sondern um Leibhaftigkeit und Leben.

Eine Herausforderung, die nicht hingenommen werden kann

Wenn das Auftreten Jesu den lebhaften Protest der führenden religiösen und politischen Kreise im damaligen Judentum hervorrief, ist das nicht verwunderlich. Wir tun diesen Kreisen Unrecht, wenn wir sie der Engstirnigkeit und des Neides bezichtigen wollten. Die Provokation Jesu ist ja auch heute noch, selbst unter getreuen Gefolgsleuten, nicht überall angenommen. Nicht Blindheit und Engherzigkeit brachten die führenden Kreise auf den Plan, sondern echtes Verantwortungsbewußtsein gegenüber der von den Vätern ererbten Religion und gegenüber dem Volk, das durch das Verhalten Jesu jegliche Orientierung verlieren mußte. Mag man über manch herausforderndes Wort dieses Galiläers noch geteilter Meinung sein: der persönliche Anspruch dieses Mannes hingegen kann nicht hingenommen werden; und er ist auch nirgendwo begründet. Ein Vorgehen gegenüber Jesus war um so leichter zu bewerkstelligen, als er ja völlig isoliert war. Gesetz, Tradition, Sitte und politische Vernunft, standen auf Seiten der religiösen Führer. Das Unableitbare, Frische, Unverblümte, Ursprüngliche, Vollmächtige im Auftreten Jesu mag zwar eine Zeitlang bestechlich und verführerisch wirken. Auf die Dauer zahlt sich aber der Verzicht auf die Tradition, auf die Gunst der führenden Kreise und auf eine eigene politische Hausmacht nicht aus.

«Da gingen die Pharisäer hinaus und trafen sich mit den Parteigängern des Herodes; sie wurden sich einig, daß Jesus sterben müsse» (3,6).

Mag diese Notiz im Markusevangelium auch etwas verfrüht aufscheinen, mag es historisch gesehen auch richtiger sein, daß mehr noch als die Pharisäer die Sadduzäer, der konservative Priesteradel, auf die Eliminierung Jesu hinarbeiteten: wie es mit Jesus zu Ende ging, wissen wir aus den historisch zum Teil recht zuverlässigen Passionsberichten selbst. Erstaunlich ist nur, daß mit der Kreuzigung Jesu die ganze Angelegenheit keineswegs zu Ende kam. Nicht daß die späteren Erzähler die Katastrophe des Todes Jesu heruntergespielt hätten; das wäre ja die schlechteste Art gewesen, sich den Ereignissen zu stellen. Der älteste Evangelist, Markus, und in seinem Gefolge Mattäus berichten, daß Jesus mit dem 22. Psalm auf den Lippen gestorben sei, mit jenem Psalm, der mit dem Aufschrei beginnt, Gott habe den Beter verlassen (Mk 15,33-41; Mt 27,45-56). Vor ihnen noch hat Paulus in seinem Brief an die Gemeinden von Galatien unmißverständlich ausgedrückt, was jeder fromme Jude denken mußte, weil es in der Schrift so steht: «Verflucht ist jeder, der am Holz hängt» (Gal 3,13; Dtn 21,23). An die Christen in Korinth schreibt er in aller Ungeschminktheit: «Gott hat diesen Jesus Christus zur Sünde gemacht» (2 Kor 5,21).

Wenn die neutestamentlichen Schriftsteller, dem Glauben der christlichen Gemeinden folgend, von der Auferweckung Jesu sprechen, geht es ihnen nicht darum, den Tod Jesu zu überspielen, sondern den Tod Jesu ernst zu nehmen. Das Schreckliche am Tod Jesu sind nicht seine fürchterlichen Leiden, die uns die Kreuzwege immer wieder – und nicht zu Unrecht – vor Augen führen. Das Schreckliche des Todes Jesu besteht im Tod Jesu selbst: Derjenige, der sich ganz auf

Gott verließ, ist von Gott verlassen worden. Jesus hat in dieser Welt nichts anderes erfahren, als was Millionen von Menschen vor und nach ihm erfahren müssen: daß Gott in dieser Welt nicht zu «haben» ist, daß die erfahrbare Wirklichkeit dieser Welt die der Gott-losigkeit ist.

Der letzte Ernst eines leidenschaftlichen Gottes

Der Glaube der jungen Kirche an die Auferweckung Jesu vermindert die Bedeutung des Todes nicht. Im Gegenteil: Erst im Glauben an die Auferstehung können die ersten Christen die Bedeutung des Todes «für uns» richtig erahnen. Die ersten Christen sind nicht am «leeren Grab» stehen geblieben. Was ist geschehen?

Jesus hat die «Herrschaft Gottes», das «Königtum Gottes» verkündet – ungefähr so, wie wir es im Vorausgehenden in groben Zügen nachzuzeichnen versuchten. Es ist nun aber höchst bedeutsam, daß Paulus und die ersten Christen nicht die «Herrschaft Gottes» verkündeten, sondern «Jesus Christus, den Gekreuzigten». Paulus sagt es ausdrücklich, wenn er sich an jene Zeit erinnert, in welcher er in der Gemeinde zu Korinth angefangen hat, das Evangelium zu verkünden: «Als ich bei euch war, wollte ich von nichts anderem reden als von Jesus Christus, und zwar von Jesus Christus, dem Gekreuzigten» (1 Kor 2,1). Schematisch könnte man es so darstellen:

Jesus verkündet *die Herrschaft Gottes;*

Kirche verkündet *den gekreuzigten Christus.*

Steht hier die Kirche wirklich im Gefolge Jesu – das aufzuzeichnen ist hier nicht der Ort –, dann bedeutet das doch, daß Gott gerade im gekreuzigten Messias Jesus seine Herrschaft angetreten hat, und daß Gott selber nirgendwo anders zu suchen und zu finden ist als am Kreuz, in der Gottverlassenheit. Im Tod Jesu hat sich Gott selbst unwiderruflich an diese Welt verschenkt. Es gibt keinen Abgrund, keinen Fluch, keinen Schmerz, keine Krankheit, kein Elend und keinen Tod mehr, in welchem Gott nicht selbst mit seiner ganzen liebenden Leidenschaftlichkeit anwesend wäre. Radikaler kann die Welt nicht ernst genommen werden.

Und das ist im Grunde genommen der christliche Glaube an die Auferstehung. Die Botschaft von der Auferstehung erweist sich im Neuen Testament nicht als eine Botschaft vom leeren Grab, sondern als die Botschaft vom lebendigen Herrn, auf den hin der Glaubende leben kann. Leben dadurch, daß er das neue Leben, das Jesus angeboten hat, jeden Tag von neuem ausprobiert: daß er nach der rechten auch noch die linke Wange zum Schlag hinhält, daß er mit dem Hemd auch noch die Jacke gibt, daß er siebzigmal siebenmal verzeiht... Und daß er bei all dem keine Angst zu haben braucht vor dem Tod, den ja Jesus für ihn gestorben ist. Man kann den Glauben an die Auferstehung auch so formulieren, wie es Dorothee Sölle einmal ungefähr mit diesen Worten tut: Der Tod ist immer schon hinter uns; vor uns ist die Liebe.

Kirche und Gottes Herrschaft

Mit diesen knappen Überlegungen wollen wir unseren ersten Teil über die «Sache Jesu» beschließen. So mangelhaft diese Ausführungen auch sind, eines ist sicher: Wenn der Kirche der Auftrag gegeben ist, die «Sache Jesu» weiterzutragen und aus dieser «Sache» zu leben, wird sie nicht in Selbstgefälligkeit um sich kreisen und sich in langen Diskussionen um Recht und Ordnung ergehen. Wenn sie den Tod hinter sich hat und vor sich die Liebe und die Zukunft, wird sie immer wieder aus sich selbst herausbrechen können und dem Menschen liebend und befreiend dort begegnen, wo er sich vorfindet: in seiner Armut, in seiner Sündigkeit, in seiner Gottverlassenheit, in seinem Sterben. Das vielzitierte Wort Alfred Loisys (1857–1940) sollte das Schockierende immer mehr verlieren: «Jesus verkündete die Herrschaft Gottes – und gekommen ist die Kirche.» Denn die Kirche ist es, durch die Gott liebend und befreiend in die Welt hinaus will, sie ist es, durch die Gott seine Herrschaft verwirklichen will.

II. LEUTE DER ERSTEN STUNDE

1. DIE JESUSBEWEGUNG – SOZIOLOGISCH GESEHEN

Schlechte Musik

Wäre das vorausgehende Kapitel von einem meiner Schüler verfaßt worden, würde ich mit kritischen Bemerkungen nicht geizen. Nicht daß das dort Gesagte samt und sonders falsch wäre; so schlimm ist es nun auch wieder nicht. Ich habe aber das unbestimmte Gefühl, daß die «Sache» Jesu, seine «Botschaft» noch zu wenig im Zusammenhang der damaligen gesellschaftlichen, politischen, sozialen Situation betrachtet wird und daß vor allem die Verklammerung der Sache Jesu mit der heutigen Zeit zu wenig zum Zug kommt.

Vielleicht ist das der größte Fehler, den sich die christliche Theologie von ihren Anfängen bis in die heutige Zeit hinein zuschulden kommen ließ: daß sie so sehr darauf fixiert war, das «Bleibende», die «ewige Wahrheit«, die «Botschaft» herauszuschälen und in Sätze und Wörter zu gießen, und daß sie dabei oft gar nicht bemerkt hat, wie sehr das alles auf Kosten des Lebens geschehen ist. Freilich: über Sätze und Wörter läßt sich leichter reden und diskutieren als über das Lebendige. Lebendiges ist sehr komplex.

Etwas ähnlich «Theologisches» haben wir im vorausgehenden Kapitel gemacht. Wir suchten wohl ernsthaft nach der «Sache Jesu». Dabei haben wir aber – um ein Bild zu gebrauchen – Jesus von seinem Resonanzboden getrennt. Und was geschieht, wenn man bei einer Geige die Saiten vom Gehäuse trennt? Die Saiten geben wohl noch Töne von sich, wenn man sie gut spannt, aber es sind keine Geigentöne mehr. Eine Musik von Saiten ohne Gehäuse ist langweilig, flach, eintönig, geht nicht ans Herz... Ja, man kann sich fragen, ob das überhaupt noch Musik ist.

Wenn «Theologie», Verkündigung, die Bibel, ja sagen wir es ruhig: auch das vorausgehende Kapitel für viele Menschen so langweilig und nichtssagend geworden ist, dann liegt der Grund darin, daß der «Botschaft» der Resonanzboden fehlt, sei es der heutige oder der damalige. Jemandem den Resonanzboden wegnehmen, ist die beste Art, ihn zum Schweigen zu bringen. Er kann seinen Hals ausschreien wie er mag; er wird von niemandem gehört. Er wird nicht einmal verfolgt und gekreuzigt.

Der Resonanzboden Jesu ist – um nur wahllos einige Stichworte zu nennen: Israel, das damalige Judentum, die verschiedenen religiösen Parteiungen, Galiläa, Jerusalem, die Jünger, die Gegner, die soziale Lage, die Römer, Herodes, Johannes der Täufer, die Familienangehörigen, die Aussätzigen, die Sympathisanten, der Tempel usw. Von all dem absehen zu wollen, auch um der «Reinheit» der «Botschaft» willen, wäre unrealistisch. Und Jesus selbst kam nicht darum herum, all dem Rechnung zu tragen, es sei denn, er wollte in den Wind reden.

Mit «Herr Erneuerer» unterwegs

Versuchen wir, einen kleinen Vergleich anzustellen. Nehmen wir an, bei uns in der Schweiz möchte jemand eine Bewegung in Gang bringen, um eine politische und gesellschaftliche Erneuerung in die Wege zu leiten. (Wie gesagt, handelt es sich um einen Vergleich; wir sehen von der Frage völlig ab, ob in der Schweiz eine politische und gesellschaftliche Erneuerung notwendig oder auch nur wünschenswert wäre.) Was wird Herr Erneuerer tun und mit was wird er rechnen müssen? Er kann sein Konzept – wir hoffen mal, er habe eins – in einer wissenschaftlichen Zeitschrift darlegen. Das wäre fürs erste mal richtig. Die «Akademiker» – und auf diese kommt es ja auch an – wüßten dann bereits, worum es geht. – Es ist indessen kaum anzunehmen, daß ein solcher Artikel große Wellen werfen wird. Akademiker haben «Gescheiteres» zu tun, als den utopischen Vorstellungen eines Erneuerers Beachtung zu schenken. Sollte die Sache doch wider Erwarten größeres Echo finden – man spricht im Fernsehen und am Radio davon –, wird man Parteiideologen, Gutachter der Universitäten, Gewerkschaftsfunktionäre, Wirtschaftspublizisten, den Vorort und – je nachdem – auch kirchliche Kreise mobilisieren, dem Erneuerungswilligen den Garaus zu machen. Herr Erneuerer wird zwar nicht aufgeben; er wird die ganze Sache nur etwas anders anpakken. Er wird sein Konzept vereinfachen und mundgerechter machen, so daß möglichst viele Schichten davon angesprochen werden. Er wird sich auch entscheiden müssen, einmal in einem ganz konkreten Milieu seine Idee zu lancieren.

Es ist unschwer einzusehen, daß sich für politische und gesellschaftliche Veränderungen nicht gerade die Etablierten und die Gutsituierten besonders erwärmen werden. Eher wären schon Arbeitslose, Studenten und ähnlich Unentschiedene dafür zu interessieren. Auch wird man nicht beim Beamtentum der Hauptstadt um die neuen Ideen werben, sondern bei den Unzufriedenen, die für «die in Bern oben» sowieso nicht viel übrig haben, bei den Kleinbauern und Fabrikarbeitern, die sich der Staatsmaschinerie gegenüber am ehesten machtlos vorkommen und welche die Teuerung am empfindlichsten zu spüren bekommen.

Aber so leicht in Klassen aufteilen läßt sich das Schweizervolk nicht. Herr Erneuerer sieht sich vor einer ungeahnt differenzierten Landschaft von Gruppierungen aller Art: die Parteien, der Turnverein, die Musikgesellschaft, der Schießverein, die Offiziersgesellschaft, der Rotaryclub, der Kirchenchor, der Gemeinderat, der TCS, die Pfadfinder, das bischöfliche Ordinariat, die Damenriege, die Gewerkschaft, der Verkehrsverein, der Samariterverein, die Volkshochschule usw. Und alle diese Vereinigungen haben ihre bestimmten Ziele, Aktivitäten und Zusammenkünfte. Da gibt es Generalversammlungen, Vorstandssitzungen, Jassabende, Galabälle, Vorlesungen, Gottesdienste, Picknicks, Vereinsausflüge usw.

Möglich, daß Herr Erneuerer irgendwo eingeladen wird. Er wird dann aber im Schoß des Müttervereins sein Anliegen gewiß anders vertreten als gegenüber Mittelschülern anläßlich ihres Maturaballs, und im Kreis des Alpenclubs wird er anders sprechen als bei den wöchentlichen Meetings seines Mitarbeiterstabs. Sein Aktionsprogramm wird anders aussehen, je nachdem ob er bei der Bischofskonferenz vorspricht oder beim Rassemblement Jurassien, bei der Zürcher Handelskammer oder beim Ausschuß der POCH.

Verfolgen wir die Aktivitäten des Herrn Erneuerers nicht weiter. All das, was wir hier mit ein paar Strichen zeichneten, gehört zum Resonanzboden; es ist leicht einzusehen, daß die gesellschaftliche Resonanz einer Bewegung oder einer Idee von der Sache selbst nicht zu trennen ist.

Kehren wir zurück zu Jesus. Besonders in den letzten zehn Jahren ist man dazu übergegangen, biblische Texte «soziologisch» zu lesen. Tatsächlich lassen sich aus der Bibel mit Hilfe der damaligen Geschichtsschreibung (z. B. Flavius Josephus) manche wichtigen Rückschlüsse auf die Soziologie der Jesusbewegung ziehen. Damit sofort einsichtig wird, daß es hier nicht um Spielerei geht, sondern um einen bedeutenden Sachverhalt, der für die Interpretation der Bibel wichtig ist, sei folgendes Beispiel angeführt. Einerseits sprechen Texte des Neuen Testaments von der Heimat-, Familien- und Besitzlosigkeit der Jünger. Sie folgen einem Meister, der nichts hat, worauf er sein Haupt legen könnte. Sie teilen also eine Existenz, die schutzloser und unsicherer ist als die der Füchse und Vögel (Mt 8,20). Der Jünger verläßt Vater und Mutter, Brüder und Schwestern (Lk 14,26), und das unstete Wanderleben ist ihm sogar als Pflicht auferlegt (Mt 10,5ff). Demgegenüber steht in der Bergpredigt die Anweisung: «Wenn du betest, geh in deine (Vorrats-) Kammer, und schließ die Tür zu, und bete zu deinem Vater im Verborgenen...« (Mt 6,6).

Hier kommen wir nicht einmal mehr mit einer Exegese durch, die zum vornherein die Welt in Ordensleute und gewöhnliche Laien einteilt, wobei man die schwierigeren Gebote für die «Vollkommeneren» zurechtschneidert, die übrigen Gebote den «Laien» überläßt. Näher kommen wir der Sache, wenn wir voraussetzen, daß es in der Jesusbewegung verschiedene «Rollen» gegeben hat, nämlich die der Wanderprediger, die der ortsansässigen Sympathisanten und freilich auch diejenige Jesu selbst. So braucht man in den

Jesusworten nicht sogleich Widersprüche zu vermuten. Viel «Widersprüchliches» klärt sich auf, wenn wir uns der je verschiedenen «Rollen» innerhalb der Jesusbewegung bewußt werden.

Zwölf wandernde Prediger

Halten wir als erstes fest: Jesus hat nicht Ortskirchen gegründet, über die er seine Jünger als Bischöfe eingesetzt hätte. Primär hat Jesus eine Bewegung wandernder Charismatiker ins Leben gerufen. Das will meinen: er hat Leute um sich gesammelt, die allen geordneten Verhältnissen den Abschied gaben, Leute, die seine «Sache» und seine Lebensweise teilten, mit ihm durchs Land zogen und sich dabei auf nichts anderes abstützten als auf den Vater im Himmel. Daß es gerade zwölf waren, hat eine eminente Bedeutung: in ihnen war ganz Israel angesprochen und durch sie sollte ganz Israel heimgesucht werden.

Eine ganze Reihe von Jesusworten haben wir dieser Predigergruppe zu verdanken. Was sie überliefern, scheint uns zwar oft befremdend und unrealistisch. Wir müssen aber bedenken, daß diese Leute völlig entwurzelt waren, als Wanderer durch die Gegend zogen, auf Familie und Besitz verzichteten. Da und dort nennt man sie in der neueren Literatur «vagabundierende Charismatiker». Soziologisch gesehen mag eine solche Bezeichnung zutreffen. Doch gar so ziellos «vagabundierend» waren sie nicht. Sie riskierten so etwas, was wir heute eine «alternative Lebensweise» bezeichnen. Nichts nahmen sie mit auf den Weg, weder Geld noch Tasche noch Stab, nicht einmal Schuhe an den Füßen (Mk 6,7-11; Lk 9,1-6; 10,2-12; Mt 10,

5-16). Um ihr Leben machten sie sich keine Sorgen, weder ums Essen noch um die Kleidung (Mt 6,25-34; Lk 12,22-31). Als Lohn genügte ihnen schon ein Becher Wasser (Mk 9,41; Mt 10,42).

Wenn man sich fragt, woher diese bunte Gruppe die Kraft zu einer solch radikalen Existenzweise nahm, gibt es nur eine Antwort: Sie waren angetan von diesem Jesus von Nazaret, in dessen Gemeinschaft sie das Kommen der Herrschaft Gottes erfuhren. Was sie zu verkünden hatten, war eben so schlicht und provozierend wie ihr Auftreten: Friede. Es ist ein Friede, der im Anbruch der Gottesherrschaft gründet. Ein Friede, der – wie die «neue Lehre» – konkret Gestalt annehmen sollte: sie heilten Kranke, erweckten Tote, machten Aussätzige rein und trieben Dämonen aus (Lk 10,5-11).

Seßhafte Sympathisanten

Die Wandercharismatiker konnten ihre radikale Lebensweise nur aufrechterhalten, wenn sie sich auf gewisse seßhafte Sympathisantengruppen abstützen konnten. Etwas Derartiges treffen wir schon bei Jesus selbst. Wenn er auch nichts hatte, wohin er sein Haupt legen konnte (Mt 8,20), so fand er doch immer wieder Aufnahme bei Leuten, die ihm wohlgesinnt waren: bei der Schwiegermutter des Petrus (Mk 1,29), bei Maria und Marta (Lk 10,38ff), bei Simon, dem Aussätzigen (Mk 14,3ff). Auch wissen wir von Frauen, die ihn unterstützten (Lk 8,2f). Solche sympathisierenden Familien und Gruppen dürften wohl der Kern späterer Ortsgemeinden gewesen sein.

Im Unterschied zu den Wanderpredigern, die heimatlos, ohne Familie, ohne Geld und ohne Schutz durch die Lande zogen, blieben die Sympathisanten seßhaft in ihren Dörfern und in ihren Familien, gingen weiterhin ihrer Arbeit nach und hielten sich im großen und ganzen soziologisch gesehen im Rahmen des damaligen Judentums. Während wir in den Evangelien eine ganze Reihe von «Anweisungen» für die Wanderprediger haben, Anweisungen, die von diesen Wanderpredigern auch weitergegeben wurden und die nur auf dem Hintergrund einer vagabundierenden Existenz verständlich und praktikabel sind, gibt es nur wenige Traditionen, die unverkennbar in den Ortsgemeinden ihre Heimat haben.

Ein so radikales Leben wie das eines Wanderpredigers war für den seßhaften Sympathisanten nicht möglich und auch nicht sinnvoll. Wer verheiratet ist, eine Familie ernähren muß und eventuell auch noch im Gemeindewesen engagiert ist, kann sich nicht jene Freiheiten herausnehmen, die ungebundenen Wanderpredigern möglich sind. Das gilt auch bezüglich gewisser Freiheiten gegenüber dem Gesetz. Im Dorf, in der Gemeinde, wo alle alles kontrollieren und der soziale Druck gewaltig ist, ist ein Ausbruch aus der Ordnung kaum möglich. Der Ortsansässige muß also vom Ethos der Wanderprediger erhebliche Abstriche machen. Von daher versteht sich auch, daß wir bereits in der Urkirche eine große Aufsplitterung in verschieden gestufte ethische Praktiken antreffen, die im Neuen Testament in scheinbar recht widersprüchlichen Aussagen ihren Niederschlag gefunden haben. Während die Wandercharismatiker im Gefolge Jesu in kritischer Distanz zum Gesetz und zu bestimmten Traditionen standen, die Autorität der Schriftgelehrten in Frage stellten, den kultischen Betrieb und die Tempelsteuer ablehnten, sich über die Fastenvorschriften hinwegsetzten usw. (vgl. I. Teil), sah das für die ortsansässigen Sympathisanten ganz anders aus. Wohl «wußten» sie einigermaßen um das Neue und Befreiende der Botschaft Jesu, doch waren sie der Meinung, das Gesetz solle bis ins Kleinste erfüllt werden (Mt 5,17ff). Schriftgelehrte und Pharisäer waren für sie legitime Autoritäten (Mt 23,1ff). Sie anerkannten auch den Opferkult und die Priesterschaft (Mt 5,23), bezahlten regelmäßig die Tempelsteuer (Mt 17,24ff) und akzeptierten die Fastenvorschriften ihrer Umwelt (Mt 6,16ff). – Notwendigerweise mußte hier «Nachfolge» eine ganz andere Form annehmen.

Autorität und Konflikte

Die Autoritäten der Ortsgemeinden waren zunächst die Wandercharismatiker selber. In kleineren Gemeinden erübrigten sich ortsansässige Autoritäten ohnehin. Traten Spannungen auf, lag die Entscheidung entweder bei der ganzen versammelten Gemeinde oder eben bei den vorbeikommenden Wanderpredigern. Von daher erklärt sich auch, daß im Mattäusevangelium die «Vollmacht zu binden und zu lösen», also autoritativ Entscheidungen herbeizuführen, das eine Mal der Gemeinde (Mt 18,18), das andere Mal dem Petrus, also einem Wandercharismatiker, zugesprochen wird (Mt 16,19). Je größer die Ortsgemeinde wurde, desto notwendiger war auch ihre innere Strukturierung mit Leitungsgremien. Daß es dabei immer wieder zu Spannungen kam zwischen den Ortsautoritäten und den Wandercharismatikern, ist nicht verwunderlich. Aufschlußreich wäre die Frage, welcher der beiden Instanzen im Konfliktsfall die letzte Entscheidung zukam. Ich glaube nicht, daß darüber am Grünen Tisch entschieden wurde. Wie überall, schlug man auch hier den Weg der Praxis ein. Beide Instanzen hatten ja an einer guten Regelung ihr vitales Interesse: der Charismatiker, der auf die (materielle) Unterstützung durch die Gemeinden angewiesen war; die gemeindlichen Behörden, die es sich nicht leisten konnten, daß ihre Entscheidungen von den Wandercharismatikern desavouiert wurden.

Die zentrale Bezugsgestalt

Wie ist es möglich, daß diese beiden soziologisch gesehen so verschiedenen Phänomene, die Wandercharismatiker und die Ortsgruppen, nebeneinander existieren konnten? Die Antwort ist einfach: Beide beriefen sich auf den gleichen Jesus von Nazaret, den gekreuzigten und auferstandenen Christus. Von ihm wußten sich beide berufen, und seine Sache wollten sie beide weitertragen. Wir wollen auf die Gestalt dieses Jesus von Nazaret hier nicht weiter eingehen, weil das in groben Zügen bereits im vorausgegangenen Teil geschehen ist. Hier nur soviel: Die Gestalt Jesu Christi war reich genug, daß sie verschiedenste Formen der Zugehörigkeit und der Jüngerschaft ermöglichen und zulassen konnte. Sicher ist, daß die Jesusbewegung – Wanderprediger wie ortsansässige Sympathisanten – in Jesus Christus ihr Vorbild hatte, ihr Modell und ihre Verheißung. Glauben und Praxis bildeten in einer Einheit von Denk- und Lebensakt ein unauflösliches Ganzes.

Bevor wir den «Resonanzboden» der neutestamentlichen Botschaft weiter abhorchen, wollen wir uns ein paar Gedanken machen zur Übertragung dieser Texte in die heutige Zeit.

Es ist praktisch unmöglich, die Organisation der urchristlichen Gemeinde, der Jesusbewegung, in unsere Zeit hineinzutragen. Möglich, daß eine dem Urchristentum ähnliche Situation wieder mal eintreffen wird. So wie die Dinge aber bei uns liegen, sehe ich keine Möglichkeit, die damaligen Strukturen unbesehen zu kopieren oder zu wiederholen.

Diese Einsicht hat Konsequenzen, die wir nicht immer genügend ernst nehmen. Es ist nicht nur unrichtig, es ist auch unfair, wenn wir die heutigen Gemeindeleiter, Laientheologen und Priesteramtskandidaten an Jesusworten messen, die damals für Wandercharismatiker gesprochen und überliefert wurden. Unsere Pfarrer, Vikare und Pastoralassistenten sind – normalerweise – keine wandernden Charismatiker, und sie in eine solche Rolle hineinzwingen zu wollen, wäre ein großes Unrecht. Die Worte also vom Verlassen von Vater und Mutter, vom Verzicht auf Reichtum und Besitz, von der Ehelosigkeit um des Himmelreiches willen usw., dürfen nicht auf die heutigen Amtsinhaber im kirchlichen Dienst übertragen werden. Das ist während der ganzen neutestamentlichen Zeit nicht geschehen, und das ist auch heute nicht legitim.

Im Übertragen der Nachfolgetexte in die heutige Zeit braucht es viel Umsicht, aber auch viel Toleranz. Ist es nicht etwas verdächtig, wenn die großen Worte von der «Totalhingabe» ausgerechnet von jenen in den Mund genommen werden, die ihr Schäfchen im Trockenen haben? Es ist leicht, über die mangelnde Opferbereitschaft der heutigen Jugend zu klagen und um Priesterberufe zu beten, wenn man ein gemütliches Zuhause hat, einen schnellen Wagen, eine hübsche Frau, gesunde Kinder – oder auch eine gutbezahlte Pfarr- oder Professorenstelle.

Gewiß darf es nicht darum gehen, alles zu relativieren – wir haben radikale Existenzen heute nötiger denn je –, aber die Worte und Weisungen Jesu an seine Jünger sind uns nicht gegeben, damit wir andere Mitmenschen richten, sondern damit uns selbst immer wieder ein Weg zur Umkehr aufgetan wird.

Kein fertiges Haus

Als weiteres kann man aus dem Vorausgehenden entnehmen, daß in der Jesusbewegung selbst und in den Urgemeinden lange nicht alles so glatt lief, wie wir es uns und andern immer wieder gerne weismachen wollen. Jesus hat seinen Aposteln und Jüngern kein bezugsbereites Haus hinterlassen, in dem alles und jedes schön geordnet gewesen wäre. Er hat an seine Apostel und Jünger weder Mitren noch Hirtenstäbe noch Ringe verteilt. Er hat sie weder zu Bischöfen geweiht noch hat er ihnen bestimmte Diözesen zugeordnet. Er hat ihnen weder gesagt, wie man Konzilien abhält noch wie man ein Kirchengesetz zusammenstellt. In dieser und in manch anderer Hinsicht ist man schlecht beraten, wenn man die heutigen Bischöfe als «Nachfolger der Apostel» bezeichnet. Das sollen und wollen sie auch nicht sein, und es wäre ungerecht ihnen gegenüber, wollte man sie an den «vagabundierenden Charismatikern» messen. Hätte Jesus seinen Jüngern ein bezugsbereites Haus hinterlassen, in dem alles und jedes geregelt gewesen wäre, dann hätte die junge – und auch die älterwerdende – Kirche nicht so manche Zerreißprobe durchstehen müssen, dann hätte es im Lauf der Zeit nicht so manche Panne gegeben, dann hätte Paulus dem Kephas nicht ins Angesicht widerstehen müssen (Gal 2,11-14).

Ein Appell an die Verantwortung und an die Phantasie

Der Vergleich mit der Schöpfung ist durchaus am Platz. Gott der Herr hat die Menschen nicht in eine fixfertige Schöpfung hineingestellt, wo alles von der Kläranlage bis zur Energieversorgung bestens funktioniert. Warum dem so ist, werden wir wohl nie ganz ergründen können. Wir tun aber gut daran, dies so zu interpretieren, daß Gott dem Menschen etwas zumutet und daß der Mensch seine freie Verantwortung dankbar wahrnehmen soll. Keine Zeit kann und darf für sich in Anspruch nehmen, alle Weltprobleme ein für allemal gelöst zu haben oder lösen zu können. Ja vielleicht war das «Problembewußtsein» nie zuvor so groß und so weltweit wie heute. Gemeinsam suchen Völker und Staaten, die Aufgaben zu bewältigen, die ihnen von der Schöpfung, ihrem Auftrag und ihrem Erbe aufgetragen sind. Ein Zeichen dafür, daß im Jahr 2000 die Probleme und Schwierigkeiten nicht kleiner sind als in früheren Zeiten.

So ist es auch in der Kirche. Keine Zeit, kein Papst und kein Konzil kann und darf für sich in Anspruch nehmen, die Probleme der Kirche (und der Welt) endgültig und für alle

Generationen gelöst zu haben oder lösen zu wollen. Auch in der Kirche ist heute das «Problembewußtsein» größer denn je. Hat es je zuvor eine Zeit gegeben, in welcher man so weltweit, so engagiert und so mutig die Probleme angegangen ist wie in der Zeit vor und nach dem 2. Vatikanischen Konzil? Ist das nicht auch ein deutliches Zeichen dafür, daß in der fast 2000 jährigen Kirchengeschichte noch lange nicht alle Schwierigkeiten gelöst sind und daß die Verantwortung und die Phantasie der heutigen Zeit nicht weniger herausgefordert ist als in früheren Zeiten?

Gewiß, man braucht das alles nicht wahrzuhaben, und der Anzeichen sind genug, daß man hier wie dort das Suchen und die Diskussion abblocken und die Bewegung zum Stillstand bringen will. Das Ende wird nicht die heißersehnte «Ordnung» sein, sondern eben der Stillstand...

Hineingegeben in eine bestimmte Gesellschaft

Wir wollen uns noch einen Augenblick bei der Jesusbewegung aufhalten. Immer noch sind wir viel zu sehr versucht, sie isoliert von ihrer Umwelt, von ihrem Resonanzboden, für sich allein zu betrachten. Dabei wollen wir diesmal nicht nur auf die Strömungen innerhalb dieser Gruppe achten, sondern auch ein bißchen das Geflecht abzutasten versuchen, in das diese Bewegung hineingebunden war. Eine ganze Reihe von Faktoren prägte damals das gesellschaftliche Gefüge Palästinas, Faktoren, die sich auch auf die Jesusbewegung nachhaltig auswirkten.

Bereit «auszuflippen»

Das wohl auffallendste Phänomen der Jesusbewegung war ihre soziale Entwurzelung. Damit meinen wir das Verlassen des angestammten Wohnsitzes und den Bruch mit den gängigen Normen.

Sozial entwurzelte Menschen gab es im Palästina des 1. christlichen Jahrhunderts viele, Menschen, die in mehr oder weniger großer Bereitschaft lebten, ihren Wohnsitz zu verlassen. Der Grund dafür ist wohl in der wirtschaftlichen Situation zu suchen. Wir wissen von zahlreichen, durch Naturkatastrophen bedingten Hungersnöten. Möglicherweise muß auch mit einer gewissen Überbevölkerung Palästinas gerechnet werden. Sicher hat eine fortschreitende Besitzkonzentration eine Verschärfung der Lage auf dem Verteilungssektor mit sich gebracht. Es gab einen regelrechten Kampf zwischen den produzierenden und profitierenden Schichten. Auf der Landwirtschaft und dem kleinen Gewerbe lag ein unerträglicher Steuerdruck.

Die Jesusbewegung war keineswegs die einzige Gruppe, die «ausflippte». Da gab es ganze Heere von Emigranten, so daß der römische Kaiser Claudius um 41 n. Chr. den Zugang von Juden nach Alexandrien in Ägypten verbieten mußte. Es gab die Gemeinde in Qumran, Mönche, denen die Gesellschaft und ihr Leben offenbar auch nicht behagte. Die Bibel selbst berichtet uns von Räubern und Plünderern, die das Land unsicher machten.

Bedeutend war die Gruppe der Widerstandskämpfer, die im Untergrund lebten und überall ihre Nester hatten. Daß es Bettler gab, wissen wir wieder aus der Bibel. All das zeigt hinreichend, wie schwierig damals die Situation war und wie groß der Druck, dem breite Kreise ausgeliefert waren.

Alle Gruppierungen, die ins Abseits gingen, hatten gemeinsam, daß sie in kritischer Haltung zu Reichtum und Besitz standen. Im Unterschied zu den anderen Bewegungen und Gruppierungen suchten die Jesusjünger weder durch revolutionäre Aktionen noch durch wirtschaftliche Alternativprogramme die bestehenden Verhältnisse zu verändern. Ihr Verhalten scheint hier wenig grundsätzlich zu sein: sie verurteilten zwar den Reichtum, lebten aber von den Almosen, die ihnen auch von den Reichen zukamen...

Land kontra Stadt

Die Jesusbewegung darf als eine typische Bewegung der Landbevölkerung angesehen werden, einer Landbevölkerung, die den Städten gegenüber mißtrauisch, ja geradezu feindlich gesinnt war. Das war nicht nur für die Jesusbewegung typisch. Wir wissen von Täuferbewegungen (z. B. Johannes der Täufer), von prophetischen Bewegungen (Mt 24,25 f), von den Qumranessenern und den Widerstandsgruppen, daß sie sich hauptsächlich aus Leuten vom Land rekrutierten (und von Städtern, die der Stadt den Rücken kehrten), und daß sie ihre eigentlichen Zentren außerhalb der Städte hatten.

Die Ursachen für die Spannungen zwischen Stadt und Land sind vielfältiger Art. Da wurden den Jerusalemern ihre konservative Haltung vorgeworfen. Diese lebten direkt oder indirekt vom Tempel, besaßen Privilegien, standen unter römischem Schutz und erzielten – meist auf Kosten der

Landbevölkerung – einen erklecklichen Wohlstand. Die Atmosphäre auf dem Land war demgegenüber rebellischer. Gerade dort konnten sich ja auch die verschiedenen Erneuerungsbewegungen ausbreiten. Zudem machte sich auf dem Land der Einfluß der Grenzgebiete stärker bemerkbar, und der wirtschaftliche Druck war hier deutlicher zu spüren.

Im Unterschied zu anderen Bewegungen, die vom Land kamen oder sich dort zurückzogen, wie den Qumranessenern und den Widerstandsgruppen, muß man der Jesusbewegung attestieren, daß ihr Verhältnis zur Stadtbevölkerung offener war (vgl. z. B. Mt 10,23). In der späteren Missionstätigkeit wird sich das positiv auswirken.

Der Traum vom «Gottesstaat»

Zu den weiteren Faktoren, die wir hier besprechen müssen, gehören die politischen. Aus der Verkündigung Jesu von der Herrschaft Gottes kann leicht entnommen werden, daß die Gruppe um Jesus eine radikale Theokratie ins Zentrum rückte, d. h. eine Gesellschaftsform, in welcher Gott (Theos) allein die Macht (Kratos) innehat und keine irdische, vor allem keine nichtjüdische Macht diesen Gott repräsentieren durfte. Auch die Qumranleute und die Zeloten, die Widerstandskämpfer, konnten von sich behaupten, sie seien radikale Theokraten. Was all diesen Gruppierungen gemeinsam war: daß sie die Herrschaft Gottes konsequent zu verwirklichen oder heraufzuführen trachteten und daß sie so in einem zwar nicht immer offenen aber doch sehr wirklichen Gegensatz standen zur offiziellen Politik der einflußreichen Kreise.

Dieses radikal-theokratische Phänomen ist wiederum verständlich aus der damaligen Situation. In Palästina waren die Probleme der politischen Machtverteilung höchst unbefriedigend gelöst, gab es doch dauernd Spannungen zwischen einheimischen und fremden Machtstrukturen. Die Römer, die das Land besetzten, ließen die einheimische Aristokratie nie stark werden; aber sie bauten auch ihre eigene Anwesenheit in Palästina nie zu einer richtigen Herrschaft aus. Die von ihnen begünstigte herodianische Monarchie konnte sich auf die Dauer nicht durchsetzen, und zwar aus verschiedenen Gründen: erstens konnte sie sich nicht legitimieren; dann stand sie in vielfältigen Spannungen zu ihren Konkurrenten, den Hasmonäern und Hohenpriestern; zudem war sie zu prorömisch gesinnt, als daß sie bei der breiten Bevölkerung Anklang finden konnte; und nicht zuletzt waren die «Untertanen» ein zu buntes und widerstrebendes Gemisch, als daß man sie wirklich hätte «regieren» können. All das begünstigte sehr stark das Aufkommen der radikal-theokratischen Idee.

Im Unterschied zu den anderen radikal-theokratischen Bewegungen, die ihre Vorstellungen mit allen mehr oder weniger erlaubten Mitteln durchsetzen wollten (inklusive Gewalt), war die «politische Ethik» Jesu von einer Vision der Versöhnung und der Gewaltlosigkeit geprägt.

Griechisch ist «in»

Das Judentum der damaligen Zeit sah sich von einer anderen mächtigen Kultur teils angezogen, teils konkurriert: vom Griechentum, vom Hellenismus. Griechische Lebensweise, griechische Sprache, griechische Denkweise waren «in». Die Anziehungskraft des Hellenismus auf die jüdische Bevölkerung war um so größer, als die hellenistische Kultur auch etwas Überlegenes an sich hatte. Die Gefahr, daß das Judentum vom Hellenismus «aufgesogen» wurde, war beträchtlich. So entwickelten sich bestimmte Abwehrmechanismen, wie wir sie bei allen Völkern und Gruppierungen antreffen, die Gefahr laufen, ihre Identität zu verlieren. Einer der wichtigsten dieser Mechanismen ist die sogenannte Normenverschärfung. Das heißt, man unterstreicht das Besondere, das, wodurch man sich vom andern unterscheidet. Das, worin sich das Judentum von seiner Umwelt unterschied, das Besondere, aus dem es lebte, war die Tora, das Gesetz. Wollte also das Judentum seine Identität gegenüber dem Sog der überlegenen hellenistischen Kultur bewahren, galt es, die Bestimmungen der Tora, dieser großen Norm des Judentums, zu verschärfen. Von den *Qumranleuten* wissen wir, daß sie in die Wüste gezogen sind, wo sie das Gesetz, unbeeinflußt von allen äußeren Strömungen und Störungen, in seiner ganzen Radikalität religiös und sozial zur Geltung kommen lassen konnten. Die *Widerstandsbewegung* der Zeloten verschärfte das Gesetz vornehmlich auf religiösem Gebiet; auf dem sozialen Gebiet dürfte die Verschärfung eher politisch bedingt gewesen sein. Auch die *Pharisäer* traten für eine volle Einhaltung des Gesetzes ein. Menschlich wie sie waren, suchten sie zu vermitteln zwischen Verschärfung und Lebbarkeit, was ihnen nicht selten den Vorwurf der Heuchelei einbrachte.

Bei der *Jesusbewegung* ist es eigenartig. In der Tat hören sich gewisse Äußerungen Jesu wie Radikalisierungen oder Verschärfungen des Gesetzes an. Man lese z. B. die Antithesen der Bergpredigt (Mt 5,21-48). Indessen wäre es zu oberflächlich, wollte man hier von Gesetzesverschärfungen sprechen. Wir betrachteten weiter oben die 1. Antithese (vgl. S. 56–58). Die Sprache Jesu ist nur im äußeren Wortlaut «gesetzlich». Der Intention nach sind diese Äußerungen prophetische Provokationen, die das Gesetz sprengen, den Menschen in radikaler Freiheit vor Gott hinstellen und sein eigentliches, tiefstes Wesen aufdecken – wie es eben zur Aufgabe der Prophetie gehört. So wird in einer verschärften Gesetzessprache das Gesetz eher unterlaufen und in prophetischer Vision das eigentliche Menschsein entworfen. Jesu «Radikalismus» kommt daher, daß er die Mitmenschlichkeit radikal in die Mitte stellt. Ein solcher Radikalismus kann nun offen sein für alle Gruppierungen, für Juden und Griechen; alle können teilnehmen am wahren Israel.

Korinth ist nicht Palästina...

Dieser kurze Überblick mag genügen. Er soll uns nur eine kleine Ahnung geben von der «Landschaft», in welche die Jesusbewegung hineingebettet war und von der her mehrere Züge der Jesusbewegung besser verständlich sind. Wenn wir die Verhältnisse unter diesem soziologischen Gesichtspunkt betrachten, stellt sich aber die Frage um so dringender: Was geschieht mit dieser Jesusbewegung, wenn sie das palästinische Stammland verläßt? Wie wird sie sich profilieren, wenn sie beispielsweise in einer griechischen Großstadt Fuß fassen will? Soll sie mit der «Sache Jesu» zugleich auch alle wirtschaftlichen, sozialen, politischen und kulturellen Probleme exportieren? Gewiß nicht! Denn das ist nicht nur nicht möglich, das wäre ja auch völlig absurd. Wenn also die Jesusbewegung in einen anderen Kulturraum hineingeht, wird sie sich anderen Problemen und Beeinflussungen stellen müssen und darum auch selbst versuchen, auf eine andere Art auf die Umwelt Einfluß zu nehmen. Das heißt aber, daß in Korinth z. B., dieser aufblühenden griechischen Großstadt, die «Jesusbewegung» ganz andere Züge tragen wird als in Palästina. In Korinth gibt es beispielsweise nicht das Problem des «Ausflippens» wie in Palästina; nicht das «Auswandern» war das akute Problem, sondern das «Einwandern»; viele Menschen kamen nach Korinth, um Arbeit zu suchen und wirtschaftlich vorwärtszukommen. Die «Jesusbewegung» wird hier eine Bewegung der Stadt sein, von der aus man zur weiteren Missionierung aufs Land geht. In Korinth träumt niemand von einem «Gottesstaat», denn alle Bewohner, auch die Christen, haben das römische Bürgerrecht, und das will etwas heißen (vgl. Apg 22,22-29). Auch die kulturellen Probleme sind hier ganz andere...

Was Wunder, wenn die «Jesusbewegung» in Korinth ein ganz anderes Gesicht hat als z. B. in Galiläa oder in Samaria, und es ist sehr erstaunlich, daß das die ersten Christen auch bald einmal anerkannten. Freilich fiel diese Anerkennung nicht allen in gleichem Maße leicht. Ein Jakobus z. B. hatte hier mehr Mühe als ein Barnabas, und einem Paulus fiel es leichter als einem Petrus (vgl. z. B. Apg 15; Gal 2). Aber der Urkirche ist dieser Schritt in die Welt doch ohne großen Schaden gelungen.

Um so bedauerlicher ist es, daß man heute, wo man doch meinen würde, wir lebten in einem aufgeklärten Zeitalter, von solchen Wirklichkeiten nur mit größter Mühe Kenntnis nimmt. Viele Leute sind der Meinung, die Kirche in Angola müsse gleich aussehen wie die im Kanton Thurgau, die in Paris gleich wie die in Oswaldkirk, die in Bangkok gleich wie die im Turtmanntal. Hätte sich die Urkirche damals für eine solche Gleichmacherei entschieden, wäre sie aus dem palästinischen Raum überhaupt nie herausgekommen.

Das ist ja auch in etwa das Problem der südamerikanischen «Befreiungstheologie», die in verschiedenen Ansätzen und Ausfaltungen das ganze Problem auch theologisch aufarbeiten möchte. Es ist tragisch, mit welcher Skepsis, ja mit welcher Ablehnung gerade europäische Kirchen diesem Unternehmen gegenüberstehen. Die Europäer als die «Wissenden» meinen immer noch, in Südamerika und in Afrika müsse es die gleichen Zustände geben wie bei uns, und darum dürfe die Kirche dort nicht anders aussehen als bei uns.

Es ist auch nicht geholfen, wenn man sagt, der Kirche gehe es nicht um Politik, um wirtschaftliche und soziale Strukturen, es gehe ihr um die «Botschaft», und die «Botschaft» sei für alle die gleiche. Die ersten Christen und die junge Kirche – sie haben nicht nur «Botschaften» weitergegeben. Sie haben gelebt, und sie haben sich dafür das Vorbild des Herrn Jesus Christus genommen. Seine «neue Lehre» war nicht ein «Dogma», das man in eine Katechismusantwort preßt und weitergibt; seine Lehre war die ganz konkret sich ereignende Befreiung des Menschen aus all seinen Zwängen. Man sollte auch nicht so tun, als ob in Europa nur die «Botschaft» verkündet würde...

Tokio ist nicht Flamatt. Anzuerkennen, daß die eine Kirche Jesu Christi vielfältige Ausprägungen haben kann und haben muß, ist nicht nur eine Frage der Toleranz, sondern eine Frage der Treue zur Sache Jesu Christi. Und ohne diese Treue wird es Kirche nicht geben.

Was schon (fast) genügen könnte

So hat uns denn die Jesusbewegung nichts gebracht, woran wir uns halten können? Keine Vorbilder der Organisation? Keine verbindlichen Strukturen?

So schnell wollen wir nicht verzagen. Die Jesusbewegung hat uns zum mindesten deutlich gemacht, daß man in dieser Welt, wie immer sie sich vorfindet und versteht, für die «Sache Jesu» eintreten kann, wenn man nur willens ist, sich je neu auf diese «Sache» – und auf diese Welt! – einzulassen. Ist das nicht schon sehr viel? Ja ist das nicht schon fast genug?

2. MODELLE FÜR EINE CHRISTLICHE GEMEINDE

ZGB Art. 60ff

Sie wohnen in einer Stadt und kennen ein paar Gleichgesinnte, mit denen Sie einen «Verein zur Erhaltung und Erstellung von Wanderwegen» (VEEW) gründen wollen. Wie gehen Sie vor? Sie werden zuerst einmal sehen, wie sich andere Interessenverbände und andere Gruppierungen mit einem gemeinsamen Ziel organisieren. Sie werden sich bei den vielen Vereinen erkundigen, bei Zunftgenossenschaften, bei politischen Parteien, bei Freundeskreisen, bei Gewerkschaften und bei Jassrunden. Sie werden bald feststellen, daß dies alles «Vereine» sind, die nach ZGB Art. 60ff aufgebaut sind. Das Schweizerische Zivilgesetzbuch sieht für alle Vereine einen groben Raster als Struktur vor (Namen – Zweck – Mittel – Organisation usw.), innerhalb welcher jede Interessengruppe sich eine «Verfassung» geben kann, die ihr und ihrer Zielsetzung am besten entspricht. Es ist höchst praktisch, einen solchen Raster zu haben: er ist «vernünftig», und befolgt man ihn, wird man als Verein rechtskräftig handeln können und erspart sich eine Menge Schwierigkeiten. Es ist auch von großem Vorteil, in einer Stadt einen Verein zu gründen, in der es schon einige Vereine gibt. Man kann feststellen, wie sie organisiert sind, man kann aus den von ihnen gemachten Fehlern lernen, man kann mit Vorteil das übernehmen, was sich bis anhin bewährt hat. Sie werden also gut daran tun, bei den Sekretariaten dieser Vereine höflich die Statuten anzufordern. Noch besser wird sein, wenn Sie einmal bei einem Vorstandsmitglied vorsprechen; denn Statuten sind trocken und langweilig. Sie sind meistens nur Papier.

Bis aber die Gründungsversammlung des VEEW stattfinden kann, ist noch ein weiter Weg zurückzulegen, denn verschiedene Fragen sind noch nicht geklärt: Wen wollen Sie einladen? Wo soll die Versammlung stattfinden? Was soll alles auf die Traktandenliste kommen?

Mit ihren Gesinnungsfreunden werden Sie während mehrerer Sitzungen eine Liste mit den Namen all derjenigen erstellen, von denen Sie meinen, daß sie an einem solchen Verein Interesse haben. Nicht schlecht ist die Idee von einem Grundsatzartikel in der Lokalpresse. Interessenten können ihre Meinung oder gar ihre Bereitschaft mitzumachen an das Postfach 218 senden. Aber sehr großes Echo wird man von einer solchen Aktion nicht erwarten dürfen. Man wird sich weiter überlegen müssen, wen man noch dazu einladen könnte. Leute, die man kennt, dann aber auch Leute, die von Berufs wegen einem solchen Verein unmöglich ablehnend gegenüberstehen können: die Ärzte, der Sportverband, die Kindergärtnerinnen, der Verwaltungsrat des Altersheims, der Vorsteher der Sektion «Jugend und Sport», der Club kochender Männer. Wichtig ist bei der Erstellung der Liste, auch an die Finanzen zu denken, denn Wanderwege sind eine aufwendige Sache. Vielleicht könnte man einer Versicherungsgesellschaft das Anliegen schmackhaft machen. Sie könnte auf einem der Wanderwege einen Parcours errichten und so auch noch ein bißchen Werbung betreiben.

Was den Versammlungsort anbelangt, sind Sie sich im Kreis Ihrer Gesinnungsfreunde bald einig. Vom Rössli-Wirt wissen Sie, daß er am Wirtesonntag gerne mit seiner Familie in den nahegelegenen Wald spaziert – und das trotz des respektablen Wagens, den er sonst gerne zur Schau stellt.

Längere Zeit in Anspruch nimmt die Erstellung der Traktandenliste. Damit es nicht gar zu vereinsmeierisch zu- und hergeht, werden Sie zur Gründungsversammlung einen

Referenten einladen. Sie entscheiden sich für den Vizepräsidenten des VEEW der Nachbargemeinde: er ist Zahnarzt, leidenschaftlicher Pilzsammler, Vorstandsmitglied des kantonalen Heimatschutzvereins und weiß eine ganze Menge über Wanderwege.

Das Traktandum «Wahlen» werden Sie hoffentlich nicht dem Zufall überlassen. Wollen Sie als Initiator sich nicht selbst zur Verfügung stellen und lieber als Drahtzieher im Hintergrund bleiben, müssen Sie sich die Sache schon gut überlegen. Gewiß wird der eine oder andere aus Ihrem Gesinnungskreis nicht abgeneigt sein, die Präsidentschaft zu übernehmen oder doch in den Vorstand gewählt zu werden. Denken Sie aber auch an den Forstinspektor, an die Frau des Instruktionsrichters, an den Gesangslehrer und an die Chefbuchhalterin des Konsumvereins.

Gründungsversammlung und Statuten genügen nicht

Die Gründungsversammlung ist über die Bühne gegangen, und Sie können zufrieden sein. Größer als erwartet war die Besucherzahl. Die Statuten sind mit geringfügigen Änderungen genehmigt. Die Frau des Instruktionsrichters wurde zur ersten Präsidentin des Vereins gewählt. Der gescheiterte Forstinspektor hatte trotzdem noch die Freundlichkeit, im Lokalblatt einen begeisterten Bericht über die Gründungsversammlung zu schreiben.

Und doch, mehr als einen Verein haben Sie immer noch nicht. Wenn Sie den Dingen ihren Lauf lassen, werden wohl statutengemäß Vorstandssitzungen und Generalversammlungen abgehalten, werden weiterhin Mitgliederbeiträge einkassiert und säumige Zahler nach zweimaliger Mahnung ausgeschlossen, aber Wanderwege haben Sie immer noch keine, weder «erhaltene» noch «erstellte». Die Präsidentin mag zwar ein einnehmendes Wesen haben und sich, da parteipolitisch ungebunden, allgemeiner Beliebtheit erfreuen, aber auf ihrem Wesen und ihrer Beliebtheit läßt sich nicht wandern.

Sie werden also die Dinge trotz Statuten und Vorstand weiterhin selber in die Hand nehmen müssen. Es wird Ihnen die Rolle des Drahtziehers zufallen. Sie sind nicht der einzige, dem es so ergeht. Es gibt Vereine, in denen die Chargen ziemlich gut nach den Fähigkeiten der einzelnen verteilt sind. Es gibt aber auch Vereine, die von Vorständen geleitet werden, die in ihre Funktion einfach so hineinrutschen, ohne viel zu unternehmen, während andere es sind, welche die Anliegen des Vereins hochhalten und verfechten. So war es seit urdenklichen Zeiten, und so wird es auch immer wieder sein. Talente und Aufgaben decken sich beileibe nicht immer, und Verantwortung hat, wer Verantwortung wahrnimmt. Ich weiß, wovon ich spreche. Obwohl ich Vereinspräsident bin, wird die Hauptlast der Arbeit und die Verantwortung von anderen wahrgenommen...

Aber lassen wir nun diese gedanklichen Spielereien, von denen ich allerdings hoffe, daß sie nicht ganz umsonst sind. Wenn wir an «Gemeindegründungen» in der Urchristenheit denken, können wir uns das nicht konkret und plastisch genug vorstellen. Denn auch die ersten christlichen Gemeinden bestanden aus Menschen, aus begabteren und weniger begabten, aus gebildeteren und weniger gebildeten, aus frömmeren und aus weniger frommen.

Wollten Menschen, die mit der Jesusbewegung sympathisierten, eine Gemeinde gründen, taten sie das in Anlehnung an Modelle, wie sie sie in der Umwelt vorfanden, wo sie sich auch schon bewährt hatten.

Modell Synagoge

Da ist zuerst einmal – besonders in der jüdischen Welt – das Modell der Synagoge. Damit ist nicht nur das Gebäude gemeint, wo sich die jüdischen Frommen zum Gebet und zum Studium der Tora (Gesetz) einfanden. Jede Gebetsversammlung ist Synagoge. (Das griechische Wort «Synagoge» bedeutet ja «Zusammenführung», «Versammlung«.) Nicht nur das: mit «Synagoge» konnte man auch die Sammlung oder die Gemeinde der ortsansässigen Juden bezeichnen. Diesen Gebrauch des Wortes kennt auch das Neue Testament (vgl. Apg 6,9; 9,2; Offb 2,9; 3,9).

Wie hatten die Juden ihre Synagoge organisiert? Das kommt darauf an. In Palästina, wo die Ortsgemeinde und die religiöse Gemeinde zusammenfielen, war der Ortsvorstand mit dem Synagogenrat identisch. Dieser bestand meist aus sieben «Ältesten» (griechisch: Presbyter); ihnen oblag die Verwaltung der Synagoge. Man darf annehmen, daß die Synagoge (als Gebäude) ursprünglich den allgemeinen öffentlichen Zwecken der Gemeinde diente, also eigentliches «Gemeindehaus» war, bevor sie sich zu einem ausschließlich religiösen Mittelpunkt entwickelte.

Bestand eine Ortsgemeinde – in der Diaspora z. B. – aus einer religiös gemischten Bevölkerung oder gab es in der Ortsgemeinde – weil sie zahlenmäßig groß war – mehrere Synagogen, so hatte jede Synagoge und die dazugehörige synagogale Gemeinde ein eigenes Leitungsgremium aus drei Mitgliedern. Die Mitglieder dieses Leitungsgremiums waren nicht mit den Synagogenbeamten identisch. Das Gremium hatte eher die Oberaufsicht über die Beamten.

Das «Kirchgemeindehaus»

Das Synagogengebäude diente auch in neutestamentlicher Zeit nicht nur der kultischen Versammlung. Mit der Synagoge verbunden war auch das «Lehrhaus«, wo intensives Schriftstudium betrieben wurde. Ferner wurden in der Synagoge die Sozialarbeit (Almosenwesen) koordiniert und Rechtsfälle verhandelt; auch die Geißelungsstrafe wurde hier vollstreckt. Die Totenklage um bedeutende Persönlichkeiten der Gemeinde wurde ebenfalls in der Synagoge gehalten, und die Synagogen in Jerusalem beherbergten die Pilger, die in der Stadt und in deren Umgebung keine Angehörigen oder Freunde hatten.

Eigentliche Beamte (Ämter) gab es in der Synagoge nur zwei: den Synagogen-Vorsteher und den Synagogen-Aufseher. Sie wurden alljährlich von der Gemeinde gewählt. Andere Funktionen wurden von Mitgliedern der Gemeinde wechselweise wahrgenommen: Vorbeter, Vorleser, Dolmetscher, Prediger. Da diese Aufgaben je verschiedene Anforderungen an die Kompetenz der Träger stellten, ergab sich eine gewisse Rangfolge unter diesen von selbst. Wer nur aramäisch oder griechisch konnte, wird auch nicht erwartet haben, daß er im Gottesdienst zum Dolmetscher für die heiligen hebräischen Texte bestimmt wurde.

Vorsteher und Aufseher

Der wichtigste Beamte der Synagoge war der *Synagogenvorsteher*. Im Neuen Testament wird er Archisynagogos genannt. Er benannte die Gemeindemitglieder, die bestimmte Funktionen übernehmen sollten. Als Vorleser oder Lektor trat er nur auf, wenn er selber von der Gemeinde ausdrücklich dazu aufgefordert wurde; denn diese Ehre durfte sich niemand selber zulegen. Ferner oblagen dem Synagogenvorsteher die Bauaufsicht und die Verwaltung der Synagoge, so daß er meist gleichzeitig Mitglied des Synagogenrates war. Kurz und gut: er hatte über das ganze Unternehmen «Synagoge» eine Art Oberaufsicht, obwohl er selber auch immer dem Ältestenrat Rechenschaft schuldig war.

Über den ordnungsgemäßen Ablauf des Gottesdienstes wachte der *Synagogenaufseher*. Die vom Vorsteher bestimmten Personen rief er zur Wahrnehmung ihrer Aufgabe auf und fungierte während des Gottesdienstes als eine Art Zeremonienmeister. Bei Prozessionen der Gläubigen am Laubhüttenfest war er es, der anstelle des Tempelaltares feierlich umschritten wurde, und an Rüsttagen kündete er durch Trompetenblasen den Sabbat an. Er war verantwortlich für die Pilgerzüge nach Jerusalem und betätigte sich dabei selbst als Reiseleiter. Vielfach war er der Vorsteher und Hauptlehrer an der Synagogenschule. Schließlich war er als Ausrufer und Gerichtsdiener auch Exekutivorgan für allgemeine öffentliche Belange der Gemeinde. In der griechischen Welt gebrauchte man für ihn Bezeichnungen wie «Diener» oder «Diakonos».

Vergessen wir nicht, daß vieles von dem, das wir eben aufgezählt haben, gesetzlich geregelt war, und vergessen wir vor allem nicht, daß die Schriftgelehrten und Gesetzeslehrer, also die professionellen Theologen, einen großen Einfluß ausüben konnten, auch wenn sie auf der Liste der Presbyter, Beamten und Beauftragten nicht figurierten.

So bot die Synagoge ein recht interessantes und brauchbares Modell, nach welchem sich auch eine christliche Gemeinde organisieren konnte. Freilich bedurfte es mancher Änderungen und Anpassungen. Im Normalfall war eine junge christliche Gemeinde nicht in der Lage, ein Haus wie eine Synagoge ihr eigen zu nennen. Das Amt eines Synagogenvorstehers konnte darum hinfallen oder auch umfunktioniert werden.

Gut bewährt hat sich hingegen das Siebner-Kollegium oder das Presbyterium. Es konnte von der christlichen Gemeinde ohne Bedenken übernommen werden. Die Aufgaben, die in der Synagogengemeinde dem Vorsteher oder dem Aufseher zukamen, konnte unter die Presbyter aufgeteilt werden, es sei denn, daß sich jemand halb- oder gar ganzzeitlich gewissen Aufgaben widmen konnte. Vergessen wir nicht: auch in christlichen Gemeinden gab es «Schriftgelehrte»; darf man doch damit rechnen, daß es jüdische Gelehrte gab, die zur christlichen Gemeinde übergetreten waren. Auch die Wanderprediger dürfen wir nicht aus den Augen verlieren. Je nach Bedarf suchten sie die Gemeinden heim, und je nach Geschick rückten sie dieses oder jenes zurecht, trafen Entscheidungen oder gaben Ratschläge.

Ohne Schwierigkeiten konnte die Gemeinde die ziemlich

gutfunktionierenden demokratischen Spielregeln übernehmen. Denn mit der Synagoge hat die christliche Gemeinde gemeinsam, daß sich beide als «Volk», als «Volk Gottes» verstanden. Es gab keine Chargen einfach so für sich. Die Verantwortlichen wurden von der Gemeinde bestellt und waren für die Gemeinde da.

Vereine noch und noch

In der griechischen Welt werden sich christliche Gemeinden nach dem Muster der damaligen Vereine organisiert haben. Diese Vereine waren staatlich anerkannt und geschützt und konnten sich ziemlich selbständig und unabhängig entwikkeln und entfalten, solange sie die öffentliche Ordnung und das Gemeinwohl nicht verletzten.

Wenn wir «Vereine» sagen, ist das nur ein farbloser Oberbegriff für Gemeinschaften ganz verschiedener Zielsetzungen und Bedeutungen. Da gab es die Orgeonen, die ursprünglich mehr auf dem Land anzutreffen waren; die Thiasoten, die eine Anpassung an städtische Verhältnisse vornahmen; die Eranoi, ursprünglich Leihgenossenschaften; die Mystai, Bruderschaften mit mystischen Geheimkulten und die Heroistai, Gruppen mit kultischen Feiern zu Ehren von Privathelden. Des weiteren gab es Priestergenossenschaften, Zunftgenossenschaften, Freundeskreise, Soldatenvereinigungen, religiöse Spezialgenossenschaften usw.

Vereinspatrone sind gern gesehen

Mag ein Verein auch noch so «irdische» Interessen verfolgen wie eine Leihgenossenschaft, eine Zunftgenossenschaft oder eine Feuerwehr: in der sogenannten heidnischen Antike waren sie doch alle irgendwie «religiös». Es gab kaum einen Verein, der nicht den Namen einer Gottheit trug. Aus dem vielen Material, das uns zur Verfügung steht und wodurch wir recht viel über das griechische Vereinswesen wissen, geht hervor, daß in diesen Vereinen so ziemlich alle Gottheiten vertreten waren: Zeus, Aphrodite, Dionysos; auch fremde wie Baal, Isis, Serapis, Anubis und viele andere mehr. Freilich, der Name verpflichtet. Wenn eine Gottheit schon ihren Namen für einen Verein hergibt, darf sie auch erwarten, daß ihr zu Ehren regelmäßig Feste gefeiert oder Opfer dargebracht werden, daß man ihr einen Tempel oder doch wenigstens ein Bildstöcklein baut. Das alles sollte uns gar nicht so fremd vorkommen, kennen wir dieses Phänomen ja auch in christlichen Gegenden, mit dem einzigen Unterschied, daß die Rolle der Gottheiten von den christlichen Heiligen übernommen wurde. Die Generalversammlung der Feuerwehr z. B. findet am Festtag der heiligen Agatha statt, derer der Ortspfarrer bei der liturgischen Feier oder bei der Tischrede gedenkt; das Fest des Schützenvereins findet am Tag der heiligen Barbara statt, deren Bild auf der Vereinsfahne deutlich zu sehen ist. Einweihungen von Vereinsfahnen wie die der Musikgesellschaft St. Martin, des Damenturnvereins Jeanne d'Arc oder des Jodelclubs St. Theodul werden in der Kirche oder doch mindestens in Anwesenheit der Pfarreigeistlichkeit vorgenommen.

Uns interessiert vor allem die *Organisation* der griechischen Vereine. Man hat den Eindruck, als ob die alten Griechen unser Zivilgesetzbuch mit Art. 60ff schon gekannt hätten. Eine *Vereinsgründung* konnte – wie beim VEEW – durch spontane Übereinkunft mehrerer Personen vorgenommen werden. Es konnte jemand aber auch testamentarisch einen Verein gründen; er mußte nur einen einigermaßen sinnvollen Zweck angeben – eine jährliche Zusammenkunft zu einem Fest genügte schon – und etwas Geld vermachen.

Vereinsmitglied wurde man dadurch, daß man ein Leumundszeugnis vorwies und versprach, regelmäßig den Beitrag zu bezahlen. Manchmal genügte schon die Zugehörigkeit zu gewissen Familien oder zu finanzkräftigen Kreisen.

Soweit wir die damaligen Vereine kennen, waren sie nie sonderlich groß. Eine *Mitgliederzahl*, die die Hundert überschritt, war eher selten. Zusammengesetzt waren die Vereine aus Leuten mit gleichen oder ähnlichen Interessen. Bei einer mehr religiösen Zielsetzung war der Verein offener, so daß auch Sklaven, Frauen und Kinder zugelassen wurden. Allerdings hatten diese dort nicht viel zu sagen. Es konnte aber auch vorkommen, daß Sklaven unter sich einen Verein gründeten. Der religiöse Deckmantel mußte hier schon recht dick sein, um die sehr vitalen Interessen eines solchen Vereins zu kaschieren.

Was die *Verfassung* dieser Vereine anbelangt, ist zu sagen, daß die Leitung und Verwaltung eines Vereins in den Händen der Generalversammlung lag. Diese Versammlung konnte im Griechischen unter anderem auch «Ekklesia» heißen, was wir sonst normalerweise mit «Kirche» übersetzen.

Die *Statuten* wurden demokratisch verfaßt und verabschiedet, es sei denn, ein Stifter hätte etwas Bestimmtes vorgesehen. Die *finanziellen Mittel* eines Vereins kamen aus Mitgliederbeiträgen, Spenden, Erbschaften, Bußen. Ja, auch Bußen gab es; im schlimmsten Fall konnte der «Sünder» aus dem Verein sogar ausgeschlossen werden. Ein Verein hatte auch Auslagen: Opfer, Bankette, Ehrungen, Tempelunterhalt usw. Wir wissen von nicht wenigen Vereinen, daß sie bankrott gegangen sind.

Beamte und Inspektoren

Da die meisten Vereine einer Gottheit geweiht waren, standen ihnen vielfach «Priester» vor, die an den Festtagen zu Ehren der Gottheit Opfer darbrachten, Prozessionen anführten und Gebete sprachen. Anstelle des «Priesters» konnten auch andere Leitungsämter stehen. Sie heißen je nachdem «Archisynagogos», «Chef», «Vorsteher», «Vorsitzender», «Vater» usw. Dann gibt es den Schatzmeister, den Sekretär, den Aktuar, den Archivar, den Verantwortlichen für die Mahlzeiten, den Verantwortlichen für die öffentlichen Angelegenheiten usw. Die griechischen Namen, die für diese Funktionen gebraucht werden, sind recht verschieden. Immer wieder begegnet man dem «Diakonos» (= Diener, Beamter), ab und zu auch dem «Episkopos», dessen Aufgabe wohl der eines Inspektors am nächsten kommt. Den «Diakonos» und den «Episkopos» finden wir auch sehr bald in den christlichen Gemeinden, wie uns das Neue Testament berichtet. In der deutschen Sprache wird der Diakonos zum «Diakon» und der Episkopos zum «Bischof». Das griechische Wort, das wir hier oben mit «Priester» übersetzt haben, gibt es im Neuen Testament in diesem Sinn nicht; denn in der christlichen Gemeinde gibt es nicht Priester, die Opfer darbringen, wie die heidnischen Priester es tun. Der Titel «Hoherpriester», der vom Alten Testament her kommt, wird in einer ganz speziellen Bedeutung ausdrücklich nur für den einen «Hohenpriester» Jesus Christus gebraucht (Hebräerbrief). Was dem Neuen Testament recht ist, sollte uns nur billig sein. Es ist ganz entschieden daran festzuhalten: der neutestamentliche «Priester», auch der «Priester», wie wir ihn in der katholischen Kirche kennen, hat mit dem heidnischen Opferpriester nichts zu tun. Auch mit dem jüdischen Hohenpriester hat er nichts gemein.

In den griechischen Kultvereinen erkennen wir also ein weiteres Modell, das der christlichen Gemeinde als Verfassung dienen konnte. Es ist ein Modell, das sich in der damaligen Zeit in der Umwelt bewährt hatte, ein Modell auch, das offen genug war, um den Bedürfnissen entsprechend angepaßt zu werden, ein Modell auch, das der Gruppendynamik genügend Raum ließ.

Menschen – auch Christen – sind meist natürlich und banal

Manchem Leser mögen unsere Ausführungen zu «natürlich» und «banal» vorkommen. Die Kirche Jesu Christi ist doch nicht mit einem heidnischen Verein zu vergleichen! – Sachte! Erstens einmal sind unsere Überlegungen noch lange nicht zu Ende; wir horchen höchstens ein bißchen den Resonanzboden ab, auf dem manche biblischen Worte über die Kirche zu verstehen sind; und auf die «Kirche Jesu Christi» werden wir noch zu sprechen kommen. Was das «Natürliche» und das «Banale» anbelangt, müssen wir doch folgendes bedenken. Damals nicht anders wie heute setzt sich die christliche Gemeinde aus Menschen zusammen. Und Menschen sind bekanntlich «natürlich» und «banal». Daran würden noch so heilige Strukturen, daran würde auch eine «Hierarchie» nichts ändern. Es ist aber – so meine ich – nicht von Gutem, von der Gemeinde Jesu Christi zu reden, ohne die Menschen, die natürlichen und die banalen, die eben zu dieser Gemeinde gehören, mitzuberücksichtigen.

3. THESSALONICH UND KORINTH

Gruppendynamik und Brüderlichkeit

Die ersten christlichen Gemeinden in Kleinasien und Griechenland, von denen wir aus den Paulusbriefen wissen, waren nicht durch «hierarchische Strukturen» gegliedert, die von außen her an sie herangetragen wurden, sondern durch das Prinzip der Gruppendynamik. Paulus als Gründer und gelegentlicher Besucher dieser Gemeinden hat diesen keine Ämter vorgeschrieben – und dies, obwohl er sich in einigen von ihnen – vor allem in Korinth – mehr «Ordnung» gewünscht hätte.

Wir müssen uns allerdings der Gefährlichkeit unserer Argumentation bewußt bleiben. Gefährlich nicht für den

Glauben – wir sollten uns überhaupt abgewöhnen, überall Gefahren für den Glauben entdecken zu wollen. «Gefährlich» ist unsere Argumentation darum, weil man ihr entgegenhalten könnte, die Strukturen und Ämter der Kirche seien gar nicht Themen dieser Briefe. Man dürfe aus dem Schweigen des Paulus über diese Dinge nicht entnehmen, Strukturen und Ämter hätte es in diesen Gemeinden nicht gegeben oder sie hätten für Paulus keine Rolle gespielt. Paulus hätte beileibe nicht alles zu Papier gebracht, was wichtig gewesen sei oder was für ihn ein Problem darstellte.

Dieser Einwand muß ernst genommen werden. Er dürfte – besonders was den 1. Thessalonicherbrief anbelangt – auch zutreffen. Indessen muß ich etwas klarstellen, das im Einwand nicht richtig zur Geltung kommt. Ich behaupte nicht, in den ersten christlichen Gemeinden hätte es keine Strukturen, keine Beauftragungen und «Ämter» gegeben. Eine solche Gemeinde wäre wohl kaum lebensfähig. Ich behaupte auch nicht, die Strukturen seien für Paulus kein Problem gewesen. Im Gegenteil, ich sage ausdrücklich, Paulus hätte sich – besonders bezüglich Korinth – mehr «Ordnung» gewünscht; Ordnung in einer Gemeinde hängt wesentlich mit ihren Strukturen zusammen. Was ich vermute ist dies: daß Paulus vom Evangelium Jesu Christi her sich nicht veranlaßt sah, einer Gruppe oder Gemeinde eine besondere Struktur vorzuschreiben oder auch nur zu empfehlen in dem Sinn, daß eine christliche Gemeinde auch eine ganz eigene, besondere, unverwechselbare, eben «christliche» Struktur oder Organisation haben müßte. Die Erscheinungsform der christlichen Gemeinde ist die der «Brüderlichkeit». Diese aber ist untrennbar mit der Sache Jesu selbst verknüpft und kann durch keine noch so gut durchdachte Organisation gewährleistet werden. Hingegen hat Paulus die sich bildenden gruppendynamisch bedingten Strukturen einfach anerkannt, ja sogar gefördert. Er hat nur dann versucht, sie zurechtzurücken, wenn er den Eindruck haben mußte, daß die Brüderlichkeit verletzt wird oder Schaden leidet.

Der Adressat ist die Gemeinde

Zuerst einmal überrascht folgende Tatsache: Paulus schreibt seine Briefe nicht an Gemeindeoberhäupter sondern an die Gemeinden als solche. Der Römerbrief hat als Adressat «alle Geliebten Gottes in Rom, die berufenen Heiligen», der 1. und 2. Korintherbrief «die Gemeinde Gottes in Korinth...», der Galaterbrief «die Gemeinden von Galatien», der 1. Thessalonicherbrief «die Gemeinde der Thessalonicher in Gott dem Vater und dem Herrn Jesus Christus». Die einzige Ausnahme bildet der Philipperbrief. Hier lautet die Adresse: «An alle Heiligen in Christus Jesus, die in Philippi sind, mit den Episkopoi und Diakonoi.» Die deutschen Übersetzungen tun gut daran, etwa mit «Vorstehern und Helfern» zu übersetzen. Die Übersetzung «Bischöfe und Diakone» wäre ein glatter Anachronismus. Wir haben im vorausgehenden Abschnitt gesehen, daß die Ausdrücke Episkopos und Diakonos ab und zu in den Listen der griechischen Vereine vorkommen, wobei weder die Funktion eines Episkopos noch die eines Diakonos genauer und eindeutiger umschrieben werden kann. Der Diakonos ist der Inhaber eines x-beliebigen Dienstamtes, und der Episkopos übt die Funktion eines Aufsehers oder Inspektors aus. Aus der Anschrift des Philipperbriefes ist also kaum mehr zu entnehmen, als daß in Philippi – wie sonstwo auch – Leute in der christlichen Gemeinde besondere Funktionen ausübten. Ganz abgesehen davon spielen im weiteren Verlauf des Briefes weder die Episkopoi noch die Diakonoi eine Rolle.

Alle sind in Pflicht genommen...

Wenden wir uns dem ältesten uns erhaltenen Brief zu, dem 1. Thessalonicherbrief, fällt auf, daß Paulus durchgehend die ganze Gemeinde anspricht. Er spricht von ihrem Tun im Glauben, von ihrem Mühen in der Liebe und von ihrem Harren in der Hoffnung (1,3); sie sind Vorbilder geworden für ganz Mazedonien und Achaia (1,7); von ihnen aus ist das Wort Gottes weitergeklungen (1,8). Paulus fordert die Gemeindemitglieder nicht nur auf, sich der Unzucht zu enthalten (4,3-5), einander geschäftlich nicht zu übervorteilen (4,6), ein stilles Leben zu führen, die eigenen Angelegenheiten zu besorgen, mit den eigenen Händen zu arbeiten usw. (4,11); er fordert sie überdies auch auf, einander zu trösten, zu mahnen, zu ermuntern und zu erbauen, einander Vorbild zu sein (4,18; 5,11), die Unordentlichen zurechtzuweisen und sich der Schwachen anzunehmen (5,14). Besonders die zuletzt genannten Tätigkeiten sind nicht das Privileg einzelner Personen in der Gemeinde sondern aller Gemeindemitglieder. Freilich wird jeder einer solchen Aufforderung anders nachgekommen sein – je nach Zeit und Begabung; und nicht immer wird es für den einzelnen leicht gewesen sein zu entdecken, was das Richtige, das Tunliche, das Erforderliche ist und wieviel er sich selber zutrauen kann.

Resignierte Aussprüche wie »Schon wieder anders» und «Jetzt weiß man dann bald nicht mehr, was glauben» gab es hier nicht, weil man die Verantwortung nicht abschieben konnte. Dabei wußte sich die Gemeinde sehr wohl in Spannung gegenüber dem Neuen, das auch damals immer wieder auf sie zukam und dem, woran unaufgebbar festzuhalten war. Dann galt es aber für alle und für jeden einzelnen, «alles zu prüfen und das Gute zu behalten» – ein Tun, das nur im Miteinander und im gemeinsamen Austragen von Konflikten in Angriff genommen werden konnte, galt es doch zugleich auch, «den Geist nicht auszulöschen» und «Prophetenworte nicht zu mißachten» (5,20-21).

... doch die einen sind geschickter als die andern

Die Ausführungen des Paulus im 1. Thessalonicherbrief dürfen nicht so verstanden werden, daß in dieser Gemeinde alle alles machten und daß jeder einzelne jede Verantwortung wahrgenommen hätte. Wir wollen uns darum mit einem Vers besonders auseinandersetzen, der in diesem Zusammenhang immer wieder zitiert wird. An alle Gemeindemitglieder schreibt Paulus:

> Wir bitten euch, Brüder, achtet jene, die sich unter euch abmühen, die euch im Herrn vorstehen und euch zusprechen. Schätzt sie in Liebe um ihrer Arbeit willen besonders hoch. Haltet Frieden untereinander (5,12f).

Offensichtlich gibt es in der Gemeinde solche, die mehr tun als andere, die durch ihre besondere Tätigkeit – weil sie sich dazu berufen fühlen, weil sie Freude und Zeit haben, weil sie darin eine gewisse Erfüllung und Befriedigung finden oder aus was für einem Grund auch immer – sich besonders hervortun und besonders profilieren. Paulus gebraucht dazu drei verschiedene Tätigkeitswörter.

– *Sich abmühen.* Für ein griechisches Ohr haftet an diesem Wort etwas von schwerer Erdarbeit. Es ist damit wohl das aufopfernde Sich-abmühen im werktätigen Dienst gemeint. Wenn sich jemand neben seiner normalen Berufsarbeit beispielsweise auch noch in der Gemeindecaritas engagiert, dann ist das ein solches Sich-abmühen. Wir dürfen aber nicht vergessen, daß Paulus in 1,3 von der ganzen Gemeinde sagt, sie würde «sich in der Liebe abmühen».

– *Vorstehen.* Alle Interpreten sind sich einig, daß das griechische Wort, das meistens mit «vorstehen» übersetzt wird, auch noch eine andere Bedeutung haben kann, nämlich die von «Fürsorge tragen». In unserem Vers muß mit diesen Leuten, die «Fürsorge tragen» nicht notwendigerweise eine andere Gruppe von Gemeindemitgliedern gemeint sein als diejenigen, die «sich abmühen». Die Bedeutungen der Ausdrücke, die Paulus gebraucht, sind zu fließend und zu unpräzis, als daß man daraus auf eine bestimmte Tätigkeit oder eine bestimmte Funktion schließen könnte. Erst recht sind mit den «Sich-abmühenden» und mit den «Sorge Tragenden» nicht auch schon bestimmte «Ämter» gemeint, in welche die Träger eingesetzt worden wären.

– *Zusprechen.* «Zurechtweisen» wäre vielleicht besser, oder «den rechten Weg zeigen». In jeder Gemeinde gibt es Leute, die aus der Reihe geraten, die andern ärgern oder ihren Platz innerhalb der Gemeinde nicht mehr in der rechten Weise ausfüllen können. Dann braucht es viel seelsorgliches Geschick, viel Geduld und großen Takt, diese

Leute wieder auf den rechten Weg zu bringen. Jeder von uns hat das schon mal erlebt, daß in einer Gruppe jemand nicht recht will, und daß die andern dann nicht wissen, wer «es» dem Betreffenden am besten sagen könnte. Eigentlich sollte nach der Meinung des Paulus in 5,14 jedes Gemeindemitglied die Verantwortung wahrnehmen und «zureden» und «zurechtweisen», wo es nötig ist. Es gibt aber Leute, die dazu besser imstande sind als andere. Dann soll man besser diese das machen lassen – freilich ohne sich selbst dadurch auch schon jeglicher Verantwortung zu entziehen.

Keine Inthronisation, aber Anerkennen der Fähigkeiten und Begabungen

Es gibt in der Christengemeinde in Thessalonich also Leute, die durch ein besonderes oder besonders intensives Engagement hervortreten. Man soll aber nicht schon gleich von «Ämtern» mit feierlicher Einsetzung sprechen. Möglich, daß diese Leute von der Gemeindeversammlung irgendwie beauftragt oder gebeten wurden. Das geschah aber sicher nicht, ohne daß diese Leute selbst für die Sache Interesse oder Begabung gezeigt hätten.

Paulus hat gegenüber einer solchen natürlichen soziologischen Entwicklung nichts einzuwenden. Er sagt nicht: Damit Ordnung herrscht, sollen nur diejenigen sich abmühen oder andere zurechtweisen, die dazu von einem Apostel oder von ihm geweiht worden sind. Paulus mahnt die Thessalonicher, die Gemeindeverhältnisse, wie sie gruppendynamisch entstanden oder im Entstehen sind, anzuerkennen. Diejenigen soll man achten und hochschätzen, die sich Zeit und Kraft nehmen, sich für die Gemeinde abzumühen, die sich Geduld und Geschick aneignen, andere zurechtzuweisen oder in liebender Fürsorge für die anderen da zu sein. Freilich, einen gruppendynamischen Prozeß anerkennen, die je eigenen Fähigkeiten und Begabungen der anderen gelten lassen, kann man nur aus dem Geist des Vertrauens und der Brüderlichkeit heraus. Erzwingen läßt sich hier nichts, auch nicht durch ein noch so gewichtiges «Amt». Wenn wir die Sache und die Menschen wirklich ernst nehmen, werden wir schon jetzt zum Schluß kommen, daß ein christliches «Amt» letztlich auch darin bestehen könnte, die andern in ihrem je eigenen Sich-abmühen für die Sache und für die Gemeinde zum Zug kommen zu lassen.

Ordnet euch solchen Menschen unter

Der eben besprochene Vers aus dem 1. Thessalonicherbrief erinnert uns an eine ähnlich lautende Aussage am Schluß des 1. Korintherbriefes. Sie lautet – wiederum an die gesamte Gemeinde gerichtet –:

> Ihr kennt Stephanas und seine Familie. Sie waren ja die ersten Christen in Achaia. Sie haben sich zum Dienst an der Gemeinde zur Verfügung gestellt. Ich bitte euch, Brüder: Ordnet euch solchen Leuten unter, und achtet alle, die in der Gemeinde mitarbeiten und sich abmühen (16,15-16).

Stephanas und seine Familie waren die ersten Christen in Achaia (vgl. 1,16). Nicht nur das; von allem Anfang an hat sich diese Familie um die Belange der christlichen Gemeinde gekümmert, sich abgemüht und sich für mancherlei Dienstleistungen zur Verfügung gestellt. Aus dem folgenden Vers darf man entnehmen, daß Stephanas zur Zeit der Abfassung des Briefes mit andern bei Paulus in Ephesus war (16,17). Wahrscheinlich gehörte er zu jener Delegation, die dem Paulus einen Brief der Gemeinde überbracht hatte (vgl. 7,1) und ihm bezüglich der Vorkommnisse in Korinth eine Reihe von Fragen stellte. Mit den Stellungnahmen des Apostels wird er und seine korinthischen Kollegen Fortunatus und Achaikus wieder nach Korinth zurückkehren.

Nicht weil Stephanas von Paulus oder von sonst einem Apostel eine besondere Beauftragung oder gar Weihe empfangen hätte, sollen die Korinther ihn und andere «solche Leute» in Ehren halten (16,18). Stephanas und seine Hausgenossen waren von Anfang an mit dabei, waren am ganzen Unternehmen mannigfach interessiert und haben der Gemeinde immer wieder ihre Dienste angeboten und sich für die Auferbauung der Gemeinde eingesetzt. Das schließt natürlich nicht aus, daß Paulus der Gemeinde «solche Leute» auch empfehlen konnte, wie er es hier im Brief tut; daß er sie gefördert und gegen eventuelle Angriffe in Schutz genommen hat. Man kann sich auch gut vorstellen, daß Paulus – wie andere Apostel auch – Leuten einen Anstoß geben konnte, eine gewisse Arbeit in Angriff zu nehmen, sich für einen gewissen Auftrag zur Verfügung zu stellen, gewisse Funktionen auszuüben. Aber Beispiele zeigen, daß Paulus nicht aufgrund einer vorgegebenen «Struktur» Leute in bestimmte «Ämter» hineinweihte. Sie hatten sich selber in der Gemeindearbeit zu bewähren, Verantwortung zu übernehmen und für ihr Tun und Lassen geradezustehen.

Was seine eigenen Mitarbeiter anbelangt, scheint Paulus recht wählerisch gewesen zu sein. Dabei stützte er sich bei der Wahl nicht auf irgendwelche «amtliche» Qualifikationen der Betreffenden, sondern auf ihre Einstellung zur Sache, auf ihre Fähigkeit und auf ihren Teamgeist. Den Epaphroditus schickte Paulus – gewiß mit allen Ehrenbezeugungen – den Philippern wieder zurück (Phil 2,25-30). Wegen Johannes Markus, den Paulus für das Missionswerk als ungeeignet ansah, überwarf er sich mit seinem besten Freund Barnabas, so daß sie fortan getrennt arbeiteten (Apg 15,36-40).

Mag sein, daß es die eigene starke Persönlichkeit des Paulus war und die verschiedenen guten und weniger guten Erfahrungen, die er mit seinen Mitarbeitern machte, daß er sich größte Zurückhaltung auferlegte, wenn es darum ging, Menschen für eine bestimmte Aufgabe zu bewegen oder gar Gemeinden bestimmte Leute vorzusetzen. Aus persönlicher Erfahrung wußte Paulus, daß durch eine willkürliche und dirigistische Personalpolitik der Sache Jesu nicht gedient ist, daß sie aber dort am besten aufgehoben ist, wo Menschen sich im Dienst an der Sache und im Dienst an der Gemeinde frei entfalten können.

Die Einstellung des Apostels, die so den «natürlichen» und soziologischen Gegebenheiten weitestgehend Rechnung trägt, ist um so erstaunlicher, als es sich um die Gemeinde in Korinth handelt. Man möge es mir nicht verübeln, wenn ich bei dieser Gemeinde noch einen Augenblick verweile. Unsere Beobachtungen werden auch für das Verständnis des nächsten Abschnitts wichtig sein.

Korinth ist jene christliche Gemeinde, über die wir am besten informiert sind. Wir müssen es uns hier versagen, auch noch die außerbiblischen Quellen näher zu befragen, aus denen wir wissen, daß Korinth zur Zeit des Apostels Paulus eine ungemein bunte Großstadt war mit allem Drum und Dran, das man sich vorstellen kann: mit Tempeln, Geschäften, Kaufhäusern, Schulen, Großbanken, mit Heeren von Hafenarbeitern, Zugewanderten, Neuansiedlern und Dirnen. Die sozialen und politischen Spannungen waren groß.

Die Vielschichtigkeit und Komplexität der Stadt Korinth spiegelte sich in der christlichen Gemeinde wider. Man gibt ja nicht seine Vergangenheit, seine Erziehung, seine Bildung, seinen Beruf, seinen Freundeskreis, seine Hobbies, seine politische Partei, seine gesellschaftlichen Verpflichtungen auf, wenn man Christ wird. Der Korinther bleibt Korinther, auch nachdem er sich entschlossen hat, der christlichen Gemeinde beizutreten: der Geschäftsmann bleibt Geschäftsmann, der Sklave Sklave, der Wirt Wirt, der Hafenarbeiter Hafenarbeiter, der Tagelöhner Tagelöhner und der Arbeitslose arbeitslos. Der Lahme bleibt lahm, der Spaßmacher bleibt bei seinem Humor, der Sportler wird sich weiterhin sportlich betätigen, die in der Frauen-Befreiungs-Bewegung Engagierte wird sich weiterhin für die Befreiung der Frau einsetzen. Das Großmaul wird auch als Christ Großmaul bleiben, der Depressive wird weiterhin lernen müssen, mit seinen Drepressionen zu leben, und der Trinker wird auch als Christ ab und zu etwas tief ins Glas blicken. Was Wunder, wenn sich in der christlichen Gemeinde in

Korinth bald einmal Gruppen gebildet haben, die nicht nur sozial und politisch, sondern auch religiös gefärbt waren.

Nun sind Gruppierungen und Meinungsverschiedenheiten in einer christlichen Gemeinde unvermeidlich, ja sogar berechtigt und nötig, solange eine Gruppe nicht für sich in Anspruch nimmt, die ganze Wahrheit allein gepachtet zu haben. Da Toleranz gerade bei religiösen Gruppierungen nie eine sehr gefragte Tugend ist, erstaunt es auch in Korinth nicht, daß die Parteigegensätze so groß und so gewichtig wurden, daß die ganze Gemeinde auseinanderzubersten drohte.

«Rechte» und «Linke» gab es schon damals

Das ist denn auch das Erste, was Paulus in seinem Brief an die Gemeinde bitter beklagt: «Daß es Streitigkeiten unter euch gibt.» Daß die einen sagen: wir halten zu Paulus, die andern: wir zu Apollos, wieder andere: wir zu Kephas. Als ob der Christus geteilt wäre. Als ob einer dieser Missionare für die Korinther gekreuzigt worden wäre (1,10-16). – Es gibt Parteibildungen, die ganz einfach unvernünftig sind und jeder christlichen Logik widersprechen. Auf den Unsinn solcher Gruppenbildungen kommt Paulus in seinem Brief mehrmals zurück (vgl. 3,3-4; 11,18 u.ö.).

Unnötige Spannungen treten meistens dort auf, wo Menschen das Eigentliche, die «Sache» aus den Augen verlieren und am Äußerlichen bzw. an sich selber kleben bleiben. Für die einen werden dann die Handkommunion oder die liturgischen Gewänder zum großen Problem. Für die anderen gibt es überhaupt keine Probleme. Sie können sich über alles hinwegsetzen, weil sie der Meinung sind, sie seien schon «frei», wenn sie sich selbst im Mittelpunkt sehen oder wenn sie glauben, die ganze Wahrheit und das ganze Wissen schon zu besitzen. So gab es in Korinth die «Pneumatiker», die den Geist mit großen Löffeln in sich hineingetrunken zu haben meinten, und die «Ängstlichen», die die Welt bereits untergehen sahen, wenn sie einen Glaubensgenossen bei einem Bankett sitzen sahen, an dem den Göttern geopfertes Fleisch gegessen wurde. Mag sein, daß zur ersten Gruppe eher die Gutsituierten gehörten, Leute, die sich das Schlagwort «mir ist alles erlaubt» (vgl. 1 Kor 6,12) auch finanziell leisten konnten, Leute mit einer höheren Bildung und mit einer größeren Gewandtheit im Reden und Diskutieren. Zu den «Ängstlichen» werden vielleicht eher die bescheideneren Kreise gehört haben, Leute, die sich wenig leisten konnten und die auch kaum einmal zu einem Bankett eingeladen wurden, Leute, die wenig gebildet waren und aus einem gewissen magischen Denken nie so recht herauskamen, Leute, die dauernd in der Angst leben, Gott könnte sich eines guten Tages rächen.

Quer durch alle Gesellschaftsschichten

Aber so einfach ist eine Gruppierung und Einteilung in Korinth nicht vorzunehmen. Man kann sich gut vorstellen, daß die Gemeinde den sogenannten niederen Schichten, den Sklaven und Tagelöhnern, jenen Freiraum bot, wo sie endlich aufleben konnten. Denn in der christlichen Gemeinde soll es ja keine Rangunterschiede geben, da sollen alle gleich sein können. Es erstaunt deshalb nicht, wenn gerade die «kleinen Leute» das Christentum zum Anlaß nahmen, aus den gesellschaftlichen Zwängen und dem sozialen Druck auszubrechen und sich über alle Unterschiede, Konventionen und Normen hinwegzusetzen. Die Idee von der «christlichen Freiheit» wurde ihnen schließlich von Paulus selbst ins Ohr gesetzt.

Andererseits konnte die «Verängstigung» auch in höheren Kreisen um sich greifen, wo man plötzlich nicht mehr so sicher war, wohin die ganze Bewegung steuert. Ob sie nicht doch die Gesellschaft gefährdet? Ob durch sie nicht doch die Dinge, denen Gott einen festen Platz gegeben hat, durcheinandergebracht werden? Ob es nicht vielleicht doch besser wäre, sich an die Ordnung zu halten und die bewährten Spielregeln wieder einzuführen?

Natürlich lassen sich nicht alle Spannungen in Korinth auf den einfachen Nenner der «Pneumatiker» und «Verängstigten» zurückführen. Nur eines ist ganz sicher: Spannungen und Probleme gab es genug.

Ein Berg von Problemen

Da gab es – abgesehen vom leidigen Problem der Parteiungen – den Fall von Blutschande, «daß nämlich einer seine Stiefmutter geheiratet hat», und die Gemeinde duldet das (Kap. 5)! Da gab es Christen, die miteinander Prozesse führten und diese erst noch vor heidnischen Gerichten austrugen (6,1-11)! Da gab es Leute, die es mit ihrer christlichen Moral vereinbaren konnten, mit Dirnen, deren es in der Stadt viele gab, Umgang zu pflegen (6,12-20)! Da gab es einen ganzen Fragenkatalog über Ehe und Ehelosigkeit

(Kap. 7)! Da gab es das Problem mit dem Götzenopferfleisch: darf ein Christ vom Fleisch essen, das man heidnischen Gottheiten geopfert hatte (Kap. 8)? Da gab es in Korinth Leute, die ganz offen die Zuständigkeit des Paulus als Apostel in Frage stellten (Kap. 9)! Es gab Mißbräuche bei den christlichen Zusammenkünften und bei den heiligen Mählern (Kap. 10-11), Mißverständnisse bezüglich der Kompetenzverteilungen und der Prioritäten (Kap. 12-14)! Und einige der korinthischen Christen behaupteten erst noch, es gebe keine Auferstehung von den Toten (Kap. 15)!

Über all das ist Paulus in Kenntnis gesetzt worden, teils mündlich, wie durch die «Leute der Chloe» (1,11), teils schriftlich (vgl. 7,1). Wahrscheinlich wird auch eine mehr oder weniger offizielle Delegation unter Stephanas, Fortunatus und Achaikus bei Paulus vorgesprochen haben (vgl. 16,17). In seinem Brief geht Paulus auf all diese Fragen ein.

Verschiedene Dinge müssen wir uns nun aber gut überlegen.

Es kommt darauf an, wer die Fragen stellt

Es kommt immer darauf an, *wer* eine Frage stellt. Das ist eine altbekannte Wahrheit, und sie gilt auch für Paulus und die Korinther. Wenn Ihnen die Frage gestellt wird, ob Sie nicht auch der Meinung seien, Schulaufgaben seien ein Unfug, dann werden Sie sich den Fragesteller zuerst einmal gut ansehen. Ihrem Sohn werden Sie wahrscheinlich nicht die genau gleiche Antwort geben wie dem Lehrer, und wieder anders werden Sie bei einer anonymen Umfrage antworten, die von einer großen Boulevardzeitung gestartet wird. Und ich bin überzeugt, daß Sie nicht eine Wetterfahne sind, sondern daß Ihre Aussagen auch Ihrer Überzeugung entsprechen.

Damit wir die Antworten des Paulus richtig verstehen, müssen wir also versuchen, den Fragesteller ins Auge zu bekommen, oder eben den «Resonanzboden» ausfindig zu machen. Das ist ein recht schwieriges Unterfangen. Oft wird man über Vermutungen nicht hinauskommen.

Eine Autorität eigener Art

Die christliche Gemeinde in Korinth bzw. diejenigen, die darin Verantwortung wahrnahmen, sahen sich offensichtlich nicht in der Lage, die Probleme selbst zu meistern, sei es, daß ihnen die nötige (theologische) Einsicht abging, sei es, daß sie sich soziologisch nicht durchzusetzen vermochten und auf «autoritäre» Schützenhilfe des Apostels angewiesen waren. Daß Paulus für die Gemeinde eine Autorität war, ist kaum zu bestreiten. Während anderthalb Jahren war er in der Gemeinde tätig (Apg 18,11) und hatte so manches ins Rollen gebracht. Er selber betrachtete sich als den geistlichen Vater der Gemeinde (4,15); er hat gepflanzt (3,6) und als kundiger Bauleiter das Fundament gelegt (3,10) – konnte er da nicht von der Gemeinde erwarten, daß sie auf ihn hören würde, daß sie seine Weisungen und Ratschläge beherzigte?

Gewiß gab es bestimmte «Apostelrechte». Man soll es aber dem Paulus nicht falsch auslegen, wenn er davon keinen

Gebrauch macht, wenn er sich mit seiner eigenen Hände Arbeit den Lebensunterhalt verdient oder wenn er unverheiratet bleibt (Kap. 9). Gerade der Verzicht auf seine «Rechte» sollte der Gemeinde deutlich vor Augen führen, daß es ihm, dem Paulus, nur um die Sache geht und somit auch um die Korinther selbst.

Zwar konnte Paulus auch deutlicher werden, so wenn er den Korinthern droht, mit dem Stock zu kommen (4,21). Aber legitimiert und ausgewiesen hat sich Paulus weder durch ein Iurisdiktions- noch durch ein Weihezeugnis. Wohl konnte er sich darauf berufen, daß er «unseren Herrn Jesus gesehen» habe (9,1), und als «Siegel» seines Apostelamtes betrachtete er die Gemeinde selbst (9,2). Sein einziger Ausweis war aber letztlich sein Sich-abmühen für die Gemeinde, sein unermüdlicher Einsatz für sie oder – wie er es theologisch interpretiert –, daß er ständig die Tötung Jesu an sich herumträgt (2 Kor 4,10), d. h. daß er ganz in der Nachfolge Jesu steht.

Argumentieren statt diktieren

Paulus ist nicht der «Bischof» der Gemeinde in Korinth, auch nicht der Bischof, der augenblicklich in der Fremde weilt und seiner «Diözese» einen Hirtenbrief schreibt. Seine Autorität ist nicht eine «amtliche», auch nicht eine kirchenrechtlich geschützte. In seinen Auseinandersetzungen mit der Gemeinde beruft er sich darum weniger auf seine Legitimation oder seine Autorität als vielmehr auf die «Sache». Vielleicht ist das der Grund dafür, daß seine Briefe so schwer zu lesen sind. Es sind nicht Lehramtsentscheidungen, die man nur nachzusprechen braucht, damit die Gemeinde und die Welt wieder in Ordnung sind. Nein, er argumentiert, nimmt Einwände ernst, geht auch auf einfache Schlagworte ein, sucht sie zu durchleuchten, und immer – oder fast immer – argumentiert er von der «Mitte des Christlichen» her. Und Mitte und Norm des Christlichen ist für ihn einzig und allein der «gekreuzigte Christus» (vgl. besonders 1 Kor 1-2).

Paulus weiß es auch: nicht alles, was er vorträgt, ist gleich wichtig und gleich verbindlich. Er nimmt die Korinther sehr ernst und macht ihnen nichts vor. Er verabreicht ihnen nicht «Rezepte», an die sie sich nur zu halten brauchen, damit nichts «passiert». Paulus ist gar nicht daran gelegen, daß nichts passiert, sondern daß Christen in Mündigkeit ihre je eigene Verantwortung wahrnehmen.

Christen, die das Recht haben zu unterscheiden

Am besten läßt sich die differenzierte Argumentationsweise des Apostels im 7. Kapitel des 1. Korintherbriefes aufzeigen. In Korinth gab es Kreise, welche die Ehe als Zugeständnis an die «Welt» betrachteten, als Ort, an dem die böse Welt sich des Christen bemächtigen kann. Sie stellten darum den Grundsatz auf: Ein Mann tut gut daran, sich von der Frau fernzuhalten und in sexueller Enthaltsamkeit zu leben. Diesen Kreisen gibt Paulus zu bedenken, daß nicht die Ehe der Ort ist, an welchem die böse Welt sich am Menschen austobt, sondern die in eigenmächtige Verfügung genommene, geist-lose Ehelosigkeit. Und er empfiehlt den Eheleuten, sich gegenseitig in umfassender Liebe, die auch die

Sexualität miteinschließt, zugetan zu sein. «Entzieht euch einander nicht» – so sagt er ihnen – «es sei denn mit gegenseitigem Einverständnis auf einige Zeit, um euch dem Gebet zu widmen und um dann wieder zusammenzukommen, damit der Satan euch nicht infolge eurer Unenthaltsamkeit versuche.« Dann fügt er hinzu: «Das sage ich euch als *Zugeständnis*, nicht als *Gebot.*« Paulus ist sich also dieser Nuancierungen wohl bewußt, und er möchte, daß sich auch die Korinther darüber im klaren sind (7,1-6).

Dann drückt Paulus einen *Wunsch* aus: «Ich wünschte aber, alle Menschen lebten ehelos wie ich.» Paulus weiß, daß man die eigene Lebensform, auch wenn man sie für richtig und gut, ja sogar für «besser» ansieht, nicht zur Norm für die andern machen darf, und daß es außer der Ehelosigkeit noch andere Werte gibt, die in einem christlichen Leben verwirklicht werden können. Darum fügt er hinzu: «Doch jeder hat seine besondere Gnadengabe von Gott, der eine so, der andere anders» (7,7).

Für die Unverheirateten und Witwen hat *Paulus selbst* ein *Wort:* «Sie tun gut, wenn sie unverheiratet bleiben wie ich.» Doch ist sich Paulus bewußt, daß es ein großes Unrecht ist, einen Menschen moralisch zu überfordern. Darum sagt er: «Haben sie jedoch nicht die Kraft zur Enthaltsamkeit, so sollen sie heiraten. Es ist nämlich besser zu heiraten, als von unbefriedigtem Verlangen verzehrt zu werden« (7,8-9).

«Den Verheirateten *befehle nicht ich, sondern der Herr*», so fährt Paulus fort, denn für die Eheleute kann sich Paulus auf ein Wort des Herrn berufen (7,10-11).

«Den übrigen sage *ich, nicht der Herr*», so lesen wir weiter. Es gibt Fälle, die der Herr nicht vorausgesehen hat, und die darum von der jungen Kirche in eigener Verantwortung «im Geist des Herrn» angegangen werden müssen (7,12-16).

«Nicht anders als der Herr es ihm zuteilt, und so, wie Gott ihn berufen hat, soll jeder Mensch wandeln» – so *verordnet es Paulus in allen Gemeinden*, wenn er nun von den verschiedenen Herkünften der Korinther spricht, von den Beschnittenen, von den Unbeschnittenen, von den Sklaven und von den Freien (7,17-24).

«Was die Unverheirateten betrifft, so habe ich *kein Gebot des Herrn*, wohl aber gebe ich einen *Rat* als ein Mann, der durch das Erbarmen des Herrn Vertrauen verdient...» (7,25-28).

Da haben wir also eine ganze Skala von Nuancierungen, und sie ließe sich noch erweitern, so wenn Paulus mehr oder weniger geschickt mit dem *Alten Testament* argumentiert (für eine wenig geglückte Argumentationsweise vgl. z. B. 11,7-12), wenn er auf einen *«Brauch»* in den Gemeinden hinweist (11,16), wenn er aus der Offenbarung *«logische» Kettenschlüsse* vorträgt (15,12-19), wenn er die Gemeinde *tadelt* (11,12) oder wenn er sie *auffordert*, einen Sünder auszuschließen (5,4-5).

Vertrauen statt Ämter

Immer aber bleibt die Gemeinde als ganze angesprochen, und nirgends gibt es auch nur ein einziges Indiz, daß Paulus eine «Ämterordnung» einrichten möchte, die von außen an die Gemeinde herangetragen oder in die Gemeinde hineingetragen werden sollte. Wir werden im nächsten Abschnitt sehen, daß es in Korinth eine ganze Menge von Funktionen und Dienstleistungen gab. Paulus will diese von der Sache und von der Gruppendynamik her wachsende Strukturierung weder unterdrücken noch durch etwas Anderes ersetzen. Er erkennt zuerst einmal an, was da vor sich geht und setzt dann Akzente, damit die einen den anderen nicht im Weg stehen und damit jeder sich nach seiner Begabung entfalten kann. Einziges Kriterium für das gute Funktionieren der Gemeinde ist die «Liebe» (Kap. 13), das was die Gemeinde «auferbaut» (vgl. 10,23 u.ö.). Um zu bestimmen, was Liebe ist und Auferbauung, braucht es nicht einen monarchischen Bischof. Bestimmende und entscheidende Instanz ist die Gemeinde selbst. Es kommt nur darauf an, wie viel man ihr – bzw. dem Geist – zutraut.

4. WAS GEMEINDE WIRKLICH IST

Ist das «korinthische Experiment» gescheitert?

Bleiben wir bei der Gemeinde von Korinth. Wir haben sie ein bißchen kennengelernt und haben auch schon den 1. Korintherbrief durchgeblättert. Wir haben gesehen, daß das Verhältnis zwischen Paulus und «seiner» Gemeinde mannigfach gespannt ist, und wir konnten feststellen, daß Paulus bei weitem nicht mit allem zufrieden oder auch nur einverstanden ist, was in der Gemeinde vor sich geht. Er schimpft mit ihnen wie ein Rohrspatz, tadelt sie mit recht unschönen Worten und droht sogar, mit dem Stock zu kommen.

Muß man deswegen das «korinthische Experiment» auch schon als gescheitert bezeichnen? Sind die Korinther auch schon aus dem «christlichen Verband» herausgefallen?

Sehen wir zu! So weit haben wir den Apostel bereits kennengelernt, daß er keine unnötigen Komplimente macht, daß er die Dinge beim Namen nennt und daß er weder sich noch seinen Adressaten etwas vormacht. Wenden wir uns jetzt dem «Briefkopf» des 1. Korintherbriefes zu.

Das Formular war dem Paulus vorgegeben. Auch in der damaligen Zeit mußte man sich an gewisse Spielregeln halten, wenn man jemandem einen Brief schreiben wollte. Normalerweise sah der Briefkopf so aus: Absender – Adressat – Gruß. In der einfachsten Form: Stefan (schreibt dem) Peter. Gruß!

Und dann folgte nach einer kürzeren oder längeren Einleitung – in feierlichen Briefen als «Danksagung» abgefaßt – der Gegenstand des Schreibens. Am Schluß stand das obligate «Lebe wohl!» und mitunter auch noch die eigenhändige Unterschrift.

Ein Name für die Christen

Die «Adresse» im 1. Korintherbrief benutzt Paulus, um ein Bekenntnis zur Gemeinde abzulegen.

An die Gemeinde Gottes in Korinth,
an die Geheiligten in Christus Jesus,
die berufenen Heiligen,
mit allen, die den Namen unseres Herrn Jesus Christus anrufen...

Wahrscheinlich waren es zuerst Christen in Jerusalem, die den Titel «Gemeinde Gottes» als Selbstbezeichnung gebrauchten. Eine bedeutende Tradition im Alten Testament verstand darunter das Volk Israel, das sich beim Heiligtum, zum Gottesdienst (vgl. Ex 12,6; Ps 22,23; 35,18 u. a.) oder auch zum Gericht versammelte (Ez 16,40; 23,46). Es war damit jene Kultgemeinschaft gemeint, die ihre Zusammengehörigkeit untereinander und ihre Zugehörigkeit zum Herrn feierte (vgl. bes. Dtn 23,2-9). Der Grund, warum Christen diesen Titel für sich in Anspruch nahmen, mag darin zu suchen sein, daß er eine gute biblische Tradition, ja eine gewisse Ehrwürdigkeit hatte und daß er sonst von keiner anderen Gruppierung als offizielle Selbstbezeichnung verwendet wurde.

Für die Christen in Jerusalem kam aber noch etwas Entscheidendes hinzu. Sie verstanden sich als *die* Gemeinde Gottes. Sie glaubten, daß in ihr sich all das erfüllen könne, was jemals von der Zugehörigkeit eines Volkes zu seinem Gott erträumt und erdacht worden war. Vielleicht betrachten wir einen solchen Glauben als gewaltige Selbstüberschätzung. Wir dürfen aber nicht vergessen: so konnten Christen von ihrer Gemeinde nur sprechen, weil sie überzeugt waren, daß in Jesus Christus, dem sie angehörten, alle Weissagung und alle Erwartung zur Erfüllung kam. Nur als Gemeinde, die «in Jesus Christus» (vgl. 1 Thess 2,14) fest begründet und verankert war, konnte sie sich als «Gemeinde Gottes», als endzeitliche – man könnte sagen: unüberbietbare – Heilsgemeinde Gottes verstehen.

Ein Briefkopf als prophetische Vision

Wenn Paulus diesen Titel auf die Gemeinde von Korinth überträgt, deckt er auf, was die Gemeinde in Korinth wirklich ist und wie er selbst die Gemeinde wirklich versteht.

Von diesem unüberschaubaren, spannungsgeladenen, widersprüchlichen «Haufen» zu sagen, er sei «Gemeinde Gottes», unüberbietbar «neue Schöpfung» (vgl. 2 Kor 5,17; Gal 6,15), ist nicht nur sehr mutig, sondern zugleich auch prophetische Verkündigung im besten Sinn des Wortes.

Die «Gemeinde Gottes» erhält im Briefkopf des 1. Korintherbriefes noch weitere Bestimmungen. Die Christen, die zur Gemeinde gehören, sind *«Geheiligte in Christus Jesus»*. Es handelt sich also bei der christlichen Gemeinde in Korinth nicht um irgendeine private Kultgenossenschaft, der man aufgrund einer bloß subjektiven Entschließung oder Neigung beitreten könnte. Die Mitglieder dieser Gemeinde sind von Gott Geheiligte. Wir sagen zu Recht *von Gott* Geheiligte, weil die passive Form der biblischen Sprache das verlangt. Gott selbst hat also diese komischen Menschen dort in Korinth für sich ausgesondert und sich zu eigen gemacht.

Ein ähnlich prophetisches Bekenntnis liegt auch in der Bezeichnung *«berufene Heilige»*. Wo immer Gott ruft, ereignet sich Verheißung und eröffnet sich Zukunft. Und wo immer Gottes Ruf ergeht, erheischt er auch Antwort. Das Dynamische, Verheißende, Zukunftsweisende und Antwort Erheischende des Rufes Gottes darf nicht außer acht gelassen werden. Daß Paulus die Christen in Korinth als von Gott «berufen» bezeichnet, ist bemerkenswert, denn diesen Ausdruck gebraucht er, um seine eigene apostolische Existenz zu deuten. Im vorausgehenden Vers (1) sagt er von sich, er sei «berufener Apostel».

Die den Namen unseres Herrn Jesus Christus anrufen

Wie wenig Paulus daran gelegen ist, christliche Gemeinde klar zu definieren und «in Griff» zu bekommen, geht daraus hervor, daß er ihren Kreis erweitert: «*... mit allen, die den Namen unseres Herrn Jesus Christus anrufen...*» «Den Namen des Herrn anrufen» hat im griechischen Alten Testament eine ganz eigene Nuancierung. Mindestens an drei Stellen in der Genesis werden Erzählungen der Patriarchen Abraham und Isaak dadurch abgeschlossen, daß es heißt, sie hätten einen Altar gebaut bzw. eine Tamariske gepflanzt «und den Namen des Herrn angerufen» (Gen 12,8; 21,33; 26,25). Damit bringt der Schriftsteller die ganze gläubige Ausrichtung unserer Stammesväter zum Ausdruck. Auch die Psalmisten und Propheten verstehen das «Anrufen des Herrn» im Sinn der vollen Hinwendung des Menschen zum Herrn (vgl. Jes 64,1-6; Ps 80,19; 116,4). Besonders zu beachten ist die große Vision der Geistausgießung, wie der Prophet Joel sie schaut (Joel 3,1-5; vgl. Apg 2,14ff). In ihrem Zusammenhang heißt es: «Und jeder, der den Namen des Herrn anruft, wird gerettet» (3,5). Paulus kannte diesen Vers sehr wohl, benutzt er ihn doch als Leitmotiv für seine Darlegungen im 10. Kapitel des Römerbriefes. In der Tat sind in diesem Vers drei ganz entscheidende Aussagen enthalten:

1. Gerettet wird der Mensch durch das Anrufen des Herrn, d. h. *durch den Glauben.* Wir tun gut, wenn wir hinzufügen: durch nichts anderes.

2. Durch den Glauben an den Herrn wird der Mensch *gerettet*, ist er seiner Verlorenheit entnommen, braucht sein Leben nicht in Unsinn, Scheitern und Tod zu enden.

3. *Jeder*, der den Namen des Herrn anruft, wird gerettet. Da gibt es keine Unterschiede: nicht Juden, nicht Griechen, nicht Sklaven, nicht Freie, nicht Mann und nicht Frau (Gal 3,28). – Wahrscheinlich wird es noch lange dauern, bis wir die durch und durch «demokratische» Kraft dieses Wortes – und des Geistes! – voll aufgedeckt und auch im Bild und in der Struktur der Kirche verwirklicht haben.

Man beachte auch bei dieser Bezeichnung die ganz auf Jesus Christus gegründete Neuinterpretation: Christen sind Leute, «die den Namen unseres *Herrn Jesus Christus* anrufen».

Ein Glaubensbekenntnis

Allein schon aus diesem einzigen Vers aus dem Briefkopf des 1. Korintherbriefes lassen sich also eine Fülle von Einsichten entnehmen, wie und was Paulus über die Gemeinde in Korinth dachte. Merken wir uns wohl: es sind nicht gedankliche Konstruktionen theoretischer Art. So wie der ganze Brief konkret ist und auf aktuelle Probleme der Gemeinde eingeht, so wollte Paulus auch die Anrede ganz konkret verstanden wissen.

Aber nicht nur das. Wir täten dem Apostel unrecht, wenn wir hinter seinen wohlüberlegten Sätzen nicht auch ein ganz persönliches Glaubensbekenntnis sähen. Mag es in der korinthischen Gemeinde noch so turbulent zugehen; mögen die dortigen Pneumatiker immer noch nicht begriffen haben, worum es eigentlich geht; mag es auch Leute geben, die dem Paulus nicht sehr viel zutrauen und seine Autorität ignorieren; mögen da und dort Prozesse und Hurereien auch an der

Tagesordnung sein: für Paulus ist es «Gemeinde Gottes», für Paulus sind ihre Mitglieder «Geheiligte in Christus Jesus», «berufene Heilige», «die den Namen unseres Herrn Jesus Christus anrufen». Darum ist die Gemeinde für Paulus letztlich unverfügbar. Den widerlichen Vorkommnissen in der Gemeinde begegnet er nicht dadurch, daß er über sie Inspektoren und Polizisten einsetzt oder sie durch ein autoritär promulgiertes Kirchenrecht in die eigene Hand nimmt, sondern daß er die Gemeinde dort beläßt, wo sie immer schon hingehört: in der Hand Gottes.

Wann ist der Mensch gesund?

An manchen wichtigen Stellen verwendet Paulus (und nach ihm seine Schüler) im Zusammenhang der Gemeinde den Ausdruck «Leib», ja «Leib Christi» (vgl. 1 Kor 12,12-13. 27-30; Röm 12,4-5; Kol 1,18; Eph 1,22-23). Was ist damit gemeint, und was ist der Gewinn solchen Redens?

Das deutsche Wort «Leib» übersetzt das griechische «Soma». Niemand ist ob dieser Übersetzung glücklich; denn Soma bedeutet viel mehr, als mit dem deutschen Wort «Leib» wiedergegeben werden kann. Aber lassen wir diese Schwierigkeit einstweilen beiseite, und wenden wir uns den Ausführungen des Paulus in 1 Kor 12,14-26 zu. Mit einer erstaunlichen Ausführlichkeit verweilt hier der Apostel bei dem Bild vom Ineinanderwirken der verschiedenen Glieder in dem einen Leib. Es wäre schrecklich, ja direkt angsterregend und höchstens für einen Gruselfilm passend, würde der ganze Körper aus einem einzigen Glied bestehen. Und es wäre absurd, wenn sich ein Glied vom Körper verselbständigen wollte; der sofortige Tod wäre ihm sicher. Ebenso falsch wäre es, wenn das Ohr sehen möchte, oder wenn die Hand sich minderwertig vorkäme, weil sie nicht hören kann. Und kein Glied ist so wichtig, daß es auf die andern verzichten könnte. Gibt es eigentlich unwichtige Glieder? Möchten wir etwa auf eines verzichten? Ist es nicht vielmehr so, daß wir gerade den – vermeintlich oder wirklich – schwachen Gliedern eine größere Aufmerksamkeit und Sorgfalt schenken? Sicher ist, daß der Mensch dann gesund ist, wenn jedes Glied und jedes Organ seine ihm eigene Funktion ausübt und alle Glieder «einträchtig füreinander sorgen» (12,25).

Keine Privilegierung des Zeigefingers

Es wäre reizvoll, auf dem Hintergrund dieses Bildes unsere Gemeinden zu untersuchen. Eine unvoreingenommene Auseinandersetzung mit diesem Bild würde zeigen, daß es nicht nur um die vielbeschworene «Einheit» geht, sondern um das gute und dem Körper entsprechende Miteinander und Füreinander, um das Zusammenspiel der verschiedenen Glieder und Organe. Warum sollten sich die Füße weiter abmühen, wenn es nur darum geht, daß der Zeigefinger erhoben bleibt? Und wer nur die erste Geige zu hören wünscht, erwartet zu Unrecht daß die andern Instrumente mitspielen.

Den Vergleich zwischen dem Zusammenspiel innerhalb des menschlichen Organismus und einer Gemeinschaft hat Paulus in seiner Umwelt vorgefunden. Heidnische Schriftsteller und Philosophen verglichen das gute Funktionieren der staatlichen Gemeinschaft mit dem Miteinander und

Zueinander der Glieder im menschlichen Körper. Das Übertragen dieses Vergleichs auf die kirchliche Gemeinde ist sehr aufschlußreich. Es beinhaltet zuerst nichts Anderes als das Ernstnehmen der soziologischen Gegebenheiten, das Ernstnehmen gruppendynamischer Spielregeln und das Ernstnehmen natürlichen und organischen Wachsens auch innerhalb der Kirche. Christliche Gemeinde fällt nicht vom Himmel, und christlicher Glaube macht aus einem Organismus nicht ein Glied. Das gilt auch und erst recht dann, wenn dieser Organismus «der Christus» ist.

Mit Abraham sind wir gemeint

Es ist viel darüber gerätselt worden, woher Paulus und nach ihm seine Schüler den Mut und das Recht nahmen, den Organismus der Gemeinde in eins mit Christus zu sehen. Es kam ihnen dabei eine Vorstellung entgegen, die im Alten Testament und in ihrer Umwelt gut beheimatet war. Hier stellen wir fest, daß der Stammvater und seine Sippe eine Einheit darstellen. Dem versierten Bibelleser wird nicht entgehen, daß die alttestamentlichen Schriftsteller mit der Geschichte Abrahams z. B. nicht nur die Geschichte einer individuellen Persönlichkeit niederschrieben, sondern fast mehr noch die Geschichte des Volkes Israel, seine Berufung, seinen Glauben, seine Anfechtungen usw. Vieles von dem, was Israel erlebt hat, was es geglaubt, gezweifelt, gelitten und durchgestanden hat – oder auch hätte durchstehen sollen – ist auf «Abraham» projiziert worden. In «Abraham» konnte sich darum Israel wiederfinden, sich selber in ihm verstehen lernen. Wenn wir gut hinsehen, können auch wir das tun.

Diese Vorstellung, daß der Stammvater, der Ahne oder der König als Repräsentant eines Stammes, einer Sippe oder eines Volkes eine Vielzahl von Menschen in sich hineinkorporiert, sich «einverleibt», nennt man in der Wissenschaft «Korporativpersönlichkeit». Auf dem Hintergrund einer solchen Denkweise bietet die Ineinssetzung von Christus und allen, die zu ihm gehören, keine große Schwierigkeit.

Nur bin ich nicht so ganz sicher, ob der antike Organismusgedanke und die Vorstellung der Korporativpersönlichkeit genügen, um die Ausführungen des Paulus über die Kirche als den «Leib Christi» zu verstehen. Zwei Dinge dürfen nämlich nicht unberücksichtigt bleiben.

Aus der persönlichen Erfahrung gesprochen

1. Paulus ist dem gekreuzigten und auferstandenen Christus persönlich begegnet; er hat ihn «gesehen» (vgl. 1 Kor 9,1; 15,8; Gal 1,15-16). Wie und wo es zu dieser Begegnung kam, steht jetzt nicht zur Diskussion. Sicher ist, daß Paulus eine Erfahrung machte, die sein ganzes Leben und Wirken prägen sollte, und es müßte jetzt wieder einmal auf das hingewiesen werden, was wir uns im I. Teil im Zusammenhang der «Sache Jesu» überlegten.

2. Paulus ist auch der Gemeinde begegnet. Seine Erfahrungen mit ihr waren sehr persönlich und konkret. Aus zuverlässigen Quellen wissen wir, daß er in mehreren Gemeinden während Monaten in hautnahem Kontakt mit den Menschen lebte. Für sich selbst nahm er keine Rechte in Anspruch und verdiente sein Brot mit seiner Hände Arbeit wie die andern auch (vgl. 1 Kor 9,6; Apg 18,3). In der

Gemeinde in Korinth, an die er seinen Brief schreibt, weilte er immerhin anderthalb Jahre (Apg 18,11). Er weiß also recht gut, wie es in einer Gemeinde, in der es auch «menschelt», zu- und hergeht. Er weiß um die Sorgen der Verantwortlichen und um die Verdächtigungen der Ewig-Gestrigen. Er weiß um den Ehrgeiz der Begabten und um die Kritik der Besserwisser. Er weiß um das Zögern der Beamten und um den hoffnungslosen Optimismus der Draufgänger. Er weiß um die verborgenen Talente der Jugendlichen und um die Lauheit kirchlicher Konsumenten. Er weiß um den Eifer der Missionare und um die Selbstlosigkeit der Armenpfleger. Er weiß um den Einfallsreichtum der Katecheten und um die Dankbarkeit der Kleinen. Paulus weiß aber auch um (fast) alles, was es in der Gemeinde braucht: es braucht Prediger und Lehrer, es braucht Propheten und Sozialhelfer, es braucht Leitungstalente und stille Beter, es braucht Leute, die «den Dreck machen» und Leute, die mit dem Herzen sehen.

Der leibhafte Christus

Das ist zwar alles recht kompliziert und unübersichtlich; dafür ist es echt und greifbar. Das ist es, was Paulus erfahren hat: daß die Sache Jesu in der Gemeinde leibhaft und greifbar ist. Hier machte er die Erfahrung, daß der Arme in die Mitte genommen wird. Hier erlebte er Solidarität. Hier entdeckte er das Ausprobieren neuer und alternativer Lebensmöglichkeiten. Hier erfuhr er Einbruch Gottes in die Welt.

Paulus erlebte die Gemeinde als den Ort, an dem der

Glaube an Jesus, den Christus, leibhaftig wird. In der Gemeinde begegnete der Apostel dem leibhaften Christus.

Sicher ist das auch nicht die beste Übersetzung vom griechischen Wort «Soma». Gegenüber «Leib» oder «Leib Christi» ist aber «leibhafter Christus» lebendiger und persönlicher und bringt das dynamische Ineinsgehen von Gemeinde und Christus besser zum Ausdruck.

Hilfreich wäre auch die Übersetzung mit «Person», wenn das nicht wieder zu abstrakt wäre.

Was bedeutet das aber, wenn Paulus sagt, die Gemeinde sei der leibhafte Christus?

Ein Christus, den man sehen kann

In der Gemeinde wird der Christus sichtbar, greifbar, erfahrbar. Wie? Dadurch, daß die Gemeinde in ihrem Reden und Tun ihren Glauben in die Tat umsetzt, wird sichtbar, was das Motiv ihres Handelns ist, wird sichtbar, woraus sie lebt: Jesus Christus.

Wenn die Gemeinde für mich der Ort ist, wo ich immer wieder neu anfangen kann, weil mich die Gemeinde annimmt, wie ich bin: ein Sünder, ein Gescheiterter, ein Versager; und wenn dieses Annehmen nicht nur eine Theorie ist, sondern etwas, das ich ganzheitlich erfahren kann: man reicht mir die Hand, man hilft mir bei der Wohnungssuche, bei der Stellensuche, man traut mir was zu – dann ist hier der Glaube der Gemeinde an Jesus Christus sichtbar geworden. In diesem Sinn ist für mich die Gemeinde der leibhafte Christus.

Nur die Gemeinde als Ganzes

Zum Leibsein gehört, daß es etwas Ganzheitliches ist. Meine Hand ist nicht mein Leib, und mein Fuß soll nicht für meine Person sprechen. Nur die Gemeinde als ganze ist der leibhafte Christus.

Bei meinem Beichtvater bin ich jedesmal liebevoll angenommen, und aus seinen vergebenden Worten erfahre ich auch jedesmal etwas von jenem Hauch, mit dem der Auferstandene die Apostel belebt hat. Mein Beichtvater ist aber nicht die Kirche. Er ist nicht der leibhafte Christus. Mit großer Geduld weist er mich darum immer wieder in den größeren Bezug und in das vielfältige Leben der Gemeinde ein. Ihr stehen mehr Register des Verzeihens, des Annehmens und des Teilens zur Verfügung als dem einzelnen, mag dieser noch so begnadet sein. Nur in der Gemeinde als ganzer begegne ich dem leibhaften Christus.

In diese Welt hineinverwoben

Wer Leibhaftigkeit sagt, sagt auch Umwelt. Ohne meine Umwelt kann ich nicht existieren, bin ich nicht ich. Hundertfach bin ich von meiner Umwelt beeinflußt, und hundertfach nehme ich Einfluß auf sie. Wie problematisch das ist, zeigt sich in der Frage, in wieweit es sinnvoll und richtig ist, daß ich mich der Umwelt anpasse und in welchem Ausmaß ich auf meine Umwelt Einfluß nehmen darf.

Die Gemeinde als leibhafter Christus ist tausendfach in diese Welt verwoben. Darin liegt ihre große Gefährdung, darin liegt aber auch ihre Chance. Die Gefährdung besteht darin, daß sie in der Welt «untergeht»; die Chance darin, daß sie die Welt erneuert.

Die Kirche ist für mich nicht nur ein gedanklicher «Überbau», mag er noch so «religiös» sein. Sie ermöglicht mir sinnvolles Leben in dieser Welt und in dieser Gesellschaft: in meiner Familie, in meinem Beruf, in meinem Bekanntenkreis, in meiner Partei, in meinem Einsatz für die Dritte Welt. Nur eine Gemeinde, die sich vor all diesen sozialen und gesellschaftlichen Verflochtenheiten nicht scheut, nur eine Gemeinde, die vor der Weltlichkeit der Welt keine Angst hat, ist der leibhafte Christus.

Eine Gemeinde, die Geschichte hat und Geschichte macht

Leibhaftigkeit besagt Veränderung und Geschichte. Wer sich nicht ändern und verändern will, wer seine Geschichte nicht wahrhaben will, verleugnet sein Menschsein. Ja noch mehr: er verleugnet seinen Glauben.

Mein Glaube ist nur dann Glaube, wenn er leibhaft ist, d. h. wenn er lebt, wenn er sichtbar und greifbar wird, wenn er die Welt verändert. Als Glaubender habe ich Geschichte und gestalte ich Geschichte.

Wer die Kirche der Geschichte entheben und sie zu einer ewigen, unveränderlichen Größe emporstilisieren will, verleugnet sie. Wer ihre Geschichte mit all ihren Höhen *und* Tiefen nicht wahrhaben will, nimmt ihren Glauben nicht ernst.

Wenn ich in einer bestimmten Notlage bin, wird mir die Kirche nicht dadurch begegnen, daß sie mir «ewige Wahrheiten» verkündet, auch nicht dadurch, daß sie mir sagt, wie es früher einmal in Korinth zugegangen ist, auch nicht dadurch, daß sie mir ein Bild vom himmlischen Jerusalem entwirft. Als pilgerndes Gottesvolk, das selbst suchend unterwegs ist, wird sich die Kirche nicht scheuen, ihre Geschichte mit mir zu teilen. Denn nur so kann sie mit mir auch ihren Glauben und ihr Hoffen teilen, nur so kann sie mich in ihre befreiende Leibhaftigkeit «eingliedern».

Unverfügbar – selbst für Paulus

Werfen wir einen Blick auf das Gesagte zurück. Trotz aller Schwierigkeiten und trotz des Unfertigen und trotz des vielen Menschlichen und Allzumenschlichen in der Gemeinde in Korinth ist diese für Paulus nicht nur ein wirrer Haufen und eine Ansammlung von komischen Menschen. Paulus versteht sie als «Gemeinde Gottes» und als «leibhaften Christus». Das sind nicht bloß Etiketten, unter welchen die Wirklichkeit dann doch eine andere ist. Wie wir besonders aus dem zweiten Beispiel entnehmen konnten, setzt gerade dieser Titel («Leib Christi») eine tiefe Kenntnis und ein tiefes Verständnis der Wirklichkeit voraus. Die konkreten soziologischen Gegebenheiten und ihre theologischen Interpretationen lassen sich bei Paulus nicht voneinander trennen.

In der Interpretation der Gemeinde durch Paulus ist auch der Glaube des Apostels in die Gemeinde und an die Gemeinde faßbar. Ist Gemeinde «Gemeinde *Gottes*», dann ist sie eben nicht des Paulus Gemeinde; sie ist für ihn unverfügbar, nicht manipulierbar. Ist Gemeinde leibhafter *Christus*, ist sie eben nicht des Paulus Leib, sondern steht er ihr gewissermaßen als einer Person gegenüber, ja als der Person des Christus, deren Geheimnis er nicht in Griff nehmen kann – und als gläubiger Christ auch nicht in Griff nehmen will. Nie und nimmer läßt eine solche Deutung und ein solcher Glaube zu, daß es in der Kirche Herrschaftsverhältnisse gibt, daß es in einer solchen Gemeinde einen «Vorsteher» oder gar einen Machthaber gibt. In einer solchen Gemeinde kann es nur dienende Funktionen und Ämter geben, und diejenigen, die darin eine besondere Verantwortung wahrnehmen, sollten sich nicht nur Diener nennen («Minister», «Servus servorum Dei»), sie sollten auch Diener sein.

Nur zwei der paulinischen Deutungen der Gemeinde haben wir uns etwas näher angesehen. Es gäbe noch mehrere. Für Paulus ist die Kirche auch «Gottes Pflanzung», «Gottes Ackerfeld», «Gottes Bauwerk», «Gottes Tempel» (1 Kor 3,5-17) und vieles andere mehr. Wir müssen es aber damit bewenden lassen und dafür noch in eine andere Richtung weiterdenken.

5. DER KIRCHLICHE DIENST

«Charisma» – ein besonderes Wort

Paulus interpretiert nicht nur die Gemeinde als solche, er interpretiert auch die darin sich findenden Aufgaben und Funktionen der einzelnen. Das ist vielleicht noch schwieriger. Es ist ja auch viel leichter, das «Vaterland» hochleben zu lassen, von «Volk» und «Heimat» zu sprechen, solange man nicht ausdrücklich und konkret die Regierung vor Augen haben muß, den Bundesrat X, den Parlamentarier Y und den Steuerbeamten Z.

Paulus interpretiert die verschiedenen Aufgaben und Funktionen in der Gemeinde als «Charismen». Damit kommen wir zu einem Ausdruck, der in der Zeit der «charismatischen Erneuerung», der «charismatischen Gebetsgruppen» und der «charismatischen Päpste» ziemlich vorbelastet ist, was uns das Reden darüber, wie Paulus es verstand, nicht eben erleichtert. Trotzdem wollen wir versuchen, die Sache so einfach wie möglich darzustellen.

Fast könnte man Paulus als den «Erfinder» des Wortes «Charisma» bezeichnen. In der griechischen Literatur der Umwelt wurde das Wort zwar gebraucht, aber höchst selten. Und wenn es gebraucht wurde, dann in dem ganz profanen Sinn von «Gabe», «Geschenk» oder auch «Güte», «Liebenswürdigkeit» – eben jenen Haltungen, aus denen heraus Geschenke gemacht werden. Es ist erstaunlich, daß ein Ausdruck, der sonst so wenig gebraucht wird, bei Paulus einen so bedeutenden Raum einnimmt. Er verwendet ihn nicht weniger als 14mal in seinen Briefen. Das Wort behält bei ihm die Kernbedeutung von «Gabe», «Geschenk» bei, aber immer handelt es sich um ein Geschenk *Gottes*. Das Wort erhält bei ihm eine streng religiöse Bedeutung.

Wenn der Christus im einzelnen konkret wird

Um die Bedeutung des Ausdrucks «Charisma» noch besser zu erhellen, tun wir gut daran zu bedenken, daß Charisma eine sehr starke Verwandtschaft zu *«Charis»* aufweist. Charis ist ein Herz- oder Schlüsselwort der ganzen paulinischen

Theologie. Mit Charis kann Paulus zusammenfassend all das Neue, Umwälzende, im tiefsten aber immer Geschenkhafte des Handelns Gottes an den Menschen bezeichnen. Nicht das Gesetz führt zum Heil, nicht Gebotehalten macht die Menschen glücklich, sondern allein die Charis, die Gott im Tod und in der Auferstehung des Christus kundgetan hat. Meistens übersetzen wir das Wort «Charis» mit «Gnade».

Die der Charis entsprechende Haltung des Menschen ist der *Glaube*, wodurch der Mensch das Geschenk der Erlösung und Befreiung annimmt, wodurch er Sinn findet in seinem Leben, wenn er dieses befreite Dasein auch ausprobiert. Durch den Tod und die Auferstehung Jesu Christi ist für alle Menschen Gottes Charis offenbar, ist für alle Menschen Sinn und Heil und Leben möglich geworden.

In den dem Briefkopf folgenden Versen des 1. Korintherbriefes sehen wir, daß Charis und Charisma auch inhaltlich zusammengehören, und zwar so, daß man meinen könnte, die Charismen seien das Sichtbar- und Greifbarwerden der Charis in ganz bestimmten Begabungen. Sehen wir uns den Text näher an:

Ich sage Gott allezeit euretwegen Dank für die Gnade (Charis), die euch in Jesus Christus verliehen wurde.
Ihr seid ja in allem reich geworden, in jeglichem Wort und in jeglicher Erkenntnis, wie denn das Zeugnis von Christus gefestigt worden ist in euch.
Infolgedessen leidet ihr an keiner Gnadengabe (Charisma) Mangel, während ihr auf die Offenbarung unseres Herrn Jesus Christus wartet. (1,4-7)

Den verschiedenen Charismen – wir haben hier das Wort mit «Gnadengabe» übersetzt – liegt also die Charis (= Gnade) Gottes zugrunde, die den Korinthern in Jesus Christus geschenkt wurde. *Die* große Charis ist Jesus Christus selbst, der Grund, woraus die Korinther leben. Die Charismen, die verschiedenen Begabungen in der Gemeinde sind es, wodurch der Christus «konkret» wird, erfahren wird, leibhaft wird, in die Welt hinaus will, so daß er in jedem Menschen und an jedem Ort anwesend wird. So ist wohl auch Röm 12,6, zu verstehen:

Wir haben verschiedene Gnadengaben (Charismen), so wie Gott sie uns in seiner Gnade (Charis) zugeteilt hat.

Ehelosigkeit als Charisma

An einer anderen Stelle sind wir dem Ausdruck «Charisma» schon begegnet, ohne daß wir uns länger dabei aufgehalten haben, dort nämlich, wo Paulus von seiner Ehelosigkeit spricht, in 1 Kor 7,7:

Ich wünschte, alle Menschen wären (ehelos) wie ich.

Dann aber gesteht er sofort folgendes:

Doch jeder hat sein eigenes Charisma, der eine so, der andere anders.

Ehelosigkeit kann nicht gefordert werden, nicht einmal von einem Apostel Paulus. Sie ist Charisma, d. h. besonderes Geschenk Gottes für den Menschen und darum für den Menschen auch nicht verrechenbar. Niemand darf erwarten oder gar verlangen, daß er ein besonderes Charisma hat. Das würde dem Geschenkcharakter des Charismas zutiefst widersprechen. Ich denke, daß das Charisma der Ehelosigkeit, das für die heutige Menschheit nicht weniger großes Geschenk ist als zur Zeit des Paulus, in viel höherem Kurs stünde, wenn die Kirche sich ihres Geschenkcharakters immer bewußt gewesen wäre und nicht immer wieder versucht hätte, es durch gesetzliche Regelungen in Griff zu bekommen.

Die Ehelosigkeit ist ein besonderes Charisma, aber gewiß nicht das einzige. Paulus anerkennt dies ausdrücklich, wenn er sagt, jeder habe sein eigenes Charisma, «der eine so und der andere anders». Paulus meint also nicht, daß man seinen Wunsch («ich wünschte, alle Menschen wären ehelos wie ich») zum Befehl macht. Die Charismen, auch das besondere Charisma der Ehelosigkeit, sollen ja die ganze ungeschuldete und unverfügbare Freiheit der Charis Gottes zum Ausdruck bringen und konkret werden lassen.

Wenn besondere Begabungen die Gemeinde durcheinanderbringen...

Am originellsten und auch am überraschendsten gebraucht Paulus den Ausdruck «Charisma» in jenem Kapitel des 1. Korintherbriefes, in dem er von der Leibhaftigkeit der Kirche spricht (1 Kor 12). Überraschend deswegen, weil der Apostel einen gewissen Ausdruck und gewisse Vorstellungen der Korinther aufnimmt, sie dann aber mit «Charisma» ersetzt wissen will. Der Ausdruck, den die Korinther gebrauchten, war «Pneumatikon». Das muß etwas mit «Pneuma», d. h. mit «Geist» zu tun haben. Gewisse Korinther bezeichneten damit ganz außerordentliche Fähigkeiten und Phänomene, unter denen wohl die Glossolalie, d. h. das Zungenreden, das ekstatisch verzückte Lallen beim Gottesdienst am meisten aufgefallen ist. Dazu werden aber auch noch andere Phänomene hinzugekommen sein, wie das Wunderwirken, das Beten und Handauflegen zu bestimmten Heilungen usw. Diejenigen, die solch außergewöhnliche Fähigkeiten besaßen, nannten sich «Pneumatiker» oder wurden von andern so genannt, weil sie eben einen ganz besonderen «Geist», ein besonderes «Pneuma» hatten.

Es ist verständlich, daß solche Leute nüchternen Männern, die versuchten, die Gemeinde zusammenzuhalten, arg zu schaffen machten. Andererseits konnten diese auch nicht gegen jene auftreten und ihr Tun sozusagen verbieten. Also fragte man Paulus, was er von der ganzen Sache hielte.

Die Antwort des Paulus ist bemerkenswert. Wiederum versucht er es nicht auf eine dirigistische Art und Weise, sondern dadurch, daß er auf das Problem eingeht und schrittweise zu argumentieren versucht.

Was doch jeder wissen sollte

Es ist ein Unding, wenn einige meinen, den Geist nur für sich in Anspruch nehmen zu können; denn jedes Sichbekennen zu Jesus dem Christus und jedes Leben aus Christus ist Bekennen und Leben, das der Geist wirkt. Eigentlich sollte das jeder Christ wissen; denn der Geist, aus dem heraus er lebt, ist Jesus Christus selbst, der im Glauben und Leben des Christen in unsere Zeit und in unsere Geschichte hereinragt und «leibhaft» wird. Die Enthusiasten in Korinth haben vom Christsein überhaupt nichts verstanden, wenn sie wegen ihrer besonderen Begabungen meinen, sie seien mehr als die andern (12,2-3).

In einem zweiten Schritt versucht Paulus die Argumentationsweise der korinthischen Enthusiasten auf verschiedene Weise zu unterlaufen und zurechtzubiegen. Als erstes vermeidet er geflissentlich die Bezeichnung «Pneumatikon», wie die Korinther sie gebrauchen, und spricht statt dessen von «Charismen.» Was es an außergewöhnlichen Begabungen in der Gemeinde gibt, hat seinen einzigen Grund in dem, was der eine Geist, derselbe Herr und derselbe Gott in seiner Freiheit unter den Menschen wirkt. Deshalb hat niemand sich auf seine besondere Begabung etwas einzubilden, und mag sie noch so viel Staunen hervorrufen.

Des weiteren weigert sich Paulus, den Ausdruck «Charisma», den er zur Klärung der Situation in Korinth einführt, allein auf enthusiastische und außergewöhnliche Phänomene zu beschränken. Sein Verständnis von Charisma weitet er so aus, daß er darunter Begabungen ganz allgemeiner Art, Dienstleistungen und Beamtungen verstehen kann. Einziges Kriterium für die Güte und Geistgewirktheit dieser Begabungen ist der «Nutzen» für die ganze Gemeinde. Dann zählt er eine Reihe solcher Begabungen auf, wie Weisheitsrede, Erkenntnisrede, Glauben usw., wobei er wohl mit Bedacht die Zungenrede, die Glossolalie, am Schluß nennt. «All das wirkt der eine und selbe Geist», sagt er und fügt vielsagend hinzu: «... der jedem nach seiner Eigenart zuteilt, wie er will.»

Es ist also der Geist, der letztlich alles wirkt – darum braucht sich niemand zu überheben; darum braucht man aber auch keine Angst zu haben. Es ist der Geist, der letztlich alles wirkt, darum soll man sich hüten, sich seiner bemächtigen zu wollen; denn der Geist gibt «wie er will». Aber dieser Geist überfährt den Menschen nicht, er zwingt den Menschen nicht auf die Knie: «Er gibt jedem nach seiner Eigenart.» Selbst der Geist respektiert die Veranlagung des Menschen, selbst der Geist nimmt auf die gruppendynamische Konstellation der Gemeinde Rücksicht. Denn bereits die Veranlagung des Menschen und bereits die gruppendynamische Konstellation der Gemeinde haben etwas mit Geist zu tun. Es wäre verheerend und absurd zugleich, wollte man die Begabungen der Menschen und die Wirkungen des Geistes auseinanderreißen (12,4-11).

Tragt Sorge zu den «kleinen» Gaben

Nun kommt im gedanklichen Ablauf der Darlegungen des Paulus das weit ausgemalte Bild vom Leib und den Gliedern. Wir brauchen darauf nicht näher einzugehen, weil das schon im Vorausgehenden geschehen ist. Höchstens noch dies sei erwähnt: Paulus benutzt die Gelegenheit, um ganz besonders den Wert und den Nutzen der vermeintlich «schwächeren» Glieder hervorzuheben. Das ist in der Auseinandersetzung mit der Gemeinde in Korinth darum so wichtig, weil hier die Pneumatiker oder Enthusiasten Gefahr laufen, über die «gewöhnlichen» Dienstleistungen hinwegzusehen. Wenn der Leib, der Organismus sich wohl fühlen will, darf kein Glied, auch nicht das unscheinbarste, vernachlässigt werden. So ist es auch in der Gemeinde (12,12-26).

Jetzt ist es an der Zeit, daß etwas Ordnung in den Laden kommt – so scheint es wenigstens. Paulus nimmt die Aufzählung der Dienstleistungen von 12,8-10 wieder auf: es gibt Wunderkräfte, Heilungsgaben, Hilfeleistungen, Leitungsaufgaben, mancherlei Sprachengaben. Dieser Liste stellt er nun aber eine andere voraus, die wichtige Funktionen enthält, die von den frühchristlichen Gemeinden allgemein anerkannt und inhaltlich auch schon einigermaßen fest umrissen waren: «Erstens Apostel, zweitens Propheten, drittens Lehrer.» So bezieht sich die Aufzählung der Funktionen nicht nur gerade auf das, was momentan für die Gemeinde in Korinth «interessant» ist. Die dortigen Begabungen und Dienstleistungen sollen im Licht jener Gnadengaben gesehen werden, die in allen frühchristlichen Gemeinden bekannt sind und ohne die es christliche Gemeinden gar nicht geben kann: Apostel, Propheten, Lehrer.

Es besteht kein Zweifel, daß diese drei Funktionen einen stärker «amtlichen» Charakter haben als die andern aufgezählten, wie Wunderkräfte, Heilungsgaben, Sprachengaben. Es ist nicht ausgeschlossen, daß diese Liste auch schon eine gewisse Tradition, eine feste Prägung hatte, als Paulus sie hier einfügte. Im Zusammenhang von 1 Kor 12 ist aber wichtig zu sehen, daß es weniger auf die Autorität von Aposteln, Propheten und Lehrer ankommt, als vielmehr auf ihre je eigene Funktion und Aufgabe im Konzert der vielfältigen Begabungen und Betätigungen, die zum Aufbau, zur Einheit und zum Zusammenhalt der konkreten Gemeinde in Korinth sinnvoll und nötig sind. So versteht es Paulus, wenn er an diese Dreierliste all die verschiedenen Begabungen und

Funktionen hinzufügt und wenn er dann die rhetorischen Fragen stellt: «Sind etwa alle Apostel? Etwa alle Propheten? Etwa alle Lehrer? Besitzen alle Wunderkräfte? Haben alle Heilungsgaben? Reden alle in Sprachen? Legen alle aus?« (12,29)

Was weit wichtiger ist

Sind alle Begabungen gleichwertig? Gewiß nicht. Paulus schätzt z. B. die Prophetengabe höher ein als die Gabe der Zungenrede (vgl. 1 Kor 14). Das bedeutet aber nicht, daß er die Zungenrede mißachten würde. Wichtig ist nur, daß man den Wert der Begabungen nicht am Ekstatischen mißt oder an den außergewöhnlichen Wirkungen, sondern einzig und allein am Nutzen für die Gemeinde. Darum kann Paulus den Korinthern sagen: «Bemüht euch um die höheren Charismen» (1 Kor 12,31a). Ein Charisma wird um so «höher» sein, je mehr es die Gemeinde auferbaut, je mehr es der Gemeinde nützt.

Der Weg aber, der über all diese Charismen hinausführt, ist die Liebe. Ich möchte mich darüber nicht weiter aufhalten. Ich bin dem Apostel dankbar für das schöne Lied, das «Hohelied der Liebe», wie man es nennt, und daß er es ausgerechnet hierher gesetzt hat. Dem Leser möchte ich empfehlen, dieses Lied selber in 1 Kor 13 nachzulesen – oder auch zu singen. Es bedarf – hier wenigstens – keines Kommentars. Es braucht nur ein bißchen Zeit und ein bißchen «Andacht», sich in es hineinzuschwingen, hineinzubeten und hineinzuleben.

Blicken wir zurück, und fassen wir zusammen. All den etwas «verdächtigen» Erscheinungen in Korinth steht Paulus in gar keiner Weise ablehnend gegenüber. Im Gegenteil. Zungenreden, Wunderheilungen, Sprachengaben, aber auch – und darauf insistiert der Apostel ganz besonders – die sogenannten niederen Dienstleistungen wie Armenpflege, Sozialfürsorge, Predigtdienst, Familienbesuche usw. betrachtet Paulus zuerst einmal als «Charismen», als von Gott geschenkte Begabungen, welche die Leibhaftigkeit der Gemeinde besonders lebendig erhalten und lebendig gestalten. Als Charismen sind diese Begabungen und Dienstleistungen nicht Gaben oder Beauftragungen des Paulus, sondern Geschenke Gottes. Sie sind für Paulus nicht verfügbar; auch ein Paulus hat sich vor ihnen zuerst zu verbeugen.

Das bedeutet nicht, daß man jedem «Wildwuchs» Tür und Tor öffnet. Angst vor Wildwuchs wird nur derjenige haben, der Gott, dem Geber der Charismen, solchen Wildwuchs zutraut. Und zudem: auch die kritischen, unterscheidenden und korrigierenden Äußerungen des Paulus sind «charismatischer» Art. Dieses Charisma nennt Paulus in seiner Liste 12,10 das Charisma der «Unterscheidung der Geister». Es kann nur zum Zug kommen, wenn man dem Geist die Freiheit beläßt. Wo der Geist nicht frei walten kann, gibt es keine Charismen. Wo es keine Charismen gibt, braucht Geist auch nicht unterschieden zu werden.

Wo es hingegen Charismen gibt, gibt es auch das Risiko, daß diese – wie in Korinth – einander ins Gehege kommen. Dieses Risiko geht der Charismatiker ein, dieses Risiko muß die Gemeinde eingehen, dieses Risiko müssen auch diejenigen eingehen, denen das Charisma der Leitung und der Koordination (1 Kor 12,28 vgl. Röm 12,8) von Gott geschenkt ist. Dieses Risiko geht offensichtlich auch Gott selbst ein, der jedem gibt nach seiner Eigenart. Aber wo Charismen sich frei entfalten können, da ist auch Liebe möglich; sie umgreift und trägt alle Charismen und führt über sie hinaus (12,31b).

Und das Amt?

Mancher Leser wird in unseren bisherigen Überlegungen die besondere Erwähnung des «Amtes» vermißt haben. War die Kirche der ersten Stunden eine rein charismatische Kirche? Wir sprachen meistens von «Funktionen», «Begabungen», «Dienstleistungen». Gibt es aber nicht auch schon von allem Anfang an so etwas wie ein «Amt»?

Die Grenze zwischen Funktion und Amt ist fließend. Von einer Funktion oder Dienstleistung braucht man nicht zu erwarten, daß sie etwas Dauerndes und Stabiles ist. Funktionen und Dienstleistungen können kommen und gehen, je nach den Bedürfnissen, die sich gerade einstellen. Ein Amt hat mehr den Charakter von etwas Bleibendem, von etwas Überdauerndem, von etwas Offiziellem vielleicht auch. Wer Amt sagt, sagt auch Beauftragung, Einsetzung. Gerade die Liste in 1 Kor 12,28, die wir eben erwähnt haben, macht das deutlich. Es gibt Leute, die besitzen Heilungsgaben, gar Wunderkräfte. Ist der «Heiler», ist der «Wundertäter» damit auch schon ein in der Kirche «Beamteter»? Mit dem «Lehrer» verhält es sich anders. Das ist ein Beruf, den man ausübt. Es ist etwas Dauerndes und Offizielles. Die im

Lehr-«Amt» Tätigen sind normalerweise beauftragt, und die Beauftragung ist oft verbunden mit einer Einsetzung.

Von Anfang an mit dabei

Es ist kaum richtig zu behaupten, die «Ämter» seien erst später in der Kirche aufgekommen, nachdem die Charismen zurückgegangen seien. Mindestens zwei Fehler stecken in einer solchen Auffassung. Erstens ist es nach 1 Kor 12,28 und Röm 12,7-8 einfach nicht erlaubt, Charisma und Amt auseinanderzureißen oder gar das eine gegen das andere auszuspielen. Warum sollte der Lehrer weniger charismatisch sein als der Wundertäter? Warum sollte man dem Gemeindeleiter oder dem Sozialfürsorger, nur weil er «Beamter» ist, auch schon jegliche charismatische Begabung absprechen? Das Kriterium für die Echtheit eines Charismas ist nicht seine Ungebundenheit an ein Amt, auch nicht die außerordentlichen Wirkungen, sondern – wir sahen es – einzig und allein der Nutzen für die Gemeinde. Zweitens: Die Dreierliste von «Ämtern» – «Apostel, Propheten, Lehrer» (1 Kor 12,28) – hat Paulus wahrscheinlich der Tradition entnommen; sie ist also älter als die Liste «Wunderkräfte, Heilungsgaben, Hilfeleistungen, Leitungsaufgaben, Sprachengaben», die Paulus gerade für die Situation in Korinth zusammengestellt hat. So gehören «Ämter» von Anfang an zur Gemeinde.

Auch das wird wiederum durch simple soziologische Beobachtungen erhärtet. Keine Gemeinde, weder eine politische noch eine religiöse, ja nicht einmal ein Verein hat eine längere Überlebenschance, wenn sie ernsthaft auf «Ämter» verzichten will. Sogar eine Hochzeitsgesellschaft, die nur für ein paar Stunden gemütlich zusammen sein will, verzichtet nicht gern auf ihren «Tafelmajor», der dafür zu sorgen hat, daß die verschiedenen Talente voll und ungehindert zum Zug kommen.

Für die christliche Gemeinde kommt aber noch etwas dazu. Und wenn wir bisher den Ausdruck «Amt» vermieden oder doch nur am Rand gebraucht haben, dann deswegen, weil wir davon nicht sprechen wollten, solange es noch so viele Mißverständnisse gibt und solange wir das ganz Eigene des Amtes der christlichen Gemeinde nicht näher zu präzisieren versucht haben. Hier soll das nun nachgeholt werden.

Wenn Prediger und Theologen Leute verunsichern

Um gleich das Ergebnis vorwegzunehmen: Das Amt ist ein wesentlicher Bestandteil des Evangeliums selbst. Das Amt gehört mit zur «Sache Jesu». Ich möchte meinen Überlegungen den *2. Korintherbrief*, besonders den Text *2 Kor 5,11-21* zugrunde legen und den Leser bitten, auch selbst die Lektüre dieses Textes, wenn möglich im Zusammenhang des ganzen Abschnitts 2,14-7,4, vorzunehmen.

Alles weist darauf hin, daß in der Gemeinde von Korinth Prediger aufgetreten sind, welche die Leute verwirrt und «verunsichert» haben – ein Phänomen also, das es schon damals gab. Wie es des Paulus Art ist, faßt er diese Prediger nicht eben sanft an. Es sind Leute, die mit dem Wort Gottes «krämern» (2,17), die mit «Empfehlungsschreiben» auftreten (3,1), die sich auf ein gesteigertes Lebensbewußtsein, auf geisterfüllte Demonstrationen und auf ekstatische Erfahrungen abstützen (5,12), Leute, die sich selbst als fähig erachten, «wie aus eigener Kraft etwas zu ersinnen» (3,5). Im Mittelpunkt ihrer Verkündigung stehen sie selbst (4,5), und es kommt ihnen dabei ihre ganze «Religiosität» zu Hilfe: sie pochen auf die Vorzüge ihrer israelitischen Herkunft (11,21f), sind stolz auf ihre Traditionen und nehmen ihr Beispiel an hervorragenden Gottesmännern wie Mose, dessen Antlitz so strahlte, als er vom Sinai herabstieg, daß die Israeliten sich fürchteten, in seine Nähe zu treten (3,12-18).

Wahrscheinlich muß das Benehmen und die Einstellung dieser Prediger im Zusammenhang ihres Christusbildes gesehen werden. Sie sahen in Jesus vor allen Dingen den Übermenschen, den geistbegabten Wundertäter, den Helden. Dem Leiden und Sterben Jesu wie auch der Schwachheit seiner Verkündiger standen sie verständnislos, ja geradezu spöttisch gegenüber; und das Leiden des Paulus war für sie ein sicheres Zeichen dafür, daß mit seiner Verkündigung etwas nicht stimmte.

Paulus «suspendiert» diese Prediger nicht, setzt ihre Werke auch nicht auf den «Index». Den Christen in Korinth sagt er nicht, sie sollen diese Prediger aus der Gemeinde vertreiben. Er versucht auch nicht, sich auf dieser Ebene mit seinen Gegnern zu schlagen. Eine solche Verteidigungsrede würde er als «Rede eines Toren» bezeichnen (12,11). Sich selber will er nur seiner Schwachheiten rühmen (11,30), und er will sich auch mit nichts anderem ausweisen können als mit der «Tötung Jesu» (4,10), d. h. mit dem restlosen Dienst an der Gemeinde im Sinn der Sache Jesu.

Paulus will aber den Korinthern etwas in die Hand geben, eine Art Richtschnur, eine Art «Kurzformel», in welcher das Evangelium zusammengefaßt ist. Die Korinther sollen sie in der Auseinandersetzung mit den Predigern als wesentliches «Argument» ins Spiel bringen können. Dieses Argument lesen wir in 5,14ff:

Einer ist für alle gestorben,
also sind alle gestorben.
Weil er für sie gestorben ist,
brauchen sie nicht mehr für sich selbst zu leben,
sondern können für den leben, der für sie gestorben und zum Leben erweckt worden ist.

Wir brauchen uns hier mit diesem Argument nicht weiter zu beschäftigen. Mit einer unübertrefflichen Prägnanz faßt hier Paulus das zusammen, was wir im ganzen I. Teil so mühsam darzulegen versucht haben.

Wenn jemand in der Christusnachfolge steht, d. h. die Sache Jesu zu seiner eigenen macht, dann ist er eine neue Schöpfung. Das Alte, Düstere, Verkrustete, Frustrierende, Freudlose kann er hinter sich lassen; Neues ist geworden (5,17).

Das «Argument» des Paulus geht noch weiter. Es geht ja nicht darum, «über» etwas zu sprechen, das einmal «passiert» ist. Dann könnte man das «Argument» bzw. das Evangelium auf große Plakate schreiben und sie an gutexponierten Stellen, an öffentlichen Plätzen und in Bahnhofshallen aufhängen. Paulus fährt fort – und ich paraphrasiere wieder:

All das Neue, die neue Zukunft, das neue Leben, das uns durch Jesus Christus eröffnet ist, kommt von Gott; er hat uns mit sich durch Christus versöhnt und uns den Dienst der Versöhnung übertragen (5,18).

«Versöhnung» – das ist auch wieder so ein schwieriges Wort. Dabei ist es nur wichtig, daß wir die Vorstellungen, die wir mit diesem Wort verbinden, ein wenig zurücksetzen und uns fragen, was damit eigentlich gemeint sei.

«Versöhnung» ist kein Zauberwort

Um uns die Sache etwas zu erleichtern, wollen wir vom Gleichnis vom «Verlorenen Sohn» oder vom «Barmherzigen Vater» ausgehen (Lk 15,11-32). Der jüngere Sohn ist ja nicht zum Vater heimgekehrt, um sich mit ihm zu «versöhnen». Solange der Sohn noch auf dem Weg zum Vater ist, hat sich bei ihm noch nichts geändert. Er kehrt ja nicht deswegen zum Vater zurück, weil er eine besondere Liebe oder eine besondere Sehnsucht oder eine besondere Reue empfinden würde. Der Grund seiner «Umkehr» ist dieser, daß der junge Mann nichts mehr zu essen hat. Bezeichnenderweise denkt er in seinem Hunger zuerst nicht an die Liebe des Vaters oder an sonst etwas Erbauliches; er denkt an die Tagelöhner des Vaters, «die Brot im Überfluß haben» (V.17). Die Situation des «verlorenen» Sohnes ändert sich erst dann, wenn der Vater, von Mitleid bewegt, auf ihn zueilt, ihm um den Hals fällt, ihn küßt und alles zu einem großen Fest veranlaßt.

Derjenige, der «versöhnt», ist der Vater, und das Irritierende an der ganzen Sache ist dies, daß hier (scheinbar) nichts mehr mit rechten Dingen zugeht – wogegen der ältere Sohn denn auch wortreich protestiert (V.25-30) –, und daß der Vater zu seiner «Verteidigung» und «Rechtfertigung» nichts anderes geltend machen kann als seine Liebe.

In Jesus Christus, in seinem Tod und in seiner Auferwekkung ist der Vater auf den verlorenen Menschen zugegangen und hat ihn in die Arme genommen. Und er bittet die anderen, die «Frommen», die Selbstgerechten – er bittet sie alle: daß sie doch Verständnis haben für ihn, den Vater, und daß sie doch auch einstimmen mögen in die Freude des Verzeihens, und daß sie doch auch teilnehmen mögen am Fest der Verlorenen.

Das ist Versöhnung.

Mitbeteiligt

Ja, Gott hat in Christus die Welt mit sich versöhnt; er rechnet ihre Fehltritte nicht mehr an –

so faßt Paulus (2 Kor 5,19) zusammen.

Aber mit dieser «Versöhnung» hat Gott nicht nur ein wunderbares Zeichen gesetzt, an das sich die Nachwelt erinnern soll.

Mit der Versöhnung selbst hat Gott auch das Wort der Versöhnung gestiftet (5,19); hat Gott uns den Dienst der Versöhnung übertragen (5,18). Wir sind Botschafter an Christi Statt; denn Gott lädt durch uns zum Fest ein. An Christi Statt rufen und bitten wir: Laßt euch versöhnen mit Gott (5,20).

Soll Versöhnung nicht nur ein einmalig gesetztes «Zeichen» sein, sondern ein wirkliches, umfassendes, in die Zeit hineinragendes, greifbares Geschehen, dann gehört zur Versöhnung auch das «Wort der Versöhnung», der «Dienst der Versöhnung». Das heißt, es braucht ganz konkrete, in dieser Zeit und in dieser Welt diensttuende Menschen, die «an

Christi Statt» das Irritierende und Bittende der Vaterliebe in die Welt hineintragen, um alle Menschen zum «Fest der Verlorenen» einzuladen.

Immer noch geistert eine eigentümliche Vorstellung in den Köpfen herum: Irgendwann einmal vor 2000 Jahren ist Versöhnung «passiert», und dann ist «daneben» ein «Amt» geschaffen worden, das mit der «Verkündigung» dieser Versöhnung beauftragt wurde. Dieses Amt ist dann in ununterbrochener Reihenfolge von den Aposteln bis auf die heutigen Päpste, Bischöfe und Priester übergegangen. – Mit dieser Vorstellung kann ich mich mit dem besten Willen nicht befreunden. Wenn ich richtig sehe, kommt nach dem Verständnis der Bibel das Amt nicht äußerlich zur Versöhnung hinzu. Das wäre viel zu gering vom Amt gedacht. Das Amt ist integrierender Bestandteil der Versöhnung. Konkret: Die Predigt des Pfarrers, die Lektion des Katecheten, das Ja-Wort der Brautleute, der Zuspruch des Beichtvaters, die Wahrheit am Krankenbett, die Eucharistiefeier, die Handauflegung durch den Bischof – das alles ist nicht etwas, das «irgendwie von außen noch hinzukommt»; nein, das gehört mit zum Geschehen der Versöhnung. Und noch konkreter: Nicht nur die Predigt, die Lektion, das Ja-Wort und der Zuspruch gehören zum Geschehen der Versöhnung, sondern auch die Menschen, die bei diesem Geschehen «ihres Amtes walten»: der Prediger, der Katechet, die Eheleute, der Beichtvater, der Bischof. Denn die Person läßt sich von ihrem Tun nicht trennen; und das «Amt» wird zu einem «Ding», wenn man es losgelöst von seinem Träger betrachtet.

Insofern der Prediger, der Katechet, der Beichtvater, die Eheleute, der Bischof nicht isoliert, im luftleeren Raum und als einsame Größen «ihres Amtes walten», sondern immer auch getragen sind von der Gemeinde, aus deren Mitte sie hervorgehen und in deren Dienst sie stehen, gehört auch die Gemeinde zum Geschehen der Versöhnung.

Nun ja – stehen wir hier nicht wieder vor der «Leibhaftigkeit»? In der Tat ist die Theologie des Apostels Paulus konsistenter, als manche glauben. Sicher ist: das «Amt» nach paulinischem Verständnis – und ich denke, nach dem Verständnis des Neuen Testaments ganz allgemein – ist nicht außerhalb des Versöhnungsgeschehens, nicht außerhalb des Evangeliums, aber auch nicht außerhalb der Gemeinde zu suchen. Das Amt gehört zum Evangelium und zur Gemeinde als dem leibhaften Evangelium und erhält seine Bestimmung und seine inhaltliche Füllung von dorther – und von nirgendwo anders.

Die praktischen Konsequenzen dieser einfachen Einsicht wären recht groß, wenn man nur den Mut hätte, sich ihnen zu stellen.

6. CHARISMA ODER AMT?

Wo sind die Charismen geblieben?

So wie Paulus Charisma und Amt versteht, lassen sich beide nicht auseinanderreißen und lassen sich auch beide nicht gegeneinander ausspielen. Das Amt gehört zum Evangelium, zur «Charis», und wer ein Amt ausübt, ist «Charismatiker». Nach paulinischem Verständnis kann das Amt nicht anders als charismatisch verstanden werden.

Man kann auch von der Gemeinde her argumentieren. Sie ist der leibhafte Christus. Zu dieser Leibhaftigkeit gehören die Charismen. Es besteht kein Anlaß, ein Amt «neben» den Charismen zu postulieren. Auch das Amt der Gemeindeleitung ist notwendigerweise charismatisch, können doch Charismen nur von einem Charismatiker entdeckt, gefördert, unterschieden, koordiniert und geleitet werden.

Ist eine solche Feststellung richtig, stellt sich die Frage um so dringender, wo denn in unserer Zeit die Charismen geblieben sind. Sind sie nicht von einem «un-charismatischen Amt» verdrängt worden? Waren die Urgemeinden nicht viel «charismatischer», d. h. lebendiger, spontaner, freier als die heutigen Gemeinden, in denen alles «geregelt» ist, in denen es kaum noch einen Freiraum für «Charismen» gibt?

Der Tragweite dieser Fragen bin ich mir bewußt, und ich maße mir nicht an, eine umfassende und befriedigende Antwort zu geben.

Vom Ernstnehmen der «kleinen Dienste»

Wenn wir etwas nicht sehen, bedeutet das noch nicht, daß es nicht existiert. Die Pneumatiker und Enthusiasten in Korinth haben die Charismen der «niederen Dienste» auch nicht wahrgenommen. Paulus mußte ihnen dafür eigens die Augen auftun.

Noch einmal: wir dürfen das Charismatische nicht mit

dem Ekstatischen gleichsetzen, sonst werden wir das Charismatische nie in den Blick bekommen. Mag sein, daß die urchristlichen Gemeinden «ekstatischer», «spontaner» und «freier» waren. Wir müssen die Zeugnisse der Bibel aber auch richtig zu verstehen und zu gewichten suchen. Vom Ekstatischen, Spontanen und Freien läßt sich viel leichter reden und schreiben als vom einfachen charismatischen Dienst, denn dieser springt nicht so schnell in die Augen. Es ist, wie wenn wir eine Zeitung öffnen. Hier finden wir selten «Gewöhnliches», sondern meistens Dinge, die so oder anders «herausragen». So ist es auch nicht richtig, wenn wir alle Christen und in der Kirche «Diensttuenden» an den heutigen «Charismatikern» messen und relativieren: an einer Mutter Teresa, an einem Dom Helder Camara... Übrigens: vergessen wir nicht, daß es viele Charismatiker auch in diesem «außergewöhnlichen» Sinn gibt, wenn auch nicht alle einen derart internationalen Namen haben. Paulus würde – in aller Anerkennung so herausragender Gestalten – vorschlagen, auch die «kleinen Dienste» ernstzunehmen und als Gnadengaben Gottes dankbar anzunehmen.

Initialzündung und Kleinarbeit

Obwohl wir dieses Thema erst im III. Teil des Buches deutlicher anschlagen werden, sei schon hier auf den Faktor «Zeit» hingewiesen. Werfen Sie einen Blick auf den VEEW bei seinem 25- oder 50jährigen Bestehen. Wie ist doch vieles vom anfänglichen Enthusiasmus abgeklungen! Gewiß ist für die Erstellung von Wanderwegen Enthusiasmus und Begeisterung nötig, besonders wenn es gilt, die «Initialzündung» zu geben. Die Wege selber werden aber dann doch von «einfachen Arbeitern im Schweiß ihres Angesichts» erstellt, von denen ja kaum jemand spricht und von denen man nicht weiß, wie viel «Begeisterung» hinter ihrem täglichen Schuften steckt.

Diesen einfachen soziologischen Beobachtungen sollten wir auch die Kirche unterziehen, und wir würden für manches mehr Verständnis und Geduld aufbringen. Es ist eine soziologische Gegebenheit, die sehr ernst genommen werden muß, daß nach der «Initialzündung» eine Zeit der Konsolidierung folgen muß. Jeder Vereinsgründer macht diese Erfahrung; auch die Gründer des Kantons Jura erleben das; alle großen Revolutionen und Reformationen sahen und sehen sich mit dieser Gesetzmäßigkeit konfrontiert.

Die Kirche bildet hier keine Ausnahme. Die Probleme, die bald nach der Zeit des ersten Anfangs auf sie zukamen, erforderten von ihr weniger «Begeisterung» und «Ekstase» als mühsame Kleinarbeit. So ist es auch nicht richtig, wenn man von einem «Erlahmen» des Eifers oder gar des Geistes spricht. In der mühsamen Kleinarbeit kann oft mehr Eifer und mehr Geist stecken als in einer staunenerregenden Initiative.

Wenn man beginnt, um sich selbst zu kreisen

Neben diesen – fast könnte man sagen: sehr wohlwollenden – Erklärungen, gibt es auch andere. Sie sind zwar nicht weniger wohlwollend, berühren aber stärker den «Nerv» der Sache.

Es kann vorkommen, daß man «konsolidieren» verwechselt mit «sich – einrichten». Wer sich einrichtet, verliert den Sinn und das Gespür für das, was um ihn herum vorgeht. Wichtig wird dann die Einrichtung, und man vergißt darob das Wesentliche. Die Initianten eines Vereins werden von «Vereinsmeiern» abgelöst. Für diese sind nicht mehr die Wanderwege wichtig, sondern die Statuten, die Mitgliederbeiträge, die Wahlen und der Vereinsausflug.

Auch die Kirche hat sich mancherorts bald einmal «eingerichtet». Dies ganz besonders in jenen Gegenden, in denen sie sich im Schutz und unter Mithilfe des Staates «auszubreiten» begann. Christ wurde man nicht mehr aus Freude an der Sache, nicht mehr aus freier Entscheidung. Ganze Völker sind im Lauf der Jahrhunderte «zwangschristianisiert» worden. Das Christentum wurde zu einem politischen Machtfaktor, es wurde modern und gehörte bald zum «guten Ton». Schließlich wurde man als Christ geboren. Von Bedeutung wurde so nicht mehr der missionarische Eifer, sondern das «erhaltende Moment», das die Leute, die in die Kirche hineingeboren wurden, auch bei der Stange halten sollte. Kirchenleitung und Staatsführung waren daran interessiert, daß die Sache sich «ordentlich» abspielt. Zu den tonangebenden Leuten in der Kirche wurden alsbald die Juristen, die für «Ordnung» zu sorgen hatten. Die Kirche konnte sich während Jahrhunderten rühmen, das bestdurchdachte und bestfunktionierende «Gesetzbuch» zu haben. Bis in unsere Tage gehört darum «Kirchenrecht» mit zur Ausbildung eines jeden Jurastudenten an unseren Universitäten. Demgegenüber wurde der «Missionar» zur Randfigur – in jeder Beziehung. Im Kirchengesetzbuch nehmen denn auch Fragen der Prozeß- und Strafordnung einen viel größeren Raum ein als beispielsweise Fragen der Evangelisierung, welche nur ganz beiläufig auftauchen. Allein schon die Tatsache, daß Christen so mannigfache Strafen angedroht werden mußten, zeigt deutlich, daß irgend etwas nicht so lief, wie es sollte.

Es ist klar: solange eine Kirche so sehr mit sich selbst beschäftigt ist, mit Fragen der Ordnung, des Rechts, der Organisation usw., können keine Charismen aufkommen, weil die «Sache Jesu» auch gar nicht im Vordergrund steht. Eine solche Kirche braucht auch keine Charismen, weil sie Evangelisation mit Organisation verwechselt und so meint, die Dinge selbst in die Hand nehmen zu müssen. Die «charismatische Erneuerung» in unserer Zeit darf sich zu Recht auf Papst Johannes XXIII. und das 2. Vatikanische Konzil berufen. Das «aggiornamento», von dem dort gesprochen wurde, besagt nicht – wie man gern unterschiebt – eine größere Laxheit in moraltheologischen Fragen, sondern eine «Öffnung» zur «Sache» und zur Welt hin. Mit anderen Worten: Sobald sich die Kirche ihrem eigentlichen Auftrag zuwendet, der «Sache Jesu», werden sich die Charismen «von selbst« einstellen.

Wenn aus der «Gemeinde Gottes» «Pfarrkinder» werden

Ein weiterer Grund für das «Fehlen der Charismen» in der späteren Kirchengeschichte liegt im Auseinanderreißen von «Priester» und «Volk». Auch das ist wiederum verständlich. Wir sprachen vorhin von der rapiden Ausbreitung des Christentums. Es besteht kein Zweifel: wo Christentum zum «guten Ton» wird, achtet man weniger auf Qualität als auf Quantität. Die «Gemeindebildung» – und ohne Gemeinde kein Christentum – konnte mit den massenhaften «Bekehrungen» und «Taufen» nicht Schritt halten. Die Folge dieser Erscheinung war nicht etwa ein bedächtigeres Vorgehen, ein besseres Zusammengehen von Gemeinde und Bekehrung, von Gemeinde und Taufe. Man suchte einen anderen Weg. Man schickte den «Kandidaten» und «Bekehrten» «Priester» bzw. «Bischöfe», die mit allen erdenklichen «Vollmachten» ausgestattet waren, um die «Gläubigen» zu «versorgen». Gemeindebildung war nicht mehr nötig, denn der Priester – zusammen mit dem Bischof – «hatte» ja durch seine Weihe alles, was es für die Gläubigen brauchte. Wohl verwendete man noch das Wort «Volk», aber es erhielt den etwas anrüchigen Beigeschmack von «Masse». Die Gläubigen hatten weder das Recht noch die Möglichkeit, «Volk» zu werden. Aus dem «Volk Gottes» wurde das «Kirchenvolk», aus der «Gemeinde Jesu» wurden «Pfarrkinder», die von ihren «Seelenhirten» «betreut» wurden.

Die «Seelenhirten» wiederum genossen ihre Ausbildung und Vorbereitung in «Seminarien», in denen sie losgelöst und abgesondert vom «Kirchenvolk» dem «Studium und dem Gebet oblagen». Es bildete sich richtiggehend eine Klasse heran. Noch im letzten Entwurf zum neuen Kirchenrecht werden die Christen in «Kleriker» und «Laien» aufgeteilt, wobei die größte Aufmerksamkeit naturgemäß dem Klerus gilt.

So stehen wir denn heute vor einem für das Neue Testament und für die ersten Jahrhunderte der Kirchengeschichte höchst befremdenden aber für den Geschichtler nicht sehr überraschenden Phänomen: daß es Gemeinden ohne Priester gibt. Man stelle sich so etwas vor: eine Gemeinde ohne Verantwortliche, ohne Beauftragte, ohne Amt, ohne Charisma! Für neutestamentliches Denken ist das ein hölzernes Eisen.

Wenn eine Gemeinde wirklich Gemeinde ist, hat sie auch ihre Führungsgremien. Das ist eine Feststellung, die überall zu überprüfen ist: jede politische Gemeinde, jeder Verein, jede Genossenschaft, jede kirchliche Gemeinde in den ersten Jahrhunderten der Kirchengeschichte hat ihre leitenden Gremien. Sind solche leitenden Gremien nicht da, gibt es auch keine Gemeinde, gibt es keinen Verein usw. Sind keine führenden Gremien da, ist das ein Zeichen dafür, daß die Leute, die zur Gemeinde oder zum Verein gehören, an der «Sache» selbst nicht (mehr) interessiert sind.

Der heilige Hieronymus (345-420) sagte es so: «Eine Kirche (oder Gemeinde), die keine Priester (oder Gemeindeleiter) hat, ist keine Kirche.» Hieronymus steht dabei in bester neutestamentlicher Tradition.

Die logische Schlußfolgerung aus dem Gesagten ist einfach zu ziehen: wo es keine Kirche, keine Gemeinde gibt, da gibt es keine Charismen, und mögen die «Versorger» mit noch so vielen Vollmachten ausgestattet sein. Sobald die Gemeinde wieder ernst genommen wird, so ernst, wie Paulus die Gemeinde in Korinth nahm, werden sich die «Berufe» und Charismen «von selbst» einstellen.

Wenn man versucht, Gott und die Menschen in Griff zu bekommen

Wer also nach den Gründen fragt, warum es in den heutigen Gemeinden nicht so «charismatisch» zugehe wie z. B. in Korinth, wird bei allem Verständnis für soziologische

Gesetzmäßigkeiten und Entwicklungen nicht darum herum kommen, auch «menschliches Versagen» mit als Grund anzugeben. Man soll nicht sogleich von «antirömischem» oder «antikirchlichem Affekt» sprechen, wenn man dieses menschliche Versagen aufdeckt und beim Namen nennt. So wie wir uns Gott gegenüber mit allen Mitteln versuchen abzusichern, so tun wir das auch dem Geist in der Kirche oder der «Gemeinde Gottes» gegenüber. Ist das so erstaunlich? Man könnte doch die ganze Menschheitsgeschichte, die ganze Geschichte Gottes mit dem Menschen darstellen als ein einziges großes Gerangel zwischen Gott und dem Menschen. Die Bibel, das Alte wie das Neue Testament, läßt sich sehr gut unter diesem Gesichtspunkt lesen. Auf der einen Seite der Mensch. Nach allen Regeln der Kunst versucht er, Gott in Griff zu bekommen. Die Geschichte vom Sündenfall spricht davon, die Erzählungen vom Turmbau zu Babel, vom Goldenen Kalb, vom Verlangen nach einem König, vom Bau des Tempels, die Erzählung von der Versuchung Jesu usw. Auf der anderen Seite Gott. Ebenfalls nach allen Regeln der Kunst versucht er, dem Menschen seine Schnitzbilder aus der Hand zu nehmen; weil es ja nur Schnitzbilder sind, in die der Mensch sich selbst projiziert und die darum dem Menschen nicht helfen können – bis Gott dem Menschen «schließlich» jenes Bild gibt, das einzig ihm entspricht, das einzige, vollkommene Bild Gottes: der gekreuzigte Christus.

Wir sollen nicht meinen, dieses Gerangel sei bei der Auferstehung Jesu Christi zu Ende gegangen. Wir sollen auch nicht meinen, es handle sich dabei nur um eine «religiöse» Frage, d. h. nur um eine Pervertierung Gottes seitens des Menschen. Nach ebensolchen Regeln der Kunst haben

Menschen immer wieder versucht, einander in Griff zu bekommen, ein Unterfangen, das auch vor der Kirchentür nicht Halt macht.

Es ist auch leicht einzusehen, daß beides miteinandergeht. Wer Menschen in Griff nehmen will, wird auch nicht davor zurückschrecken, Gott in Griff zu bekommen. Wer den Menschen in ein Bild pressen muß, damit er ihm «paßt», wird sich auch nicht scheuen, Gott so lange in ein Bild zu zwängen, bis dieser «nach des Menschen Bild und Gleichnis» zu handeln beginnt.

Und umgekehrt: Wer Gott manipuliert, dem wird auch die Manipulation des Menschen nicht schwer fallen. Das eine Gebot der Gottes- und der Nächstenliebe zeigt übrigens, daß das nur zwei Seiten der einen und selben Wirklichkeit sind.

Und wieder wäre hier der Ort, auf die «Sache Jesu» zurückzugreifen. Er hat sich weder vor Gott noch vor den Menschen abzuschirmen brauchen...

Insofern die Kirche immer wieder auf das Angebot Jesu eingeht «umzukehren», «der Guten Nachricht zu glauben» und den «Mann mit der gelähmten Hand» in die Mitte zu stellen, wird sie frei – und die Charismen werden sich «von selbst» einstellen.

Summa summarum

Es bleibt dabei: Ämter gibt es in der Kirche seit ihrem Bestehen. Sie sind weder vom Evangelium noch von der Gemeinde wegzudenken. Von allem Anfang an hat aber die Kirche die Ämter charismatisch verstanden, als freie

Geschenke Gottes. Charismen gehen dann der Kirche verloren, wenn sie sie in eigene Regie nehmen will, d. h. wenn sie «Ämter» haben will, die «über» der Sache und über der Gemeinde stehen wollen. Solange die «Sache Jesu» und damit auch die Gemeinde mit ihrem Auftrag an die Welt ernstgenommen werden, das heißt den Vorrang haben, wird es an Charismen nie fehlen.

III. WENN DIE ZEIT SICH HINZIEHT...

1. EINE ZEIT DES ÜBERGANGS

25 Jahre VEEW

Ganz wesentlich zur Kirche gehört, daß sie Zeit hat, daß sie dauert und daß sie dementsprechend auch Veränderungen unterworfen ist. Es wäre ungerecht, wollten wir das Maß für die heutige Gemeinde an der korinthischen Gemeinde z. Z. des Paulus nehmen. Die neutestamentlichen Schriften berichten uns nicht nur von Gemeinden der «ersten Stunde», sondern auch über Vorgänge im Werden und Wachsen dieser Gemeinden während der ersten 70-80 Jahre. Das ist für uns sehr hilfreich, können wir doch gerade dann, wenn Veränderungen eintreten, auf das aufmerksam werden, was bleibend und unaufgebbar ist.

Die Zeit kann ein bestimmtes soziologisches Gebilde derart beeinflussen, daß es sich fast völlig verändert. Nur ein Naiver wird sich von solchen Veränderungen zu sehr überraschen oder gar aus dem Gleichgewicht bringen lassen.

Nehmen wir als einfaches Beispiel den VEEW, dessen Mitbegründer Sie waren. Vergleichen Sie die Anfänge dieses Vereins mit seinem Zustand z. Z. des Jubiläums seines 25jährigen Bestehens (falls Sie das noch erleben können). Die Unterschiede sind groß. War zu Beginn das Meiste dem persönlichen Eifer und Interesse, der Begeisterung und dem Einfallsreichtum der Initianten überlassen, hat sich im Lauf der Zeit – sicher nicht ohne Schwierigkeiten – vieles so gut eingespielt, daß es jetzt, 25 Jahre danach, zur Routine geworden ist. Da sich mittlerweile das Schweizervolk für einen Verfassungsartikel über Fuß- und Wanderwege ausgesprochen hat, hat Ihr Verein auch ein größeres öffentliches Gewicht errungen. All die vielen VEEW's in den verschiedenen Ortschaften sind zu einem Verband zusammengeschlossen worden. An ihrer Spitze steht der Abteilungsleiter für Fuß- und Wanderwege des Departements des Innern. Ehrenpräsident ist der Departementsvorsteher selbst. Mitglied des Verbandes wird man dadurch, daß man die Verbandszeitschrift «Wandern auf neuen Wegen» abonniert und auch regelmäßig bezahlt. Ihr Verein ist eine Sektion des Verbandes geworden. Sie untersteht dem für «öffentliche Arbeiten» zuständigen Gemeinderat. Die anfallende Verwaltungsarbeit der Sektion – Einladungen zu Vorträgen, Kassa usw. – wird gegen ein entsprechendes Entgelt an die Gemeindekasse von der 2. Gemeindesekretärin geleistet. Die Mitgliederbeiträge werden von der Zentrale des Verbandes eingezogen und verwaltet. Jede Sektion erhält entsprechend ihrer Mitgliederzahl von der Zentrale jährlich eine bestimmte Summe zur Deckung ihrer laufenden Ausgaben.

Bilanz: Nicht schlecht

In den letzten 25 Jahren sind denn auch mit Hilfe der Mitgliederbeiträge aber mehr noch mit Hilfe von Staats- und Bundesmitteln eine Reihe von Wanderwegen verbessert und neu erstellt worden. Diesen Auftrag haben Bund und Kantone vom Schweizervolk erhalten, ein Auftrag, der vielleicht nicht zustande gekommen wäre, wenn sich die damaligen

Mitglieder des VEEW nicht mutig im Abstimmungskampf engagiert hätten.

So steht es also heute um den Verein, zu dessen Gründung Sie vor 25 Jahren wesentlich beigetragen haben. Gewiß hat sich vieles verändert; der erste Eifer der Pionierzeit ist vorüber, die turbulenten Sitzungen über Festlegung und Projektierung neuer Wanderwege sind vorbei, Gespräche mit den Versicherungsgesellschaften sind nicht mehr nötig, und Diskussionen über die Mitgliederbeiträge haben sich erübrigt, seitdem die zentrale Verbandsverwaltung die finanziellen Belange regelt. Vielleicht vermissen Sie den regen Vereinsbetrieb, wie er früher war. Aber im großen und ganzen können Sie doch zufrieden sein: Fuß- und Wanderwege wurden verbessert und neu gebaut – und das war und ist ja doch der Sinn der Sache.

Insofern die christliche Gemeinde ein gesellschaftliches Phänomen war, war sie auch gesellschaftlichen Gesetzmäßigkeiten unterworfen wie andere Gruppierungen ähnlicher Art. Die einzelnen Stadien der Entwicklung können wir aus dem Neuen Testament leider nicht in schöner Reihenfolge rekonstruieren. Folgende Punkte sollten wir aber vor Augen halten, wenn wir über die «Übergangszeit» der frühen Kirche nachdenken.

Ein «Ende» ist nicht abzusehen

Viele Worte aus dem Neuen Testament sind nur zu verstehen, wenn man bedenkt, daß die Sprecher oder Verfasser dieser Worte das nahe Ende erwarteten. Das gilt sowohl für Jesus als auch für Paulus.

Für *Jesus* – wir sahen es – war «die Zeit erfüllt» und «die Herrschaft Gottes nahe herangekommen» (Mk 1,15). Seine Zeichen und Wunder, sein Reden und Handeln darf man als «Anfang des Endes» deuten. – Die Weisungen, die er seinen Jüngern auf den Weg gab, sprechen nicht von Kirchengründungen oder sonstigen stabilen Einrichtungen auf längere Zeit hin. Viel besser verstehen sich seine Worte auf dem Hintergrund einer Sammelbewegung unmittelbar vor dem Ende (vgl. Mk 6,7-13; Lk 10,2-12; Mt 10,5-16). – Bezeichnend ist auch seine Verheißung beim Letzten Mahl:

Ich sage euch: Ich werde von jetzt an keinen Wein mehr trinken, bis zu dem Tag, an dem ich von neuem davon trinken werde im Reich Gottes (Mk 14,25).

Auch hier hat man nicht den Eindruck, als ob Jesus mit Hunderten oder gar Tausenden von Jahren gerechnet hätte, bis das Reich Gottes kommt, d. h. bis Gott sein Werk vollendet hat.

Für *Paulus* ist «die Nacht vorgerückt», und «der Tag hat sich genaht» (Röm 13,12). Den Römern schrieb er, unser Heil sei «viel näher als damals, als wir gläubig wurden» (Röm 11,11). – Den Rat, den er den Korinthern gab, daß der Verheiratete sich von seiner Frau nicht lösen und daß der Unverheiratete keine Frau suchen solle (1 Kor 7,25ff), begründete er mit dem Hinweis, daß «die Zeit kurz» (V 29) und «die Gestalt dieser Welt am Vergehen» sei (V 31).

Das ist bestimmt ein Grund, warum wir auch beim frühen Paulus keine Anhaltspunkte finden, die uns sagen würden, wie «Kirche» als Institution auszusehen hat. Wenn die Zeit kurz und die Gestalt dieser Welt am Vergehen ist, schafft man keine «Institutionen», die Jahrzehnte und Jahrhunderte überdauern sollen; man gebraucht und deutet viel eher das, was sich gerade anbietet: Leute, die sich abmühen, Ämter, wie sie auch sonst in Gebrauch sind, Einrichtungen, die zu gesellschaftlichen Gefügen gehören. Wichtig ist nur, daß möglichst viele Menschen von der neuen Zukunft erfaßt werden.

Die Tatsache, daß das Ende nun doch nicht in greifbarer Sichtweit war, hat die Christen der damaligen Zeit wohl verwirrt. Leute haben resigniert, weil sie – wie es heißt – alt geworden sind, ohne daß ihnen «etwas von alledem» widerfahren wäre (1 Clem 23,2f). Spötter sind aufgetreten, die hämisch grinsend nach der versprochenen «Ankunft» fragten (2 Petr 3,3-15). – Aber aus dem Gleis geworfen hat diese Erfahrung die junge Kirche nicht. Offensichtlich hat sie bald erkannt, daß Jesus nicht eine Eintagsfliege ist und daß seine Sache nicht nur von der Hand in den Mund leben läßt. Das Anliegen Jesu sprengt den engen Ort und die kurze Zeit und läßt auch dort leben, wo die Zeit sich hinzieht, wo eine andere Sprache gesprochen wird und wo andere politische und soziale Voraussetzungen gegeben sind.

Diese Erfahrung und Einsicht verlangte von der jungen Kirche, daß sie dem Faktor «Zeit» stärker Rechnung trägt. Sie mußte erkennen, daß sie nicht mehr nur «auf Abruf», sondern «auf Dauer» einen Auftrag hat. Zelte mußten durch Häuser ersetzt werden – um es bildlich zu sagen – Provisorisches durch Dauerhaftes, Vorübergehendes durch Bleibendes.

Von allem Anfang an waren die christlichen Gemeinden nicht nur auf sich allein angewiesen. Sie wurden mehr oder weniger regelmäßig von Wanderpredigern «heimgesucht», die um einen gewissen Ausgleich, aber auch um die Einheit des ganzen Unternehmens besorgt waren. Selbst ein Paulus, ein durch und durch unabhängiger Geist, band die einzelnen Gemeinden immer wieder an das Ganze. Das zeigt sich einerseits darin, daß er da und dort Bezug nimmt auf Glaubensgut, das in den Gemeinden lebendig war (vgl. z. B. 1 Kor 15,3-5; 11,23-25; Phil 2,6-11 u. a.), andererseits darin, daß er die Gemeinden zu einer gewissen Sensibilität für das Weltweite des christlichen Glaubens und zu einer gewissen Solidarität mit anderen Gemeinden, besonders mit der Gemeinde in Jerusalem, zu gewinnen versuchte. Die Verantwortung einer Gemeinde ging von allem Anfang an weit über die eigenen Gemeindegrenzen hinaus.

Ein gutes Beispiel dafür ist der Sprachgebrauch des Paulus selbst. Den Ausdruck «Gemeinde» bzw. «Gemeinde Gottes» verwendet er nicht nur für die einzelnen Ortsgemeinden (1 Kor 1,2) und für die gottesdienstliche Versammlung (1 Kor 11,18), sondern auch für das neutestamentliche Gottesvolk in seiner Gesamtheit (1 Kor 10,32).

Der Gedanke der Universalität und der Solidarität, der von allem Anfang an da war – also wohl zur «Sache» gehört –, ist im Lauf der Zeit noch verstärkt worden. Selbstverständlich ging das nicht ohne Schwierigkeiten vor sich. Vermutlich gab es da und dort Gemeinden, die sich selbst genügen wollten und über ein gewisses «Vereinsstadium» nicht hinausgekommen sind. Früher oder später sind sie dann von der Bildfläche verschwunden.

Ein so weltweites Unternehmen verlangt nicht nur weltweites, d. h. «katholisches» Denken, sondern auch eine konkrete Anpassungsfähigkeit, ein gegenseitiges Sichabstimmen unter den Gemeinden. Das war schon bei Paulus der Fall. Als die Korinther unter sich uneins waren, ob es für eine Frau schicklich sei, (in der Gemeindeversammlung) unverschleiert zu beten, entschied Paulus nach längerem Argumentieren, mit dem Hinweis: «Wir haben einen solchen Brauch nicht, die Gemeinden Gottes auch nicht» (1 Kor 11,16). Dieses Wort ist nach ihm wahrscheinlich noch oft gebraucht worden. Es ist kaum zu umgehen, daß es für die Koordination einer so weltweiten Bewegung besondere Gremien, Instanzen, Organe oder Ämter braucht. Lukas berichtet uns in der Apostelgeschichte von einer Art «Apostelkonzil», das zum Ziel hatte, daß die einzelnen Gemeinden in bestimmten Fragen eine gemeinsame Politik verfolgen (Apg 15).

Das Problem mit den Häresien

Es mag gewiß gut und recht gewesen sein, daß die einzelnen Gemeinden in ihrem Werden ganz pragmatisch vorgegangen sind. Plötzlich aber stellte sich die Frage: «Was tun wir eigentlich? Was ist eigentlich unsere Aufgabe? Was ist das Ziel unseres gemeinsamen Tuns?» Solche Fragen, die ganz konkret gestellt und auch ganz konkret beantwortet werden mußten, waren nötig, damit sich das ganze Unternehmen nicht verliert. Ein Verein, der kopflos wird und dessen

Mitglieder das tun, was ihnen gerade in den Sinn kommt oder was andere auch schon tun, hat keine Überlebenschance. Er wird überflüssig.

Ähnlich war es auch mit der Kirche. Besonders weil die «Konkurrenz» so groß war, war es wichtig, daß sie sich immer wieder neu definierte. Wer sich nicht immer wieder definiert und identifiziert, wird letztlich kein Gesicht mehr haben. Eine Kirche, die sich nur anpaßt, wird versanden.

Man definiert sich dadurch, daß man sich gegenüber den andern abgrenzt. Das kann auf ganz verschiedene Weise geschehen. Am vernünftigsten wird es sein, daß man sich der gemeinsamen Sache bewußt wird und daß man sie auch ins Wort bringt. Formulierte «Glaubensbekenntnisse» sind nicht nur «Äußerlichkeiten», sie sind nicht nur «Notstandsmaßnahmen» und erst recht nicht nur «Schikanen» gegenüber unliebsamen Abweichlern, sondern für ein soziologisches Gebilde, das sich für eine bestimmte Sache einsetzen will, lebensnotwendig.

Das hat schon ein Paulus eingesehen. Wir finden in seinen Schriften – wie erwähnt – einige Bruchstücke von Glaubensbekenntnissen, Lobsprüchen und Liedern, in denen der Glaube der christlichen Gemeinden nicht nur «festgehalten» ist, sondern mit denen christliche Gemeinden ihren Glauben, ihre Sache, ja sich selbst ins Wort bringen, sich selbst besinnen und sich selbst mitteilen konnten.

Je mehr die Kirche in die Welt hineinwuchs, desto mehr sah sie sich mit neuen «Sachen», mit neuen Bekenntnissen, mit neuen Lebensweisen konfrontiert. Sie sah sich plötzlich vor Probleme gestellt, von denen weder Jesus noch die Apostel wußten. Konnte die Kirche einfach alles übernehmen? Sie hätte sich selbst aufgegeben. Konnte sie einfach alles ablehnen? Sie wäre zu einer folkloristischen Sekte erstarrt und hätte aufgehört, «katholisch» zu sein. Gegenüber dem vielen Neuen, das auf sie zukam, mußte sie sich immer nuancierter abgrenzen; die «Bekenntnisse» mußten immer deutlicher und unmißverständlicher formuliert werden. Andererseits mußte sie einfallsreich und erfinderisch genug sein, die auf sie kommenden Probleme nicht links liegenzulassen, sondern an deren Lösung mitzuarbeiten.

Von dieser Spannung zwischen dem Bewahren-wollen und dem Aufbruch ins Neue sind die neutestamentlichen Schriften voll, und ich werde mich kaum irren, wenn ich behaupte, daß die Kirche durch die ganze Geschichte hindurch bis auf den heutigen Tag in dieser Spannung und aus dieser Spannung heraus lebt. In den ersten Jahrzehnten, in denen sich das Christentum so rasch ausbreitete, war es für die Kirche eine vordringliche Aufgabe, daß sie sich auf das besann, was sie bewahren mußte; und der Schatz, den man bewahren will, ist in einem sicheren Haus am besten aufgehoben. So betrachtete die Kirche es als nötig, sich festere Strukturen zu geben.

Das «Apostolische»

Wenn immer man sich über etwas im unklaren ist, besinnt man sich auf den «Anfang». Im Anfang ist meistens das Ziel oder das Ende mitenthalten. In der zweiten und dritten Generation der Kirche kam deswegen stärker wieder der Anfang zum Tragen. Der Anfang des ganzen Unternehmens waren Jesus und die Apostel. Wie es z. Z. des Paulus und des Petrus noch nicht nötig war – hier galt es ja zuerst,

Neuland zu betreten – wurden jetzt eifrig die Worte Jesu und seiner Apostel gesammelt. Es ist, als ob die Christen die Erfahrung gemacht hätten: wenn wir den Anfang, Jesus und den Glauben der Apostel nicht unter den Füßen haben, dann hängen wir in der Luft. Dabei ging es den Sammlern nicht um Wörtlichkeit und um das billige Kopieren der Apostel und ihrer Zeit. Sie sammelten Jesusworte und Apostelworte entsprechend den Bedürfnissen der eigenen Zeit. Indem sie sich fragten, wie die Apostel wohl die Worte Jesu verstanden haben könnten, versuchten sie, diese Worte auch selbst zu verstehen. In allen Evangelien sind also die Apostel nicht nur die historischen Jünger zur Zeit Jesu; die Apostel in den Evangelien reden und denken vielfach so, wie die folgenden Gemeinden redeten und dachten. Die Apostel in den Evangelien sind auch so eine Art «Korporativpersönlichkeit», in die sich die spätere Gemeinde einbringen und durch die sie sich verstehen konnte. Mancherorts sind die Apostel schon sehr bald zu «Heiligen» geworden, von denen viel an Ungutem, an Versagen und Unverstehen wegretouchiert wurde. Wir sollten hier nicht voreilig von Fälschung sprechen. Es ist ein Phänomen, das bei fast allen Heiligen anzutreffen ist. Heiligsprechungsprozesse werden vielfach sehr lange nach dem Tod der Heiligen durchgeführt, nachdem diese gewissermaßen durch die läuternde Kraft der Verehrung hindurchgegangen sind. Die meisten von ihnen sind als Heilige verehrt worden, bevor sie heiliggesprochen wurden.

Wie wir gesehen haben, hat es das Amt in der Kirche von Anfang an gegeben. Es gehört zum Evangelium; denn das Evangelium kann bei mir nicht an-kommen, wenn es mir nicht jemand verkündet. Je komplizierter die Welt wird, in der die Kirche steht, desto vielfältiger und ausgeprägter werden auch die verschiedenen Ämter, Funktionen, Charismen und Dienstleistungen. Es gab eine ganze Reihe von Aufgaben, welche die Kirche dadurch, daß sie in die Zeit und in die Welt hinausging, neu übernehmen mußte. Die Funktion, die ein Paulus z. B. in Korinth ausgeübt hatte, mußte nun von jemand anders wahrgenommen werden. Da ein Paulus nicht so einfach zu ersetzen ist, mußte seine Arbeit innerhalb der Gemeinde wahrscheinlich unter mehreren Leuten aufgeteilt werden. Es braucht nun Leute, die dafür sorgen, daß die Gemeinde ihre Probleme, die sie früher Paulus vorlegen konnte, selbst löst. Es braucht Leute, die der Gemeinde entsprechende Entscheidungshilfen zur Verfügung stellen. Die Lehrer werden ihr Studium vertiefen müssen; die Gemeindevorsteher müssen umsichtiger und selbständiger und die Propheten mutiger werden. Es braucht Leute, die den Kontakt mit den andern Gemeinden herstellen und aufrechterhalten. Ganz besonders darf Jerusalem nicht aus den Augen verloren werden, lag diese Gemeinde doch dem Paulus nicht nur als «Muttergemeinde» am Herzen, sondern auch deswegen, weil es dort viele Arme und Hungernde gab.

Dies und manches andere gilt es vor Augen zu halten, um zu verstehen, daß die stärkere Heranbildung und Herausbildung von Dienstämtern in der frühen Kirche nicht nur eine

Frage des Geschmacks oder das Steckenpferd ehrgeiziger Vereinsmeier war, sondern eine Frage des Überlebens.

Aber lassen wir nun diese mehr allgemeinen Überlegungen, und kommen wir zu einigen Streiflichtern, die zeigen sollen, wie – nach dem Zeugnis des Neuen Testaments – die Situation in den Jahren 60–100 ausgesehen haben mag. Es geht dabei nur um einige «Momentaufnahmen».

2. EPHESUS – EINE KIRCHE VON WELT

Das Fundament, ein Bauleiter und einige Handlanger

Wie sehr sich die Situation verändert hat, dürfte gut aus einem Bild hervorgehen, das Paulus und seine Schüler von der Gemeinde entwerfen. Es ist das Bild vom Bau.

Erinnern wir uns: in Korinth sind Parteiungen aufgekommen, und jede der Parteien gab sich den Namen eines berühmtem Predigers oder Missionars. Sicher gab es die «Paulus-Partei», die «Apollos-Partei» und die «Kephas-Partei». Für Paulus ist das alles barer Unsinn. Denn die Korinther sind weder auf den Namen eines dieser Prediger getauft worden noch ist einer dieser Männer für sie gestorben (1 Kor 1,11-16). Was sind diese Leute? Sie sind Handlanger Gottes, durch welche die Korinther gläubig geworden sind. Diese Handlanger haben sich gar nichts Besonderes auf ihre Arbeit einzubilden, denn jeder arbeitet, wie ihm der Herr verliehen hat. Es ist wie in einem Garten: der eine pflanzt, der andere begießt, der dritte jätet, der vierte bindet die Zweige auf – Arbeiten, die gewiß nötig sind, Arbeiten, die notwendigerweise auch verschieden sind. Aber man soll den, der pflanzt oder den, der begießt, nicht gleich als Erfinder oder Erschaffer der Pflanze ansehen. Das Wachstum gibt der Herr.

Wer ist schon Apollos? Oder wer ist Paulus? Sie sind Gottes Helfer, durch die ihr zum Glauben gekommen seid. Jedem hat Gott seine besondere Aufgabe gegeben. Ich habe gepflanzt, Apollos hat begossen; aber Gott hat es wachsen lassen. Es zählt also nicht, wer pflanzt oder wer begießt; es kommt alles auf Gott an, der es wachsen läßt... (1 Kor 3,5-7)

Dieser Gedanke soll noch mit einem zweiten Bild vertieft werden.

Ihr seid Gottes Bauwerk. Nach dem Auftrag, den ich durch Gottes unverdiente Gnade erhalten habe, habe ich wie ein umsichtiger Bauleiter das Fundament gelegt. Andere bauen nun darauf weiter. Aber jeder soll sehen, wie er weiterbaut! Das Fundament ist gelegt: Jesus Christus. Niemand kann ein anderes legen... (3,9b-11)

Es ist also wie bei einem Bau: der eine legte das Fundament, und der andere oder mehrere andere bauen darauf auf. Man soll aber denjenigen, der das Fundament legt, nicht mit dem Fundament verwechseln und diejenigen, die darauf aufbauen, nicht mit dem Haus.

Paulus nimmt für sich in Anspruch, das Fundament gelegt zu haben. Das Fundament ist Jesus Christus. Ein anderes Fundament gibt es nicht. Man kann darauf mit verschiedenen Materialien weiterbauen: mit Holz oder Stroh oder Heu, mit Steinen oder Silber oder Gold – da mag dann jeder zusehen (3,12-13). Aber am Fundament wird sich nichts ändern: Es ist Jesus Christus, den Paulus durch seine Predigt den Korinthern ins Herz gelegt hat.

Möchten wir das Bild, das Paulus entwirft, zeichnen, kämen wir nicht weit. Wir müßten ein Fundament zeichnen – und das ist Jesus Christus. Neben diesem Fundament steht

Paulus, der als umsichtiger Bauleiter das Fundament gelegt hat. Und dann sind da noch verschiedene Handlanger, Mitarbeiter des Paulus, mit den verschiedenen Materialien, mit denen sie im Begriff sind, auf dem Fundament weiterzubauen.

Die ersten Verkünder avancieren zum «Fundament»

Einige Jahre später gebraucht der Verfasser des Epheserbriefes ein ähnliches Bild.

Ihr Menschen aus den andern Völkern seid also nicht länger Fremde und Gäste. Ihr gehört mit zum Volk Gottes und seid in Gottes Hausgemeinschaft aufgenommen. Ihr seid in den Bau eingefügt, dessen Fundament die Apostel und Propheten bilden. Aber der wichtigste Stein, nämlich der Eckstein, ist Jesus Christus. Er hält das ganze Gebäude zusammen, und durch ihn wächst es zu einem heiligen Tempel für den Herrn. Auch ihr werdet in diesen Bau eingefügt, in dem Gott durch seinen Geist wohnt (Eph 2,19-22).

Zwei Dinge fallen uns sofort auf, wenn wir dieses Bild mit dem vorausgehenden vergleichen. Erstens: Jesus Christus ist nicht mehr das Fundament, sondern der Eckstein. Zweitens: die Apostel sind nicht mehr Bauleute, sondern sie sind zum Fundament geworden. Das erste bringt uns etwas in Verlegenheit, weil wir nicht so recht wissen, was architektonisch mit dem «Eckstein» gemeint ist. Das braucht uns aber nicht länger zu beschäftigen. Sicher ist, daß der Eckstein das bedeutendste architektonische Element des ganzen Baus darstellt. Interessant ist für uns vor allem, daß die «Apostel und Propheten», d. h. die ersten Verkünder des Evangeliums, zum Fundament geworden sind. Daraus ist unschwer zu entnehmen, daß derjenige, der an diesem Haus bauen oder irgendwelche Änderungen vornehmen will, an den «Aposteln und Propheten» nicht vorbeikommt; denn jede bauliche Tätigkeit an einem Haus muß auf dessen Fundament Rücksicht nehmen. Ich kann mir ein besseres Bild zur Illustration der Apostolizität der Kirche nicht vorstellen.

Aber sehen wir gut zu. Möchten wir auch dieses Bild zeichnen, stehen uns zwar mehr Elemente zur Verfügung, und der Bau hat auch schon eine gewisse Größe und beginnt einem Tempel zu gleichen. Aber: nicht nur der Eckstein bringt uns in Verlegenheit, wenn wir zu zeichnen anfangen; was das Zeichnen so schwierig macht, ist dies, daß der ganze Bau sich im Wachstum befindet: «Das Gebäude wächst... und ihr werdet in den Bau eingefügt...» Und das geschieht durch Jesus Christus und seinen Geist.

Ich denke, daß dieses Bild nicht von einem Architekten oder von einem Maler entworfen wurde, sondern von einem tüchtigen Theologen, der seine Zeit mehr am Schreibtisch als auf Baustellen verbrachte. Das Bild ist nämlich nicht nur wenig anschaulich, sondern auch voller literarischer und theologischer Hinweise. So erkennen wir beispielsweise im «Eckstein» den Hinweis auf Jes 28,16 und Ps 118,22-23, ein Hinweis, der dem Theologen so wichtig war, daß er gewisse Schwierigkeiten in der Architektur in Kauf nahm.

Die Una, Sancta, Catholica et Apostolica

Wichtig für uns ist: die «Apostel und Propheten» gehören zum Fundament, und die Kirche selbst ist in vollem Wachstum.

Der Verfasser des Epheserbriefes spricht nicht nur wie der große Meister Paulus von der Kirche als Bau. Wie Paulus sieht er in der Kirche auch den leibhaften Christus und beschäftigt sich mit den Charismen und Ämtern. Dabei ist zu beachten, daß im Epheserbrief nicht mehr (nur) eine einzelne Gemeinde wie Korinth im Vordergrund steht, sondern die Kirche als ganze, die eine Kirche aus Juden und Heiden. Sie ist aus ihrem gemeindehaften Dasein herausgetreten und wird nun in ihrer vollumfassenden Sendung an Welt und Geschichte, ja an den ganzen Kosmos betrachtet. Die Kirche des Epheserbriefes ist nicht nur die eine, heilige und apostolische Kirche, wie das dem Bild vom Bau entnommen werden kann, sie ist wesenhaft die «katholische» und missionarische Kirche.

Diese Charakterzüge sind nicht neu. Für die Apostolizität und die Einheit ist Paulus immer wieder eingetreten. Daß er sich vor ihrer Heiligkeit verneigt, machte uns der Briefkopf des 1. Korintherbriefes deutlich. Und wer möchte leugnen, daß die Gemeinden des Paulus, der selbst ein großer Missionar war, nicht von vornherein als missionarische Gemeinden angelegt waren? Eine Kirche oder Gemeinde, die nicht missioniert, die nicht für die Befreiung aller Menschen eintritt, wie Jesus es getan hat, hat die Sache Jesu und damit sich selbst aufgegeben.

Eine Sprache, die einem den Atem nimmt

Über die christliche Gemeinde in Ephesus ist aus dem Brief selbst nichts zu entnehmen. Es ist nicht einmal sicher, daß der Brief ursprünglich an die Gemeinde von Ephesus geschrieben war. Wahrscheinlicher ist, daß das Schreiben von Anfang an als «Rundschreiben» abgefaßt wurde, womit sich der «katholische» und weltumspannende Charakter des Briefes noch stärker rechtfertigt. In der Tat geht denn der Epheserbrief kaum auf Probleme einer konkreten Gemeinde ein, sondern meditiert – so könnte man sagen – das Thema «Kirche» in ihrem Verhältnis zu Jesus Christus und zur Welt.

Dieser eher meditative Charakter zeigt sich schon zu Beginn des Briefes, wo im Unterschied zu den meisten anderen «paulinischen Briefen» gleich nach dem Briefkopf ein großangelegter Lobpreis auf Gott, den Vater unseres Herrn Jesus Christus angestimmt wird. Dementsprechend ist auch die Sprache des Epheserbriefes viel feierlicher als die der echten Paulusbriefe. In ihnen finden sich wohl ab und zu auch hymnische Stücke; der Epheserbrief hat aber als ganzer einen geradezu liturgischen Klang, und wenn man irgendwo zu lesen beginnt, hat man den Eindruck, man komme verspätet zu einem feierlichen Hochamt.

Wir wollen uns vorerst nur mit den zwei letzten Versen der großen Danksagung beschäftigen, die sich fast nahtlos an den einleitenden hymnischen Aufgesang anschließt. Nachdem der Verfasser mit einem Überschwang ohnegleichen die liebende Macht Gottes gepriesen hat, mit welcher er Jesus Christus von den Toten auferweckte, ihn im Himmel zu seiner Rechten Platz nehmen ließ, «hocherhoben über jegliche Herrschaft und Macht und Gewalt und Hoheit und über jeden Namen, der da genannt wird, nicht nur in dieser Weltzeit, sondern auch in der zukünftigen» – man kommt richtig außer Atem, wenn man diese langen und überladenen Sätze liest –, heißt es:

Und Gott hat diesem Jesus Christus alles zu Füßen gelegt. Ihn selbst hat er seiner Kirche zum Haupt über alles gegeben; sie ist doch seine Leibhaftigkeit, die machtvoll liebende Anwesenheit dessen, der überall und in allen einzelnen ankommen will (1,22-23).

Ich gebe zu, daß das eine sehr mangelhafte Übersetzung ist; dafür ist sie einigermaßen verständlich. Sehen wir gut auf die Beziehungen Jesus Christus – Kirche – All (oder Welt). Gott hat Jesus Christus nicht der Welt zum Haupt gegeben – so steht es wenigstens nicht in diesem Text. Nur als Haupt der Kirche kann Jesus Christus Herr, Haupt der Welt sein. Das ist unschwer zu verstehen, wenn die Kirche die Leibhaftigkeit des Christus ist, der durch die Kirche und offensichtlich nur durch die Kirche im letzten Winkel der Welt und im verborgensten Winkel der Herzen ankommen will.

Wenn man versucht, die Chiffren zu deuten

Der Epheserbrief ist wirklich schwer zu lesen, und er hört sich so feierlich an, daß man den Eindruck hat, er rede an der Wirklichkeit vorbei. Ich glaube nicht, daß dies zutrifft. Es wird uns alles viel leichter gehen, wenn wir geduldig hinter den «Chiffren» des Satzes, also hinter «Jesus Christus», «Kirche», «Leibhaftigkeit», «Welt», «liebende Anwesenheit» usw. ganz konkrete Wirklichkeiten sehen. Denken wir wieder mal zurück an den ersten Teil dieses Buches, an die «Sache Jesu». Wie sieht diese Sache aus? Wie war dieser Jesus in der Welt anwesend? Sicher ist «machtvoll liebend» ein hilfloser Ausdruck; aber damit könnte man doch das Auftreten Jesu einigermaßen umschreiben. Der Verfasser des Epheserbriefes braucht den Ausdruck «Fülle». Jeder Ausdruck klingt banal, wenn wir ihn mit Jesus, seinem Auftreten, seiner «Sache» in Zusammenhang bringen. Und nun fragen wir uns: An wem liegt es denn, daß diese «Sache Jesu» weitergeht? Oder besser: Wie kommt denn Jesus *heute* an? Doch wohl in dem Häufchen Menschen, die versuchen, seine Sache zur ihren zu machen, jenes Häufchen Menschen, das Paulus ehrfürchtig als «Gemeinde Gottes» bezeichnet. Sie ist die Leibhaftigkeit des Christus, der leibhafte Christus. Durch seine Kirche, durch seine Leibhaftigkeit gelingt es dem Christus, seine «Sache» bis in den letzten Winkel hinauszutragen, den letzten Menschen in die «Mitte Gottes» hereinzuholen.

Wir sehen: Allzu schwierig ist das nicht; wir dürfen die «Chiffren» im Text nur nicht mit unseren komischen Voreingenommenheiten und Vorstellungen von «Christus» und «Kirche» belasten.

Einheit als Gabe...

Sagt uns der Verfasser auch noch Näheres über die Organisation der Kirche? Wie gesagt, allzu viel Konkretes dürfen wir von ihm nicht erwarten, hat er ja nicht eine einzelne Gemeinde vor Augen, sondern die Weltkirche. Und doch dürfte das 4. Kapitel aufschlußreich sein – wenn ich den Leser wiederum bitten darf, das Neue Testament an dieser Stelle aufzuschlagen. Mit dem 4. Kapitel beginnt der zweite, mehr ermahnende Teil des Briefes, nachdem der erste Teil mehr hymnisch-belehrend war, fast wie eine feierlich-theoretische Grundlegung.

Als erstes kommt ein großer Aufruf zur Einheit. Wir verstehen gut, daß die Einheit gerade in diesem Zeitabschnitt der Kirchengeschichte ein besonderes Problem war. Aber es ist nicht so, daß die Gläubigen die Einheit erst lange suchen müßten. Die Einheit ist eine «Vor-Gegebenheit»: «*Eine* Leibhaftigkeit, *ein* Geist, *eine* Hoffnung, *ein* Herr, *ein* Glaube, *eine* Taufe, *ein* Gott und Vater aller.» Diese Einheit ist nicht erst krampfhaft herzustellen; diese Einheit ist in Freiheit zu leben.

Aber macht einen diese Einheit nicht etwas besorgt angesichts der Vielfalt der Welt, in welcher der Christus ankommen will? Dieses Problem sieht auch der Verfasser des Epheserbriefes.

Jeder von uns hat seinen besonderen Anteil an der Gnade erhalten, die Christus ausgeteilt hat (4,7).

Die etwas eigentümliche Exegese von Ps 68,19, durch die der Verfasser seine Gedanken auch biblisch untermauern will, können wir hier beiseite lassen. Der Christus, der in den Himmel «aufgestiegen» ist, damit er überall ankommen kann – durch die Kirche, seine Leibhaftigkeit – *«gab»* – das ist das wichtige Wort –

die einen als Apostel, andere als Propheten, andere als Evangelisten, andere als Hirten und Lehrer... (4,11).

... und Aufgabe

Diese Liste erinnert uns an diejenige, die wir im 1. Korintherbrief angetroffen haben (12,8-10 und 28). Und doch gibt es bedeutsame Unterschiede. Im 1. Korintherbrief figurierten auf der Liste auch noch jene besonderen Charismen und

Funktionen, die für die Korinther von großer Bedeutung waren, wie die Gabe zu heilen, die Gabe, Wunder zu wirken, die Gabe, in mancherlei Zungen zu reden usw., nur daß dann Paulus in 12,28 gewisse Prioritäten und Akzente setzt, wenn er sagt: «Erstens Apostel, zweitens Propheten, drittens Lehrer...» In der Liste des Epheserbriefes werden Charismen wie Heilungsgaben, Zungenreden usw. nicht mehr angeführt. Die «Gaben» auf der Liste des Epheserbriefes sind wirklich und ausschließlich «Ämter» im eigentlichen und offiziellen Sinn: Apostel, Propheten, Evangelisten, Hirten und Lehrer. Auch hier wiederum Titel von Ämtern, die z. T. der Vergangenheit angehören. Meist stehen sie in Funktion zum «Christusgeheimnis». Es ist jenes Geheimnis, das zum Inhalt hat, «daß durch Jesus Christus alle Völker von Gott dasselbe Vorrecht wie das Volk Israel erhalten, daß sie alle mit dem auserwählten Volk zusammen zum Leib Christi gehören, daß allen das Versprechen gilt, das Gott gegeben hat» (3,5-6).

Wozu die Apostel, Propheten, Evangelisten, Hirten und Lehrer vom auferstandenen Christus «gegeben» wurden, geht aus dem folgenden Satz hervor, der wieder etwas schwierig und überladen wirkt:

Ihre Aufgabe ist es, das Volk Gottes zu seinem Dienst bereit zu machen und den Leib Christi aufzubauen. So soll es dahin kommen, daß wir alle durch denselben Glauben und durch die gemeinsame Erkenntnis des Sohnes Gottes verbunden werden. Dann bilden wir zusammen den vollkommenen Menschen, der Christus ist, und wachsen in die ganze Fülle hinein, die Christus in sich umfaßt (4,12-13).

Wie immer der Satz zu lesen ist, so viel läßt sich auch für den ungeübten Leser sagen: Die Ämter sind da, die Gemeinde aufzuerbauen. Sie soll zur vollen Leibhaftigkeit des Christus gelangen, weil durch sie der ganze, der «erwachsene», der gestorbene und auferstandene Christus in die Welt hinaus will.

Was das für den einzelnen und für die Kirche besagt, wird dann noch weiter ausgeführt. Ich überlasse es wieder dem Leser selbst, sich in die weiteren Ermahnungen des Briefes zu vertiefen.

Kein hierarchisches Modell...

Es erstaunt, daß in diesem Brief, der eigens die Kirche zum Thema hat, von einer besonderen Verfassung oder Hierarchie nicht einmal eine Andeutung zu finden ist. Mit den 5 aufgezählten «Ämtern» und der sonst noch zweimaligen Erwähnung der «Apostel und Propheten» (2,20; 3,5) läßt sich ja kein hierarchischer Staat machen.

Natürlich lassen sich für diesen Sachverhalt eine Menge von Gründen vorbringen: der Verfasser habe als Thema wohl die Kirche, aber nicht ihren Aufbau und ihre Organisation; die Hierarchie sei bereits so gefestigt, daß man darüber gar keine Worte zu verlieren brauche; der Verfasser gehe ja auf andere konkrete Probleme der Gemeinde auch nicht ein, warum solle er nun ausgerechnet deren Organisation erwähnen? – Mir scheinen diese Gründe alle nicht stichhaltig zu sein. Wenn der Brief in der Tat auch nicht sehr konkret ist, ist er doch von großer Aktualität und verarbeitet theologisch Probleme, die von großer Wichtigkeit sind. Zudem müssen wir bedenken, daß in der Zeit, in der der Brief verfaßt wurde – eine Datierung ist sehr schwierig, es dürften die sechziger, siebziger oder achtziger Jahre sein – in den meisten kleinasiatischen Gemeinden, was ihre Strukturen anbelangt, noch alles offen und in Bewegung war. Es besteht auch kein Zweifel, daß die «Einheit» für den Epheserbrief ein Problem war; und was wäre näher gelegen, als dieser Einheit wenigstens auch durch kräftige Strukturen nachzuhelfen. Ganz abgesehen davon hätte sich auch ein «hierarchisches Modell», wenn so eines in Ephesus oder in anderen Gemeinden bestanden hätte, gut in die Kirchentheologie integrieren lassen.

... aber ein klarer Auftrag

So gibt es also im Epheserbrief keine Hinweise auf eine festumrissene Organisation. Der Verfasser will seine Gemeinden auch nicht auf ein bestimmtes Modell festlegen. Es ist nach allem, was wir wissen, auch kaum anzunehmen, daß in den Gemeinden eine verfassungsmäßige Konsolidierung stattgefunden hatte. Welcher Schluß liegt dann nahe? Er sieht ungefähr so aus: Wesentlich und «normativ» für den Epheserbrief und für die Gemeinden, an die er gerichtet ist, ist die Sache Jesu Christi, im Epheserbrief «Christusgeheimnis» genannt. Wesentlich und «normativ» sind die Ämter, die der Christus «gegeben» hat. *Wie* die konkrete Ausfaltung und das konkrete Funktionieren dieser Ämter auszusehen hat, das hat jede Gemeinde entsprechend den Problemen, denen sie gegenübersteht und entsprechend dem personellen Potential, das ihr zur Verfügung steht, selber zu entscheiden. Denn von Bedeutung ist nicht die Organisation als solche, sondern die Organisation *in Funktion zur Aufgabe*, welche die Gemeinden und die Weltkirche als ganze in der Welt und an der Welt zu bewältigen haben. Insofern die Anforderungen der Welt immer wieder ändern, haben auch die Gemeinden und die Gesamtkirche, wollen sie ihrem Auftrag treu bleiben, jeweils nach den Strukturen zu suchen, die diesen Anforderungen am besten entsprechen. Denn nach dem Epheserbrief ist der Christus der Kirche nicht als Haupt für sich selbst, sondern als Haupt für die Welt gegeben.

3. MATTÄUS – EIN MANN DER KIRCHE

Das Evangelium vom «ausprobierten» Jesus

Eigentlich verdiente jedes Evangelium eine eigene Untersuchung; doch müssen wir auch hier eine Auswahl treffen. Unsere Wahl fällt auf das Mattäusevangelium, weil es als das «kirchlichste» aller Evangelien gilt und weil darum zu vermuten ist, daß es uns auf unsere Frage am ehesten Auskunft geben kann.

Zwei Vorbemerkungen sind nötig. Erstens: Das Mattäusevangelium hat 28 Kapitel. Wenn wir uns mit jedem Kapitel auch nur über 10 Seiten lang beschäftigen würden – und das wäre nicht sehr viel – hätten wir am Schluß ein stattliches Buch von rund 300 Seiten. Es ist also leicht zu verstehen, daß wir uns auch hier auf eine fast sträfliche Weise beschränken müssen.

Zweitens: Das Mattäusevangelium ist um das Jahr 80 geschrieben worden. Der anonyme Verfasser, dem schon die älteste Tradition den Namen «Mattäus» gab, benutzte hauptsächlich zwei Werke für sein Evangelium: a) das Markusevangelium und b) eine uns nicht mehr erhaltene Sammlung von Jesusworten, die auch dem Evangelisten Lukas zugänglich war. Diese Sammlung nennt man in der Forschung «Quelle». Daneben benutzte Mattäus auch noch eine Reihe anderer Traditionen, die er in sein Evangelium aufnahm.

Sowohl das Markusevangelium wie auch die «Quelle» haben nicht protokollartige Wiedergaben von Worten und Ereignissen aus der Zeit Jesu zum Inhalt. Andererseits sind diese beiden Werke auch nicht von A-Z das phantasievolle Produkt ihrer Verfasser. Jede Erzählung in einem Evangelium, ja jedes Jesuswort hat eine z. T. recht lange und bewegte Geschichte hinter sich. Denn die ersten Christen und ihre Gemeinden wollten nicht nur wörtlich festhalten, was Jesus sagte und wirkte; sie haben diese Worte auch «ausprobiert». Wenn sie dann die Worte und Geschehnisse niederschrieben, brachten sie auch ihre eigenen Versuche und Erfahrungen mit ein, die sie mit einem Jesuswort oder mit einer Erzählung gemacht hatten. Das ist für uns ungemein wertvoll: wir finden so in den Evangelien nicht nur Jesusworte und das Tun Jesu zu seiner Zeit, wir finden darin auch das Echo, nämlich den Glauben und die Geschichte der frühen Kirche.

Mattäus, der Realist

Man nennt das Mattäusevangelium ein «kirchliches» Evangelium, weil der Verfasser fast jede Perikope auf dem Hintergrund der Gemeinde oder Kirche liest. Immer wieder fragt er sich, welche Bedeutung diese Erzählung oder jenes

Jesuswort für die Gemeinde haben könnte. Dabei sieht Mattäus die Gemeinde seiner Zeit ganz und gar nicht in einem rosaroten Licht. Die Kirche ist nicht das «Reich Gottes», sie ist auch nicht die «Gemeinschaft der Heiligen». Auf dem Acker gibt es viel Unkraut (13,24-30.36-43); im Netz, das ans Land gezogen wird, gibt es gute und schlechte Fische (13,47-50); am königlichen Hochzeitsmahl nehmen Leute teil, die kein hochzeitliches Gewand tragen (22,11-14).

Mattäus macht sich keine großen Illusionen darüber, daß diese Mischung von Glauben und Unglauben, daß der «Kleinglaube», wie er es nennt, schon bei den ersten Jüngern, ja bei den Zwölf anzutreffen war. Am Schluß seines Evangeliums steht der große «Missionsbefehl» (28,16-20); aber von den Elfen, die Jesus in die Welt schickt, damit sie alle Völker zu Jüngern machen und sie taufen, heißt es: «Als sie ihn sahen, warfen sie sich vor ihm nieder, einige aber zweifelten.»

Mattäus ist ein großer Realist. Ihm geht es nicht um schöne Geschichten, durch die sich seine Zeitgenossen an die Zeit Jesu erinnern sollten. Für Mattäus hat die Person Jesu eine große Lebendigkeit – er ist der «Sohn Gottes»; und die Gemeinde steht nicht nur in der Nachfolge Jesu, sie steht auch unter dem «Gericht» des Menschensohnes. So erzählt Mattäus wohl eine ganze Reihe von Jesusgeschichten, aber er erzählt sie so, daß seine Zuhörer und Leser zu Mitspielern dieser Geschichten werden.

Nur ein kleines Beispiel

Mit einem Beispiel wollen wir uns hier besonders auseinandersetzen. Vielleicht ist es nicht das typischste; aber da wir bereits im Zusammenhang der «Sache Jesu» davon gehandelt haben, hat es den Vorteil, daß wir uns hier kürzer fassen können. Es ist die Erzählung von der Berufung des Levi bzw. des Mattäus und vom Mahl Jesu mit den Sündern. Am besten ist, wenn wir die Erzählung des Mattäus neben die des Markus stellen. An den Änderungen, die Mattäus an seiner «Vorlage» vornimmt, können wir gut sehen, worauf es Mattäus ankommt.

Mk 2,13-17	*Mt 9,9-13*
Und als er weiterging,	Und als Jesus weiterging,
sah er Levi,	sah er *einen Mann*
den Sohn des Alphäus	*namens Mattäus*
am Zoll sitzen	am Zoll sitzen
und sprach zu ihm:	und sprach zu ihm:
«Folge mir nach!»	«Folge mir nach!»
Und er stand auf	Und er stand auf
und folgte ihm nach.	und folgte ihm nach.
Und es begab sich,	Und als er
daß er in seinem Haus	*im Haus*
zu Tische lag,	zu Tische lag,
und viele Zöllner und Sünder	da kamen viele Zöllner und Sünder
lagen auch zu Tische	und legten sich zu Tische
mit Jesus und seinen Jüngern.	mit Jesus und seinen Jüngern.
Denn es waren viele,	
die ihm nachfolgten.	
Als nun die Schriftgelehrten	Als die
der Pharisäer sahen,	Pharisäer das sahen,
daß er mit Zöllnern	
und Sündern aß,	

sagten sie	sagten sie
zu seinen Jüngern:	zu seinen Jüngern:
«Mit den Zöllnern und Sündern	«Warum ißt euer Meister
ißt er!»	mit Zöllnern und Sündern?»
Das hörte Jesus	Er aber hörte es
und sprach zu ihnen:	und sprach:
«Nicht die Gesunden	«Nicht die Gesunden
brauchen den Arzt,	brauchen den Arzt,
sondern die Kranken.»	sondern die Kranken.
	Geht und lernt verstehen,
	was das heißt:
	‹Erbarmen will ich
	und nicht Opfer.›
Ich bin nicht gekommen,	Denn ich bin nicht gekommen,
Gerechte zu berufen,	Gerechte zu berufen,
sondern Sünder.«	sondern Sünder.»

Bevor wir beide Texte miteinander vergleichen, wollen wir kurz den des Markus zu verstehen suchen. Die Tatsache, daß Jesus ausgerechnet diesen Zöllner zur Mitarbeit aufruft, ist skandalös, wenn man weiß, was ein Zöllner im damaligen Judentum galt und was er auch tatsächlich war (s. S. 50). Jesus wendet sich diesem Mann zu, ohne Vorwurf, ohne Hinweis auf die Gebote und ohne die geringste Bedingung zu stellen. In der stilisierten Erzählung von der Berufung des Levi kommt gut zum Ausdruck, daß Jesus an erster Stelle nicht etwas verlangt, sondern sich selbst anbietet.

Ein «Credo» eigener Art

Die Erzählung von der Berufung des Levi ist im Gesamt der Erzählung Mk 2,13-17 nur der Anlaß für die folgende Diskussion, in der Jesus sein Verhalten rechtfertigen und erklären kann. Man sollte die Frage der Schriftgelehrten der

Pharisäer nicht gleich als Zwänglerei abtun. Mag man ihnen auch wenig Dialogfreudigkeit nachsagen, die Frage, die sie stellen, beinhaltet ein echtes Problem.

Jesus antwortet zuerst mit einem Sprichwort, das damals jedermann kannte. Daß er nicht mit schwierigen theologischen Unterscheidungen an die Leute herantritt, sondern mit dem, was für sie naheliegend und verständlich ist, dürfte für ihn typisch gewesen sein. «Nicht die Gesunden brauchen den Arzt, sondern die Kranken.» Das ist so logisch, so einleuchtend, so naheliegend, so menschlich, daß es kaum einer weiteren Erklärung bedarf (vgl. S. 51). Die zweite Antwort, welche die Gemeinde zur Verdeutlichung hier hinzugefügt hat, ist eine «Anwendung» auf das Tun Jesu, in der das ganze Paradox noch verdeutlicht wird: «Ich bin nicht gekommen, um diejenigen in die neue Welt einzuladen, bei denen alles in Ordnung ist, sondern die ausgestoßenen Sünder.» Solche «Ich-bin-gekommen-Worte» gibt es in den Evangelien mehrere (vgl. Mt 5,17; 10,34; Lk 12,49). Sie zeichnen und charakterisieren den Sinn des Kommens Jesu, den Sinn seiner Sendung, und geben der Gemeinde ein Bekenntnis zu Jesus in die Hand, zugleich auch eine «Regel», in deren Licht sie sich selbst verstehen lernen kann.

Erinnern wir uns, daß die ganze Erzählung im Markusevangelium in einen bestimmten Zusammenhang gehört. Sie illustriert, erklärt und macht greifbar – man könnte sagen: leibhaft –, was in der zusammenfassenden Predigt in Mk 1,15 in ungemein knappen und theologisch prägnanten Worten gesagt wurde:

Die Zeit ist erfüllt; die Herrschaft Gottes nahe herangekommen. Kehrt um, und glaubt an die Heilsbotschaft.

Im Mahl Jesu mit den Sündern bietet Gott selbst seine Herrschaft an, seine Gemeinschaft, die heilend wirkt. Umkehr und Neubeginn sind auch für den letzten Menschen eine greifbare Möglichkeit geworden. – Man könnte sagen, die Erzählung hat den Glauben an Jesus, den Christus zum Mittelpunkt.

Aus Levi wird Mattäus

Vergleichen wir die Erzählung, wie Markus sie bietet, mit der des Mattäus, fallen uns trotz der vielen gemeinsamen, ja wörtlich übereinstimmenden Züge vor allem drei wichtige Unterschiede auf: Der Name des Zöllners ist geändert, der Ort, an dem sich die Szene ereignet, ist anders charakterisiert, und die Antwort Jesu ist erweitert worden. Betrachten wir eines nach dem andern.

Der Zöllner heißt nicht mehr Levi, sondern *Mattäus*. Die Erklärung, nach der der Zöllner zwei Namen gehabt habe, Levi-Mattäus, und daß die beiden Evangelisten jeweils nur einen genannt hätten, scheint mir recht fadenscheinig. Der Evangelist Mattäus stand beim Namen Levi, den er im Markusevangelium vorfand, in erheblicher Verlegenheit. Für ihn waren nämlich diejenigen, die Jesus nachfolgten, die «Jünger». Eine alte Liste dieser Jünger wird er im folgenden Kapitel (10,2-4) anführen, wo diese Jünger traditionellerweise «Apostel» genannt werden. Unter diesen 12 Jüngern oder Aposteln figuriert aber der Name Levi nicht! Der Evangelist hätte dem Leser eine lange Erklärung geben müssen, warum der eben berufene Levi auf der Jünger- und Zwölferliste nicht figuriert. Die Liste konnte der Evangelist unmöglich ändern. Erstens war sie zu alt und zweitens: welchen der 12 Apostel hätte er denn zugunsten Levis streichen sollen? Und nun plötzlich eine Dreizehnerliste mit Levi in die Welt setzen, geht ja auch nicht, nachdem sich die Zwölferliste überall eingebürgert hatte. Was blieb dem Evangelisten also anders übrig, als diesem Zöllner einen Namen aus der Zwölferliste zu geben? Die ersten vier Namen dieser Liste kamen nicht in Frage, denn die Berufung dieser vier Männer, Simon-Petrus, Andreas, Jakobus und Johannes, hatte der Evangelist schon 4,18-22 erzählt. Und das waren Fischer, nicht Zöllner. Auch der Name des Judas Iskariot kam nicht in Betracht. Warum der Evangelist dem Zöllner ausgerechnet den Namen Mattäus gab, wissen wir nicht. Möglich, daß die ganze Namengebung etwas mit dem Namen des Evangelisten zu tun hat.

Aber warum dieses unserer Meinung nach so komplizierte Verfahren? Sehen wir weiter.

Aus dem Haus wird die Kirche

Die Erzählung des Markus läßt uns im Ungewissen darüber, welches Haus mit «seinem Haus» gemeint ist: das Jesu oder das des Zöllners Levi. Der Evangelist Mattäus hat die Sache klar entschieden: es ist das Haus Jesu, und zwar das Haus in «seiner Stadt» (9,1). Das scheint zwar eine Kleinigkeit zu sein. In der Tat hat sich aber so die ganze Szene stark verändert. Nach Markus liegt Jesus mit seinen Jüngern in einem näher nicht bestimmten Haus mit vielen Zöllnern und Sündern zusammen zu Tisch. Nach Mattäus liegt Jesus mit seinen Jüngern *in seinem Haus* zu Tisch, und viele Zöllner und Sünder *kommen* in sein Haus, um mit ihm und seinen Jüngern zu Tisch zu liegen. Mit Jesus und den Jüngern, mit dem Haus und dem Gastmahl ist bestimmt die Kirche gemeint, in der alle «Zöllner und Sünder» Gemeinschaft, Vergebung und Heil finden.

«Geht und lernt!»

Die dritte Änderung, die Mattäus vornimmt, besteht in der Erweiterung des Jesuswortes. Zwischen dem Sprichwort und dem Ich-bin-gekommen-Wort fügt Mattäus noch ein Wort aus dem Alten Testament ein, das er beim Propheten Hosea (6,6) fand und in seinem Evangelium noch ein weiteres Mal (12,7) Jesus in den Mund legt. Offensichtlich war Mattäus der Überzeugung, daß mit diesem Wort das Anliegen Jesu gut charakterisiert werde:

> Geht und lernt, was es heißt: ‹Ich will nicht, daß ihr mir Opfer bringt, sondern daß ihr barmherzig seid.›

Mit diesem Prophetenwort hat aber Mattäus nicht nur das Anliegen Jesu gut gezeichnet; er stellt mit diesem Wort Jesus *und* die Kirche in die gute alttestamentliche Tradition. Das ist dem «Schriftgelehrten Mattäus», der «Jünger des Reiches» geworden ist (vgl. 13,51), ein besonders wichtiges Anliegen. Für ihn ist Jesus der verheißene Messias und Sohn Gottes; für ihn ist die Jüngernschaft Jesu, die Kirche, der legitime Erbe der Verheißungen, das wahre Gottesvolk.

Vergleichen wir also die Erzählung, wie sie der Evangelist Mattäus bietet, mit derjenigen des Markus, können wir sagen: Wenn bei der Markuserzählung mehr über das Geheimnis Jesu Christus nachgedacht wird, dann tritt in der

Mattäuserzählung stärker das Nachdenken über die Kirche in den Vordergrund, der Kirche freilich, wie sie sich nur auf dem Hintergrund der «Sache Jesu» verstehen läßt.

Mit Jesus Gemeinde neu entdecken

Mit dem Bild vom «Haus Jesu» zeichnet Mattäus die Kirche.

– Sie ist wie ein großes Gastmahl, zu welchem alle eingeladen sind, bedingungslos; ein Mahl, an dem auch die Letzten, die Ausgestoßenen, die Sünder teilnehmen dürfen.

– Sie ist wie eine große Arztpraxis, zu der alle freien Zugang haben, in welcher es keine übersetzten Preise gibt und in welcher vor allem andern Gesundheit, Leben und Freude angeboten wird.

– Sie ist wie ein Symposion, eine Gesprächs- und Gebetsrunde, in welcher nicht nur die Besseren oder die Gescheiten das Sagen haben, sondern alle zu Wort kommen.

– Sie ist ein Ort, an welchem nicht auf Rechte und Vorrechte gepocht wird, oder auch so: an welchem es nur ein Recht gibt, nämlich das Recht, barmherzig zu sein.

Kurz: die Gemeinde als Ort, an welchem Jesus, der Christus, leibhaft wird.

Wenn die Kirche sich immer so verstanden hätte, wenn sie sich immer aus der nächsten Nähe zu Jesus her gesehen und immer im Horizont der «Sache Jesu» gehandelt hätte, wie das die Evangelisten und ganz besonders Mattäus tut, dann hätte es wohl kaum dazu kommen können, daß Menschen in dieser Alternative denken: Jesus ja – Kirche nein.

Es ist wahr, Mattäus spricht in der Erzählung vom Mahl Jesu mit den Sündern nirgends von einem kirchlichen Amt. Das ist auch nicht verwunderlich; es lag ja nicht gerade nahe, daß in diesem Zusammenhang davon gesprochen wird. Und doch könnte man versuchsweise fragen, wie die Leitung einer Gemeinde, die sich so versteht, wie es in der Erzählung zum Ausdruck kommt, ausgesehen haben könnte.

– Versteht sich die Kirche als großes Gastmahl, zu dem alle, auch die Sünder eingeladen sind, dann werden diejenigen, die diesem Gastmahl vorstehen, dafür sorgen, daß alle zu essen haben, d. h. daß alle Barmherzigkeit erfahren.

– Versteht sich die Kirche als Arztpraxis, zu der alle freien Zugang haben, dann werden diejenigen, die diese Praxis leiten, dafür besorgt sein, daß alle die heilende Hand des Arztes erfahren, auch und gerade die, die am schlimmsten dran sind.

– Versteht sich die Kirche als großes Symposion, als große Gesprächs- und Gebetsrunde, dann werden die Leiter dieser Runde selbst nicht viel reden, sondern alles daran setzen, daß auch die Kleinen zu Worte kommen, daß auch ihnen zum Wort verholfen wird, damit auch sie sich einbringen können.

– Versteht sich die Kirche als Ort, an welchem es nur das eine Recht gibt, nämlich das der Barmherzigkeit, dann werden die Leiter jede Ungerechtigkeit und jede noch so fromm verschleierte Unbarmherzigkeit schonungslos aufdecken und sich vorbehaltlos hinter diejenigen stellen, die unter der Unbarmherzigkeit nicht nur der Welt, sondern auch der Kirchenglieder am meisten zu leiden haben.

Wie aber würde ein solches Leitungsamt, wie würde die Organisation einer solchen Kirche aussehen? Das Mattäusevangelium spricht davon nicht ausdrücklich. Sicher aber ist, daß die Verfassung dieser Gemeinde, die «Gemeindeordnung» im Grunde genommen nichts anderes ist als die Sache Jesu selbst.

Die Ordnung der Barmherzigkeit

Was die Gemeindeordnung betrifft... Hier und dort hat man das *18. Kapitel* des Mattäusevangeliums als «Gemeindeordnung» oder als «Hausordnung» bezeichnet. Ich bin nicht überzeugt, daß diese Bezeichnung glücklich ist. Sicher aber ist, daß in diesem Kapitel Themen behandelt werden, die für das gute Funktionieren der Gemeinde von großer Wichtigkeit sind; dem Kapitel kann man in etwa auch entnehmen, was den damaligen Gemeinden Schwierigkeiten machte. Da ist als erstes die Frage, die sich jeder Gruppierung stellt: «Wer ist der Größte?» Es ist bezeichnend, daß Mattäus diese Frage «angesichts des Himmelreiches» gestellt wissen will, also angesichts der «Sache Jesu» (18,1-4). – Es stellt sich das Problem des Ärgernisses gegenüber den «Kleinen» – was immer damit gemeint ist. Die Antwort Jesu läßt an Deutlichkeit und an Strenge nichts zu wünschen übrig (18,5-11). – Es stellt sich die Frage nach dem Verlorenen. Die «Gemeindeleiter» haben das Maß ihres Handelns aus dem «Willen des himmlischen Vaters» zu erhorchen, wie Jesus ihn vorgelebt hat (18,12-14). – Es stellt sich weiter das Problem, wie die Kirche mit einem hartnäckigen Sünder verfahren soll (18,15-18). Und es ist gewiß nicht zufällig, daß die Übertragung der Vollmacht an die ganze Gemeinde (!), zu binden und zu lösen (18,18), gefolgt ist von der Verheißung an die betende Gemeinde (18,19-20) und von der Weisung, siebenundsiebzigmal zu verzeihen (18,21-22). Wenn diese Weisung dann auch noch illustriert wird mit dem ernsten Gleichnis vom unbarmherzigen Schuldner (18,23-35), dann ist deutlich genug, daß die Gemeinde und die, die darin Verantwortung tragen, als erstes und letztes von der Barmherzigkeit bestimmt sein sollen.

Kritik an den Amtsträgern?

Vielleicht mag es erstaunen, daß in dem so «kirchlichen» Evangelium wie dem des Mattäus von eigentlichen «Ämtern» nicht oder nur am Rand die Rede ist. Daraus den Schluß ziehen zu wollen, es hätte in den Gemeinden des Mattäus keine Ämter gegeben, wäre ebenso wenig richtig wie der andere Schluß, bei den kirchlichen Ämtern, die sich bereits gut eingespielt hätten, sei alles in bester Ordnung gewesen. Die richtige Erklärung für diesen Sachverhalt wird in einer anderen Richtung zu suchen sein. Die Gemeinden haben für ihre Verfassung und Organisation aus ihrer Umwelt die Modelle genommen (Synagoge, Kultverein usw.). Das mag zwar gut und recht sein; die Gefahr liegt aber auf der Hand, daß sich die führenden Kreise der Gemeinden auch die Allüren ihrer Vorbilder aneignen. Es ist nicht auszuschließen, daß sich gerade in mehr judenchristlichen Gemeinden bald schon eine Art «Klerus» herangebildet hat, der in Gefahr war, das christliche Pendant zu den jüdischen «Schriftgelehrten und Pharisäern» zu werden. Ich kann mir sonst nur schlecht erklären, warum im Evangelium des Mattäus nicht deutlich von den kirchlichen Ämtern gesprochen wird, dafür aber um so heftiger gewisse Verhaltensweisen bei den «Schriftgelehrten und Pharisäern» angeprangert werden. Wird das nur gemacht, damit die Generation des Mattäus um die achtziger Jahre über die Heftigkeit ins Bild gesetzt wird, mit der Jesus vor rund 50 Jahren mit den »Schriftgelehrten und Pharisäern» ins Gericht ging oder um zu zeigen, wie verderbt und korrupt die führenden Kreise im Judentum waren? Ist nicht viel eher zu vermuten, daß der Jesus des Mattäusevangeliums die «Schriftgelehrten und Pharisäer» darum so hart anfährt, damit so den christlichen Gemeinden und ihren Leitern bedeutet werden kann, wie *sie* es *nicht* machen sollen? Und warum muß ihnen das gesagt sein? Weil sich in christlichen Gemeinden offensichtlich ein «schriftgelehrtes und pharisäisches Gehaben» breit zu machen beginnt. Man lese auf diesem Hintergrund *Mt 23*. Nachdem das Gebaren der «Schriftgelehrten und Pharisäer», deren Autorität der Evangelist nota bene nicht anzweifelt, in einem ganz und gar unmißverständlichen Ton kritisiert wird (23,1-7), heißt es:

> Aber ihr sollt euch nicht «Lehrer» nennen lassen, denn ihr seid untereinander Brüder und habt nur einen, der euch etwas zu sagen hat. Auch sollt ihr hier auf Erden niemand «Vater» nennen, denn ihr habt nur einen Vater: den im Himmel. Ihr sollt euch auch nicht «Führer» nennen lassen, denn es gibt nur einen, der euch führt, und das ist der Christus, der versprochene Retter. Darum soll der Größte unter euch euer Diener sein (23,8-11).

Und es folgen die sieben Weherufe über die «Schriftgelehrten und Pharisäer» (23,13-32). Es besteht kein Zweifel, daß aus diesen Weherufen auch die christlichen Gemeindeleiter die Nase voll nehmen sollen. Die jüdischen «Schriftgelehrten und Pharisäer» sollen nicht durch christliche ersetzt werden. An ihre Stelle ist ein für allemal der *eine* Lehrer getreten, und kein Jünger soll meinen, ihn überbieten zu können.

Ist eine solche Interpretation der Sachlage z. Z. des Evangelisten Mattäus richtig, versteht man auch, warum der Evangelist nur sehr zurückhaltend und zögernd von bestimmten Vorstehern und Leitern in der Gemeinde spricht (23,34). Gegeben hat es sie bestimmt. Für Mattäus – wie er die Gemeinden einschätzte – bestand das Problem nicht darin, daß es Gemeindeleiter gab, erst recht nicht darin, daß die Organisation der Gemeinde die richtige sein sollte. Er betrachtete die Gemeindeleiter *in ihrem Christsein* als besonders gefährdet.

Und die Apostel und ihre Nachfolger?

Es ist sehr undankbar, im Mattäusevangelium «Apostel» zu sein. Das Wort «Apostel» kommt hier nämlich nur ein einziges Mal vor (10,2). Man hat den berechtigten Eindruck, Mattäus würde das Wort «Apostel» in seinem Evangelium bewußt vermeiden. Oft ersetzt er es mit «Jünger». Damit verfolgt der Evangelist einen ganz bestimmten Zweck. Er möchte den Kreis der bevorzugten Zwölf und der Jünger so weit offen halten, daß sich die Gemeinde mit ihnen identifizieren kann. Die Folge ist die: Alles, was Jesus den Zwölf oder den Jüngern sagt, gilt der Gemeinde. Sie ist die Jüngerschaft Jesu.

Ein gutes Beispiel, welches das Gesagte illustriert, ist die «Jüngerrede» in *Mt 10.* Zwar ist die Rede an die «Zwölf

Apostel» gerichtet, die namentlich aufgezählt werden (10,2-4). Was aber in der Rede selbst den Zwölfen gesagt wird, gilt allen Boten Jesu, gilt allen, die Anfeindung und Verfolgung zu gewärtigen haben, gilt jedem, der sich zu Jesus bekennt (10,32).

Ich lege darum so viel Wert auf diese Beobachtung, weil allzu leicht Apostelschaft oder Jüngerschaft von der Gemeinde getrennt werden, wobei man dann behauptet, die Erben oder die Nachfolger der Apostel oder Jünger seien die Bischöfe. Mattäus sieht es anders. Die Gemeinde als ganze ist der Nachfolger des Zwölfer- bzw. Jüngerkreises. Eine Unterscheidung von Klerus und Laien gibt es hier nicht, ganz zu schweigen von «klerikalen Privilegien». Wenn es überhaupt so etwas wie ein Privileg gibt in der Jüngergemeinde, dann ist es das Privileg des größeren Dienstes (vgl. z. B. 23,11).

Das gilt es auch im Zusammenhang des Herrenmahles zu sehen. Das «Tut das zu meinem Gedächtnis» (1 Kor 11,25) ist nicht an die Zwölf und an ihre sogenannten Nachfolger, die Bischöfe gerichtet, sondern an die ganze Gemeinde, die damit den Auftrag erhält, geeignete Mittel und Wege zu finden, *daß* das Vermächtnis Jesu weitergegeben wird. In den ersten christlichen Gemeinden ist Eucharistie gefeiert worden, ohne daß einer der zwölf Apostel anwesend gewesen wäre und ohne daß diese dazu eigens «Bischöfe» oder «Priester» beauftragt oder gar geweiht hätten.

Die Sicht des Mattäusevangeliums verhilft uns nicht zu einer klar abgestuften Hierarchie und auch nicht zu einer präzisen Ämteraufteilung. Das Evangelium lehrt uns aber, Jesus und die Kirche in einer großen Einheit zu sehen.

Und Petrus, der Fels?

Es gibt kaum eine andere Stelle im Neuen Testament, die so sehr strapaziert worden wäre, wie das Verheißungswort Jesu an Petrus.

Und ich sage dir: Du bist Petrus, und auf diesen Felsen will ich meine Kirche bauen, und die Pforten der Hölle werden sie nicht überwältigen. Ich will dir die Schlüssel des Himmelreiches geben, und was du auf Erden bindest, das wird im Himmel gebunden sein, und was du auf Erden lösest, das wird im Himmel gelöst sein (Mt 16,18-19).

Ich möchte mich nicht auch noch auf dieses Wort stürzen, das zu so viel Mißverständnissen und Kontroversen geführt hat. Lieber möchte ich vorschlagen, die Gestalt des Petrus in einem weiteren Zusammenhang zu sehen. Wir kommen dann zu zwei Feststellungen, die sich gut ergänzen:

1. Es gibt eine bestimmte «Bevorzugung» des Petrus durch Jesus, was historisch nachgewiesen werden kann.
2. Es gibt eine bestimmte «Bevorzugung» des Petrus durch die Gemeinden, die diesen Petrus nötig hatten, was durchaus verständlich ist.

Am Felsen kann nicht gerüttelt werden

Wenn wir aus dem ganzen Neuen Testament die Zeugnisse über Petrus zusammentragen, kommen wir auf eine recht beträchtliche Zahl. Die neutestamentlichen Schriften erwähnen ihn oder berichten von ihm viel häufiger als über alle anderen Gestalten um Jesus herum. Das läßt sich nur dadurch erklären, daß Petrus in der Gefolgschaft Jesu eine besondere Rolle spielte und daß er bald zur prominentesten und bekanntesten Gestalt der frühen Kirche wurde. Auch ein historisch sehr kritischer Beobachter wird um folgende sachliche Feststellungen nicht herumkommen:

– Petrus war einer der Erstberufenen unter denen, die später in der regelmäßigen Begleitung Jesu waren und nach der Auferstehung eifrige und aktive Anhänger Jesu bleiben sollten.

– Petrus ist unter den Begleitern Jesu stets stark hervorgetreten, so stark, daß man die Geschichte Jesu ohne Erwähnung des Simon-Petrus fast nicht erzählen kann. Man darf wohl sagen, Petrus hätte sich als Sprecher der Gruppe um Jesus verstanden, und er sei als solcher auch anerkannt worden. Nie aber hat sich Petrus in dem Sinn isoliert, daß er als allein dastehende Persönlichkeit in Erinnerung geblieben wäre. In fast allen evangelischen Überlieferungen wird Simon-Petrus in Gesellschaft anderer hervorragender Jünger erwähnt, wie der des Jakobus und Johannes oder Andreas (vgl. Mk 5,37; 9,2; 14,33), oder auch – wie im Johannesevangelium – in der des «Jüngers, den Jesus liebte» (vgl. 13,23f; 20,2ff; 21,7).

– Mit einiger Sicherheit hat Simon-Petrus zu Jesus ein Bekenntnis abgelegt. Von diesem Bekenntnis läßt sich sagen, daß es nicht unbedingt eine vollwertige und zufriedenstellende Beurteilung der Person Jesu gewesen sein mußte; der Tadel Jesu ihm gegenüber ist in der Tradition zu sehr verankert, als daß man ihn überhören könnte (vgl. Mk 8,30-33).

– Mit großer Wahrscheinlichkeit muß man darum auch annehmen, Simon-Petrus habe Jesus, wenigstens teilweise, mißverstanden. Historisch ist kaum zu bezweifeln, daß

Jesus den Petrus als «Satan» zurückgewiesen (Mk 8,33) und daß Petrus Jesus verleugnet hat (Mk 14,66-72).

– Vom historischen Wirken des Petrus in der frühen Kirche wissen wir, daß Simon mit dem Namen Kephas sehr bald eine große Bekanntheit erlangte. Der Name Kephas ist ihm ziemlich sicher von Jesus gegeben worden (vgl. Mt 16,18; Joh 1,42).

– Die alten und ältesten Überlieferungen, nach denen dem Petrus eine Erscheinung des Auferstandenen zuteil wurde, lassen sich berechtigterweise nicht anzweifeln (vgl. u. a. 1 Kor 15,5; Lk 24,34).

– Petrus war auch der bedeutendste unter den Zwölf in der Gemeinde zu Jerusalem. Das berichtet nicht nur die Apostelgeschichte (1,15ff; 2,14ff u. ö.); das anerkennt auch Paulus (vgl. z. B. Gal 1,18).

– Keinem Zweifel unterliegt sodann, daß Petrus als Missionar gewirkt hat, und zwar bei den Juden wie auch bei den Heiden (vgl. Apg 10,1-11,18).

– Die theologische Einstellung des Petrus mag so zwischen der des Jakobus und der des Paulus gelegen haben. Jakobus trat im «Konzil» zu Jerusalem für eine strengere Beobachtung des alttestamentlichen Gesetzes ein als Petrus (Apg 15). Andererseits nimmt Petrus in diesem Punkt auch wieder eine konservativere Haltung ein als Paulus (Gal 2,11-14). So dürfte dem Petrus in der Urkirche auch eine vermittelnde Rolle zugekommen sein.

Es darf uns aber nicht nur darum gehen, ein paar historische Daten im Leben des Simon-Petrus ausfindig zu machen. Wichtig ist auch zu sehen, was die Gemeinde mit diesem Petrus gemacht bzw. wie sie sich selbst mit diesem Petrusbild in das Evangelium eingebracht hat.

Für die Urgemeinde ist Petrus der große Glaubensbote («Menschenfischer») (Mk 1,17; Lk 5,10), der Hirt der Schafe, der seelsorgliche Vollmacht ausübt (Joh 21,15-17), der Empfänger einer besonderen Offenbarung (Mt 16,17), der Bekenner des echten christlichen Glaubens (Mt 16,16; Joh 6,67-69), der Wächter des wahren Glaubens gegen Irrlehren (1 Petr; 2 Petr), der christliche Martyrer par excellence (Joh 21,18-19). Zugleich trägt Petrus aber auch die Züge des sündigen und reuevollen Menschen (Mk 14,66-72).

Ist es nicht so, daß die Urgemeinde sich in dieser Gestalt sehr gut deuten und verstehen konnte? Sollte nicht die Gemeinde als solche «Menschenfischer» sein, Glaubensbotin? Ist die «Seelsorge» nicht der ganzen Gemeinde aufgetragen? Ist sie nicht Bekennerin des christlichen Glaubens, Wächterin des wahren Glaubens, zum Martyrium bestimmt und doch selbst wieder schwach und sündig?

Und doch glaube ich nicht, daß man die Gestalt des Petrus so ganz in der Gemeinde aufgehen lassen darf. An ihm sind Züge wahrnehmbar, die man nicht einfach in die Gemeinde als ganze einebnen kann. Ich meine damit jene Züge, die die Kirche zur *apostolischen* und zugleich auch zur *einen* Kirche machen. Zwar standen auch andere Apostel über die lokalen Gemeinden hinaus im Dienst der Einheit der ganzen Kirche wie etwa ein Paulus oder Jakobus – wie denn dieser Dienst auch jeder Gemeinde aufgetragen ist –, aber von Petrus muß das doch in einem besonderen Sinn gesagt sein. Er ist die verbindende Gestalt zwischen der Kirche der Apostel und der Weltkirche, zwischen den Gemeinden des Anfangs und der Kirche, die in Zeit und Geschichte steht. In dieser verbindenden Funktion nimmt Petrus ein «Amt» wahr, das von der Urkirche als unaufgebbar angesehen wurde. Eine Kirche, die in allernächster Zukunft das «Ende» oder die «Vollendung» erwartet, kann ein solches «Amt» vielleicht entbehren, nicht aber eine Kirche, die in die Zeit hinein und in die Welt hinaus will.

Unverzichtbar, doch nicht unantastbar

Hat Jesus dieses «Petrusamt» gewollt? Das ist nicht nur eine recht schwierige, sondern auch eine müßige Frage. Es ist kaum anzunehmen, daß Jesus sehr präzise Vorstellungen davon hatte, in welcher Gestalt und wie lange seine «Sache» fortzudauern hat. Insofern aber die Kirche, der Sache Jesu in freier Treue folgend, in die Zeit und in die Welt hinausgeht, wird sie auf das «Petrusamt» nicht verzichten können, ebensowenig wie sie auf andere Ämter verzichten kann. Was für eine *konkrete* Ausgestaltung dieses «Amt» haben muß, dafür haben wir im Neuen Testament keine näheren Anhaltspunkte. Auch dieses Amt wird bestimmt sein müssen von der Sache Jesu und von der «leibhaften» Sache, der Kirche, von der Welt mit ihren Bedürfnissen und – vergessen wir das nicht – von der Person, die dieses Amt innehat.

Im Anschluß an diese Ausführungen ist es nicht unsere

Aufgabe, das Papsttum, das sich auf diesen Petrusdienst beruft, zu kritisieren. Ich meine nur, daß wir über gewisse Rufe nach einer Reform dieses Dienstes in der Kirche nicht erschreckt sein sollten. Im Laufe der Jahrhunderte hat das Papsttum lange nicht immer das gleiche Gesicht gehabt. Es hat sich ja auch schon – gewollt oder ungewollt – einigen Reformen unterzogen – ob zum Guten oder Schlechten, bleibe dahingestellt. Wenn die Kirche ein lebendiger Organismus ist und sein will, werden auch die Ämter darin, inklusive das Petrusamt, leben müssen. Wer das Papsttum jeglicher möglichen Reform oder Veränderung entheben will, übt Verrat am Petrusdienst und damit an der Sache Jesu selbst; denn auch der Petrusdienst ist vom Evangelium nicht zu trennen.

4. LUKAS – EVANGELIST, SCHRIFTSTELLER, GESCHICHTSSCHREIBER

Was gibt uns Sicherheit?

Lukas, dem wir außer dem Evangelium auch noch die Apostelgeschichte verdanken, ist jener neutestamentliche Schriftsteller, der sich mit dem Problem der Zeit am bewußtesten auseinandergesetzt hat. Er hat es deutlich gespürt: das Zerrinnen der Zeit und die geographische Entfernung können die «Sache» selbst im tiefsten bedrohen; im luftleeren, zeitlosen Raum hat die Sache Jesu keine Überlebenschance. Diese Einsicht verleitet den Evangelisten, Schriftsteller und Geschichtsschreiber Lukas zu einem Entwurf, der sich auf die spätere Theologie und auf das spätere Welt- und

Geschichtsverständnis der Kirche am nachhaltigsten auswirken sollte.

Lukas gibt es selber zu: er war nicht Augenzeuge der Ereignisse um Jesus von Nazaret (1,1-4); für ihn ist das alles bereits Geschichte geworden. Die Frage, die sich ihm – und andern – stellt, ist die: Wie können wir uns orten? Wie können wir den Boden unter den Füßen behalten? Was kann uns im Fortschreiten der Zeit und im Zug in die Welt «Sicherheit» geben?

Drei Elemente sah Lukas für wichtig an, die wir hier zum besseren Verständnis auseinanderhalten wollen: Es muß der Bezug zur Weltgeschichte, es muß der Bezug zur «Gottesgeschichte» und es muß der Bezug zur aktuellen Zeit hergestellt werden.

Nicht in einem verborgenen Winkel

Lukas gab dem Wirken Jesu einen ganz gewichtigen Öffentlichkeitscharakter. «Ich bin überzeugt, daß von diesen Dingen (gemeint ist das Wirken Jesu) nichts verborgen ist; denn es ist nicht in irgendeinem Winkel geschehen.» Diese Überzeugung ist nicht nur die des Paulus, wenn er vor Agrippa und Festus seine Verteidigungsrede hält (Apg 26,26), es ist auch die Überzeugung des Lukas, der uns diese Rede aufgeschrieben hat.

Lukas, der sich selber in seinem Vorwort (Lk 1,1-4) als Geschichtsschreiber vorstellt – freilich Geschichtsschreiber in einem ganz eigenen und vielleicht sogar einmaligen Sinn –, versucht die Ereignisse um Jesus auch in den *weiteren historischen Gesamtzusammenhang* zu bringen. So finden wir im Lukasevangelium weltgeschichtliche Daten, die wir in den anderen Evangelien umsonst suchen. Im Zusammenhang mit der Geburt Christi z. B. ist die Rede vom Befehl des Kaisers Augustus, daß vom ganzen Erdkreis eine Aufzeichnung gemacht werde. Der damalige Statthalter in Syrien war Quirinius (Lk 2,1-2). – Als das Wort Gottes an Johannes, den Sohn des Zacharias in der Wüste erging, verzeichnete man das fünfzehnte Jahr der Regierung des römischen Kaisers Tiberius, Pontius Pilatus war Statthalter von Judäa, Herodes Vierfürst von Galiläa, sein Bruder Philipp Vierfürst der Landschaft Ituräa und Trachonitis, Lysanias Vierfürst von Abilene, Hannas und Kajafas waren Hohepriester der damaligen Zeit... (3,1-2).

Diese für uns fast schwerfälligen Aufzählungen haben den Sinn, das Wirken Jesu einem verborgenen Winkel zu entreißen und ihm einen Platz in der großen Weltgeschichte zuzuweisen.

Heilige Geschichte

Lukas will nicht nur Geschichte, er will auch «heilige Geschichte» oder *Heilsgeschichte* schreiben. Damit das gelingt, stellt er die Ereignisse in das Schema der «Verheißung und Erfüllung» hinein. Lesen wir in dieser Hinsicht nur einmal die sogenannte Kindheitsgeschichte Lk 1-2. Fast mit jedem Wort, das hier gesagt wird, gehen Verheißungen des Alten Testaments in Erfüllung. Als Johannes der Täufer die Bekehrungstaufe zur Vergebung der Sünden predigte, geschah dies, «wie geschrieben steht im Buch der Reden des Propheten Jesaja» (3,4). Der Stammbaum Jesu führt durch das ganze Alte Testament bis auf Adam, ja bis auf Gott zurück (3,32-38). Auf dem Weg nach Emmaus legt der Auferstandene den beiden Jüngern die Bibel aus, «ausgehend von Mose und allen Propheten, und er zeigte ihnen, was in allen Schriften sich auf ihn bezieht» (24,27). Das «Pfingstwunder», von dem die Apostelgeschichte berichtet (Apg 2,1-13), ist zu verstehen auf dem Hintergrund der großen Weissagung des Propheten Joel (3,1-5), auf die Petrus in seiner Rede Bezug nimmt (Apg 2,14ff), wie denn überhaupt fast alle Reden der Apostelgeschichte auf das Alte Testament zurückgreifen. Ja, Lukas gibt sich selber Mühe, «Heilige Geschichte» zu schreiben.

«Heute»

Damit ist es aber noch nicht getan. Von entscheidender Bedeutung ist die Frage, welchen Stellenwert *die Zeit, in der wir leben*, die Zeit des Lukas selbst und seiner Zeitgenossen einnimmt. Es ist nicht mehr dieZeit Jesu; denn die Zeit Jesu ist Geschichte geworden. Es ist aber auch nicht so, daß wir uns an diese Geschichte nur noch zu erinnern bräuchten. Die Zeit, in der die Kirche steht, ist für Lukas das *«Heute Gottes»*. So unverblümt und plump wie ich sagt das Lukas zwar nicht; aber wenn wir sein Evangelium näher ansehen, stoßen wir immer wieder auf dieses «Heute». Es bezieht sich dabei nicht nur auf den betreffenden bestimmten Tag in der Evangeliumserzählung, sondern weist weit darüber hinaus auf die Zeit, in der wir leben. In Nazaret sagt Jesus vom Schriftwort aus dem Propheten Jesaja: «Heute ist es vor euren Ohren in Erfüllung gegangen.» Dieses «Heute» leitet die neue Zeit ein, in welcher den Armen das Evangelium verkündet wird, in welcher den Gefangenen die Freiheit und den Blinden das Augenlicht geschenkt wird. Das «Jahr, in dem Gott sein Volk retten will», ist eben diese Zeit, in der wir mit Lukas stehen (Lk 4,14-21). Aufgehoben ist dieses Heute in der Kirche selbst, in ihrer Verkündigung, in den Dienern des Wortes, denen die Evangelienschrift des Lukas insofern zu Hilfe kommt, als sie die Zuverlässigkeit des Verkündigten unterstreicht (Lk 1,1-4). Aber in der apostolischen Überlieferung und Verkündigung werden die Worte Jesu, die Geschichten um Jesus, ja die gesamten Ereignisse und Wahrheiten nicht nur nachgesprochen oder nacherzählt, sondern sie kommen selbst darin zur Sprache. Sie sind in das Heute hineingesprochen, begründen dieses Heute als das Heute der Erfüllung und haben durchaus die Kraft, «anzusprechen» (Lk 1,1-4).

Das große Brausen

Es wäre der Mühe wert, die Apostelgeschichte mit einem besonderen Blick auf den «Geist» durchzulesen. Schon rein statistisch fällt auf, daß in der Apostelgeschichte fast viermal so häufig vom Geist die Rede ist als beispielsweise im ähnlich umfangreichen Mattäusevangelium. Zu Beginn der Apostelgeschichte stehen die Apostel, die «durch den heiligen Geist» von Jesus erwählt waren (1,2). Das letzte Wort, das Jesus vor seiner Himmelfahrt an sie richtet, ist die Verheißung des Geistes (1,8). Einen ganz besonderen Platz nimmt dann der Pfingstbericht ein (2,1ff). Das Ausgießen des Geistes ist zugleich der Beginn der «letzten Tage» (2,17), der Beginn der Zeit der Kirche. Geistausgießung ereignet sich immer wieder in der Apostelgeschichte, so nach dem feierlichen Gebet angesichts der Verfolgung der Apostel (4,31), bei der Taufe der ersten Heiden (10,44), bei der Handauflegung in Samaria (8,17-18) und Ephesus (19,6). Bei allen wichtigen Entscheidungen der Urkirche ist der Geist namentlich erwähnt. Die Entschließung auf dem Jerusalemer Konzil wird eingeleitet mit den Worten: «Es hat dem heiligen Geist und uns gefallen...» (15,28). Die hervorragendsten Männer, die in der Apostelgeschichte auftreten, sind Männer «voll heiligen Geistes» (vgl. 4,8; 6,3.5; 7,55; 11,25; 13,9), und von der ganzen Gemeinde heißt es, sie «wuchs durch den Zuspruch des Geistes» (9,31)... Der Geist ist in der Tat jene überragende und prägende Kraft, aus der heraus die Kirche lebt.

Lukas und seine Leser waren allerdings zu kritisch und zu aufgeklärt, als daß sie sich mit einem kräftigen Hinweis auf den «Geist» zufrieden gegeben hätten. Für sie sollte das Unternehmen «Kirche» auch überprüfbar, in gewissem Sinn «vernünftig» sein. In ihrer Verunsicherung wollten sie wissen, wie es mit der Sache Jesu wirklich steht. Ist sie uneingeschränkt in der Kirche aufgehoben? Oder muß man befürchten, daß sie sich nach und nach verflüchtigt? Einverstanden, daß der heilige Geist die tragende Kraft der Kirche ist; aber stammt denn auch schon jedes Gebläse und Gebrause vom heiligen Geist?

Für Lukas ist der «heilige Geist» nicht eine Patentantwort, durch die er unbequeme Frager zum Schweigen bringen will. Wohl wird der Geist der Kirche und jedem Glaubenden geschenkt; er wirkt aber nicht außerhalb der Gemeinde, sondern in ihren Menschen, in ihrer Geschichte und in ihren Einrichtungen. So hebt Lukas innerhalb seiner Geisttheologie zwei Dinge hervor: 1. die Zeit des Anfangs, d. h. die Zeit Jesu und der Apostel, 2. die Konstanten, die seine eigene Zeit, also die Zeit der Kirche, mit der Zeit des Anfangs verbindet.

Apostel sind unersetzlich

Anders als Mattäus hat Lukas einen festgeprägten Apostelbegriff. Die Apostel haben die besondere Funktion, die Kontinuität mit dem Wirken des irdischen Jesus herzustellen. Darum erhalten den Aposteltitel nur die «Zwölf». Als Judas ersetzt werden mußte, hatten die «Brüder» in Jerusalem – «es waren etwa hundertzwanzig versammelt» – einen Nachfolger zu wählen. Die Bedingungen dafür, daß jemand auf die Kandidatenliste kommen konnte, gab Petrus mit diesen Worten bekannt: Es muß einer sein, «der mit uns zusammen war in der ganzen Zeit, da der Herr Jesus unter uns ein und aus ging, von der Taufe des Johannes angefangen bis zu dem Tag, da er von uns hinaufgenommen ward.» Zur Wahl stellten sich Joseph, genannt Barsabbas mit dem Beinamen Justus und Mattias. Die Wahl fiel auf Mattias (Apg 1,15-26). – Der Aposteltitel wird nicht einmal dem Paulus zuerkannt; er war nicht «von Anfang an» dabei. Von der einzigen Ausnahme, wo er mit Barnabas zusammen ganz untypisch «Apostel» genannt wird, können wir absehen (Apg 14,14). Und wenn Jakobus, der Bruder des Johannes, den Märtyrertod stirbt, wird er nicht mehr ersetzt (12,1-2). – Das Apostelamt ist für Lukas nicht übertragbar. Es gibt auch hier keine «Nachfolger der Apostel». Die Apostel sind für die Kirche eben so etwas wie das «Fundament». Das Fundament darf nicht beliebig erweitert oder verändert werden.

Fixpunkt Jerusalem

Bevor wir diese Vorgänge näher betrachten, muß noch ein weiteres «Fundament» erwähnt werden, das mit den «Aposteln» in eins gesehen werden muß: Jerusalem. Man könnte sagen: Sowohl das Lukasevangelium wie auch die Apostelgeschichte haben den gleichen «Fixpunkt». Das ganze Evangelium ist auf Jerusalem ausgerichtet, den Ort der «Erfüllung», den Ort der «Hinwegnahme». Besonders jener Abschnitt, der in Lk 9,51 beginnt und mit dem Einzug in Jerusalem schließt, spricht immer wieder davon, daß Jesus auf dem Weg nach Jerusalem sei (9,51.53.57; 10,38 usw.). Im Unterschied zu den anderen Evangelisten finden die Erscheinungen des Auferstandenen nicht in Galiläa statt, sondern in und um Jerusalem (vgl. oben S. 19–20). Nach den einleitenden Worten der Apostelgeschichte gab der Auferstandene den Aposteln sogar den Auftrag, «von Jerusalem nicht fortzugehen, sondern auf die Verheißung des Vaters zu warten» (Apg 1,4).

In der Apostelgeschichte finden wir den entgegengesetzten Zug. Jerusalem ist nicht Zielpunkt, sondern Ausgangspunkt für alle wichtigen Entscheidungen und Ereignisse, entsprechend der Verheißung und dem Auftrag des Auferstandenen: «Ihr werdet Kraft empfangen, indem der Heilige Geist auf euch kommt, und werdet meine Zeugen sein in Jerusalem und in ganz Judäa und Samaria und bis an das

Ende der Erde» (Apg 1,8). Dementsprechend berichtet denn die Apostelgeschichte auch vom Siegeszug des Evangeliums, von der großen Missionsarbeit, die immer wieder von Jerusalem aus ihre Impulse erhält, bis das Ende der Apostelgeschichte von der Predigttätigkeit des Paulus in Rom erzählt (Apg 28,1ff). – So hat Lukas, zur «Versicherung» seiner Leser (Lk 1,4) eine Größe fixiert, in der das ganze «Unternehmen Kirche» fest verankert ist: Jerusalem und die Apostel.

Ein Leitungsgremium für die Minderheit?

Wie aber soll es weitergehen *nach* den Aposteln? Wie gesagt, das Muster von der einfachen «Nachfolge» der Apostel taugt hier nicht. Sollen die Apostel wirklich die Verankerung der Kirche in ihrem «Anfang» sein, dann sind sie weder ersetzbar noch auswechselbar.

Zunächst kann man feststellen, daß auf Vorschlag der Zwölf in Jerusalem sieben Männer gewählt wurden, die fortan den Tischdienst in der Gemeinde besorgen sollten (Apg 6,1ff). Das geschah nicht deswegen, weil Jesus für die Kirche einen «Diakonat» vorgesehen hätte. Auslösendes Moment für diese Neuregelung waren zwei miteinander streitende Gruppen, die Hellenisten und die Hebräer, d. h. die griechisch sprechenden und die aramäisch sprechenden Judenchristen in Jerusalem. Bei den «Sieben» wird es sich ursprünglich um die Führer des hellenistischen Teils der Jerusalemer Gemeinde gehandelt haben. Als wir vom Leitungsmodell der Synagoge sprachen (vgl. oben S. 92–93), sahen wir, daß an der Spitze der Gemeinde vielfach ein Rat von sieben Männern stand. Daß Lukas um die wahren Vorgänge in Jerusalem kaum Bescheid wußte, geht daraus hervor, daß er in den folgenden Kapiteln zwei der sieben Männer, nämlich Stephanus und Philippus, nicht etwa als «Armenpfleger» auftreten läßt, sondern als Prediger und Missionare. Diese Feststellung soll uns nicht verwirren; sie zeigt höchstens, daß Lukas die verschiedenen Traditionen nicht immer ganz auszugleichen verstand. Sehen wir aber gut hin, was Lukas erzählt: Die Sieben sind auf Vorschlag der Zwölf von der ganzen Gemeinde gewählt worden (Apg 6,5a). Im Anschluß an die Namenliste (6,5b) heißt es dann:

Die Gemeinde brachte diese sieben Männer zu den Aposteln. Die beteten für sie und legten ihnen die Hände auf (6,6).

«Und sie legten ihnen die Hände auf»

Der Ritus der Handauflegung ist keineswegs eine christliche Erfindung. Die Juden, die diesen Ritus zur Amtseinsetzung eines Rabbiners gebrauchten, führten ihn auf Mose selbst zurück, der auf göttlichen Befehl durch Handauflegung den Josua zu seinem Nachfolger bestimmt (Dtn 31,1-8.14f.23) und ebenso die siebzig Ältesten zu seinen Mitarbeitern bestellt hatte (Num 11,16f). Danach wurde durch die Handauflegung des Mose der Geist, der auf ihm ruhte, den Amtsnachfolgern und Mitarbeitern mitgeteilt.

Warum sollten die Christen einen so schönen Ritus nicht übernehmen? Durch Fasten, Gebet und Handauflegung haben «Propheten und Lehrer» der Gemeinde zu Antiochia während des Gottesdienstes Barnabas und Saulus auf die Missionsreise geschickt – ein Zeichen dafür, daß mit der

Handauflegung jemand nicht nur zum «Nachfolger» eingesetzt, sondern mit einer bestimmten Mission beauftragt werden konnte (Apg 13,1-3). – In unserer Kirche gibt es die Handauflegung bei der Taufe, bei der Firmung und bei der Priesterweihe.

Bei den Ältesten in guten Händen

Lesen wir in der Apostelgeschichte weiter, treten in Jerusalem ganz unvermittelt «Älteste» (Presbyter) auf. Sie nehmen die Kollekte aus Antiochien in Empfang (11,30). Auf dem «Apostelkonzil» werden sie zusammen mit den Aposteln erwähnt (vgl. die fünfmalige Erwähnung von «Apostel und Älteste» bzw. «Apostel und Älteste samt der ganzen Gemeinde» Apg 15,2.4.6.22f) und fungieren dort wie selbstverständlich als mitbestimmendes Gremium bei wichtigen Entscheidungen. In Apg 21,18 werden die Presbyter zusammen mit dem Herrenbruder Jakobus erwähnt, welcher mittlerweile offensichtlich die Leitung der Jerusalemer Gemeinde übernommen hatte.

Wie und wann in Jerusalem das Amt der Presbyter oder der Ältestenrat eingeführt wurde, läßt sich nicht mehr sagen; wir dürfen nämlich nicht vergessen, daß eine solche «Geschichtsschreibung» leicht die aktuellen Verhältnisse der Zeit des Verfassers in die früheren Zeiten zurückprojiziert. Sicher aber entspricht das Ältestenamt der jüdischen Gemeindeordnung, und ihre Einrichtung in der christlichen Gemeinde in Jerusalem wird wahrscheinlich stattgefunden haben, als die Leitung der Gemeinde von Petrus auf Jakobus übergegangen ist. Welches genau die Funktion oder die

Aufgabe der Presbyter war, läßt sich aus der Apostelgeschichte nicht entnehmen. Nie werden sie im Zusammenhang mit der Predigttätigkeit erwähnt. Aus der Tatsache, daß sie es sind, welche die Kollekte aus Antiochien entgegennehmen (Apg 11,30) und daß sie bei Jakobus versammelt waren, als Paulus und sein Gefolge von der Missionsreise zurückkamen (Apg 21,18), darf man wohl entnehmen, daß die Presbyter eine Art Rat der lokalen Verantwortlichen waren, der gewisse Verwaltungsaufgaben wahrnahm.

Propheten und Lehrer

Ziemlich anders als in Jerusalem muß die Lage im syrischen Antiochien ausgesehen haben. Hier waren ja auch die äußeren Umstände anders. Setzte sich die Jerusalemer Gemeinde mehrheitlich aus palästinischen Judenchristen zusammen, wirkten in Antiochien vorwiegend griechisch sprechende Juden, die dort auch den Griechen, d. h. den Heiden «den Herrn Jesus verkündigten» (Apg 11,19-20).

In Apg 13,1 wird eine Namenliste der bedeutendsten Gestalten und wohl auch der Mitbegründer der christlichen Gemeinde in dieser Großstadt angeführt. Diese werden von Lukas nicht «Presbyter», sondern «Propheten und Lehrer» genannt. Das überrascht, denn Barnabas und Paulus werden sonst nirgends als Propheten oder als Lehrer bezeichnet, und die übrigen Männer werden sonst überhaupt nicht mehr erwähnt.

Wie sich die Prophetengabe in diesem Kreis kundtat, berichtet der nächste Satz:

Als sie einmal fasteten und beteten, sagte ihnen der heilige Geist: «Gebt mir Barnabas und Saulus für die besondere Aufgabe frei, zu der ich sie berufen habe» (Apg 13,2).

Konkret dürfen wir uns hier unter dem Reden des heiligen Geistes das Reden eines Propheten vorstellen. – Die eigentliche «Missionsaussendung» der beiden wird dann etwas später während eines Gottesdienstes stattgefunden haben, an dem die ganze Gemeinde teilnahm. Dieses letztere erwähnt zwar Lukas nicht, aber es darf vorausgesetzt werden; denn als die beiden später von ihrer Missionsreise zurückkehrten, «riefen sie die ganze Gemeinde zusammen und berichteten, was Gott alles durch sie getan hat...» (Apg 14,27).

Da wir von anderen Amtsträgern oder Leuten, die in der Gemeinde Funktionen ausübten, nichts hören oder lesen, darf man vermuten, daß die genannten «Propheten und Lehrer» die Gemeinde von Antiochien leiteten. Es war ein Gremium, das sich aus eigener Initiative zusammenfand, in welchem Barnabas als der Älteste und Angesehenste und als gutes Bindeglied zu Jerusalem (vgl. Apg 11,22-26) höchstens eine Art «Ehrenvorsitz» innehatte.

Im Unterschied zur Gemeinde in Jerusalem, wo Presbyter, also ein Ältestenrat zusammen mit den Aposteln bzw. mit Jakobus die Leitung der Gemeinde innehatten, war die Organisation der Gemeinde in Antiochien offener, freier und spontaner. Und das ist auch richtig so. Eine Gemeinde, die im Aufbau begriffen ist, wo die Leute vor allem unterrichtet werden müssen (Apg 11,26), bedarf eher «Propheten und Lehrer» denn eines gut funktionierenden und statutengerechten Verwaltungsapparates.

Für die Gemeindeorganisation zur Zeit des Lukas gab es also noch keine fixen Modelle. Gemeinden werden entsprechend ihrer Bedürfnisse strukturiert und entsprechend dem «Personal», das zur Verfügung steht. Freilich war Antiochien nicht eine unabhängige, auf sich gestellte und sich selbst überlassene Gemeinde. Nach dem theologischen Prinzip des Lukas steht auch Antiochien im Bann «Jerusalems». Jerusalem schickte einen ihrer angesehensten Männer dorthin, um nach dem rechten zu sehen (Apg 11,22-26), und als dann daselbst ein «großer Zwist und Streit» entstand, wurde die Streitfrage vor die «Apostel und Ältesten» nach Jerusalem getragen, die daraufhin zum «Konzil» zusammentraten (Apg 15).

So haben wir gut zu unterscheiden: wir haben bei Lukas das unaufgebbare theologische Prinzip für den Aufbau der Gemeinde, nämlich Jerusalem und die Apostel und die Führung der Gemeinde durch den Geist; was aber die konkrete Organisation der Gemeinde anbelangt, steht noch alles offen.

Das Testament des Lukas

Bevor wir das Gesagte zusammenfassen, müssen wir uns noch mit einer Stelle beschäftigen, die von besonderem Interesse ist. Es handelt sich um *Apg 20,17-38*. Die Rede ist deswegen von so großer Bedeutung, weil sie an die Gemeindevorsteher (Presbyter) gerichtet ist, und weil daraus immer wieder folgender Satz zitiert wird:

> Habt acht auf euch und auf die ganze Herde, in der der heilige Geist euch zu Aufsehern (Episkopoi) bestellt hat, die Gemeinde Gottes zu weiden, die er sich mit seinem eigenen Blut erworben hat (20,28).

Die ganze Rede Apg 20,18-35 ist der Form und dem Inhalt nach eine «Abschiedsrede». Sie wird von Lukas dem Paulus in den Mund gelegt, dürfte aber nicht nur von Lukas stilistisch überarbeitet sein: sie darf selber als «Testament» des Lukas angesehen werden.

Die literarische Art der Abschiedsrede ist in der Bibel und in ihrem Umkreis sehr beliebt. Sie gibt dem Erzähler Gelegenheit, Leben, Wirken und Absicht des aus der Welt Scheidenden auf eine eindrückliche Art zusammenzufassen. Im Alten Testament gibt es Abschiedsreden wie die des Jakob (Gen 47,29-49,33), des Samuel (1 Sam 12,1-25), des David (1 Chr 28f). Im Neuen Testament gibt es die Abschiedsreden Jesu vor seinem Leiden und Sterben (Lk 22,14-38; Joh 13-17) oder die Letzten Worte Jesu nach der Auferstehung (Mk 16,14-19; Mt 28,16-20; Lk 24,44-52; Apg 1,4-9). Auch der 2. Timoteusbrief und der 2. Petrusbrief gehören zur Gattung der Abschiedsreden. Daneben gibt es aber auch in der frühjüdischen Literatur eine ganze Reihe von Abschiedsreden, wie etwa die Testamente der Zwölf Patriarchen, die Abschiedsreden des Moses, des Baruch oder des Henoch.

Die Rede des Paulus in Milet vor den «Presbytern» der Gemeinde von Ephesus weist fast alle Motive der Gattung «Abschiedsrede» auf, wodurch ihr Lukas eine besondere Bedeutung verleihen will. Das aufmerksame Lesen dieser Rede muß ich wieder dem Leser überlassen. Ein paar Hinweise sollen genügen.

«Diakonia» ernst genommen

Als einziger unter den Synoptikern verwendet Lukas den Ausdruck «Diakonia», «Dienst» in dem theologisch gefüllten Sinn der Predigt und Verkündigungstätigkeit. Paulus faßt in seiner Rede seine ganze apostolische Tätigkeit mit dem Begriff «Diakonia» zusammen (20,24). Dabei ist folgendes zu bedenken.

1. Paulus hat die «Diakonia» vom «Herrn Jesus» erhalten.

2. Sie besteht darin, «die Gute Nachricht von der Gnade Gottes zu bezeugen». Wir hören hier ganz deutlich die «Sache Jesu» heraus.

3. Wie sich diese «Diakonia» gestalten soll, wäre bei der «Diakonia» Jesu nachzusehen (vgl. Lk 12,37; 17,8; 22,26f), der seinen Dienst immer als konkreten, persönlich ausgerichteten und mit letzter Hingabe getanen Dienst am einzelnen oder an der Gemeinschaft verstanden hat.

Das Amt, das vom Geist kommt

In dem Satz, der uns am meisten interessiert und den wir oben zitiert haben, müssen wir die Perspektiven richtig sehen.

1. Nicht auf das Erbe des Paulus sollen die Gemeindevorsteher achten, sondern auf sich selbst und die ganze Herde. Der Ausdruck «Herde» wird für die Gemeinde Gottes ab und zu gebraucht (vgl. Lk 12,32; Apg 20,29; 1 Petr 5,2.3).

2. Die Gemeindevorsteher (Presbyter) sind vom heiligen Geist zu Aufsehern (Episkopoi) *in der Gemeinde* bestellt

worden. Zwar würde man von einem *Auf*seher erwarten, daß er *über* die Gemeinde bestellt worden wäre. Lukas sieht es anders. Der Amtsträger steht nicht über der Gemeinde. Nur *in der Gemeinde* hat er seinen vom heiligen Geist bestimmten Platz.

3. Das Wort «Episkopoi» sollte nicht voreilig mit «Bischöfe» übersetzt werden, wie das manche deutsche Bibelausgaben tun. Mit dem «Bischof» bezeichnen wir normalerweise einen Amtsinhaber, und zwar den Leiter einer monarchisch organisierten Gemeinde oder Diözese. In unserem Vers ist «Episkopos» eine Funktionsbezeichnung: die Presbyter haben die Funktion von Aufsehern über die Herde. Es ist sicher nicht der Sinn der Aussage, die Gemeindevorsteher seien vom heiligen Geist zu «Bischöfen» bestellt worden.

4. Nicht Paulus hat die Gemeindevorsteher zu Aufsehern über die Herde bestellt, sondern der heilige Geist. Für Lukas – und für die Kirche! – ist es wichtig, daß der heilige Geist die entscheidende Kraft der nachapostolischen Kirche und des nachapostolischen Dienstes ist. Dieser Geist ist sowohl für Paulus wie auch für Lukas wie auch für die Kirche unverfügbar.

Das «Prinzip» ist die «Liebe Gottes»

Gegenüber den Schwierigkeiten, die in den Gemeinden auftauchen, weist Lukas nicht auf das Allerweltsheilmittel der lückenlosen Amtsnachfolge und der Legitimation hin. Er stellt die Gemeinde und ihre Amtsträger unter den Schutz Gottes. Wörtlich: er empfiehlt sie «Gott und der Botschaft seiner Liebe» (Apg 20,32). In diesem Sinn ist auch Apg 14,23 zu interpretieren, wo es von Paulus und Barnabas heißt:

In jeder Gemeinde setzten sie Vorsteher ein. Unter Fasten erbaten sie für alle den Schutz dessen, den sie als ihren Herrn angenommen hatten.

Die Kirche steht also nach dem Glauben des Lukas nicht auf dem Prinzip der Amtsnachfolge, sondern auf dem Prinzip der Heilsinitiative und der Liebe Gottes, wie sie in der Predigt und in der Verkündigung konkret erfahrbar wird.

Kurz zusammengefaßt

Lukas hat die Schwierigkeiten, in denen sich die Kirche in der zweiten Generation befand, gut durchschaut. Die Kirche läuft Gefahr, den Boden unter den Füßen zu verlieren, nicht mehr zu wissen woher und wozu. Die Kirche läuft Gefahr, daß sie sich im Kunterbunt verschiedener Religionen und Heilsangebote selbst verliert, daß sie resigniert, daß ihr Leben erschlafft. Die beginnenden Verfolgungen werden wohl auch noch das Ihre beigetragen haben. Wie begegnet Lukas diesen Schwierigkeiten?

1. Er bindet die Kirche an den *«Anfang»* zurück, an Jesus und an die Apostel als die Garanten der Jesusüberlieferung. Jede christliche Verkündigung hat sich an Jesus und den Aposteln zu messen, am Evangelium.

2. Da das Zeugnis des Evangeliums der «Sache Jesu» nur durch Überlieferung möglich ist, muß diese Überlieferung geschützt, garantiert und auch aktualisiert werden. Dazu braucht es das *Amt*. Dieses Amt ist nicht von sich selbst her

zu verstehen, auch nicht von seiner Einsetzung her, sondern allein von seiner Funktion her. Diese ist bestimmt vom Evangelium bzw. von der vorgegebenen Tradition und von den Erfordernissen der gegenwärtigen Situation.

3. Das Amt wird darum immer *im Miteinander*, d. h. innerhalb der Gemeinde gesehen. Gewiß hat der Amtsträger in der Gemeinde auch ein Gegenüber (Apg 20,28a), und seine Beauftragung und Inpflichtnahme geschieht durch den heiligen Geist. Nie aber gibt es ein einseitiges Gegenüber, denn beide, Gemeinde und Amt bleiben *an das Evangelium gebunden*, und beide stehen unter der Initiative und unter der Verpflichtung des einen Geistes.

4. Darum ist es auch nicht so, daß der Geist und seine Initiative an das Amt gebunden wären, sondern umgekehrt: nur wenn *das Amt an den Geist gebunden* bleibt, bleiben die Unverfügbarkeit, die Freiheit und die Initiativrolle des Geistes gewahrt. Denn im Überlieferungs- und Verkündigungsgeschehen bleibt durch alle Epochen hindurch Gott selbst der letztlich Handelnde.

5. In den Schriften des Lukas finden wir keine Anzeichen dafür, daß die Verbindung der jetzigen Kirche mit dem «Anfang» durch eine lückenlose Amtsnachfolge gewährleistet wird. Vorrangiges Prinzip ist das der *«Kontinuität»*: daß die «Sache Jesu» weitergeht. Diese Sache geht weiter durch das bezeugte und verkündigte Evangelium. Freilich gibt es kein Evangelium ohne Verkünder; darum muß die personale Komponente auch immer berücksichtigt werden. Aber das theologische Konzept des Lukas verhindert, daß das Evangelium zu einem verfügbaren Besitz seiner Träger wird.

Es wäre naiv zu meinen, mit einem solchen theologischen Konzept hätte Lukas alle Schwierigkeiten aus dem Weg geräumt. Immer wieder wird auf die Apostelgeschichte hingewiesen, um zu zeigen, wie ideal und wunderbar der Zustand der Urkirche war. Lesen wir diesbezüglich nur den einen oder anderen Sammelbericht.

Sie alle ließen sich von den Aposteln unterrichten und lebten brüderlich zusammen, feierten miteinander das Mahl des Herrn und beteten gemeinsam. Durch die Apostel geschahen viele Zeichen und Wunder, und jedermann spürte, daß Gott hier am Werk war. Alle, die zum Glauben gekommen waren, taten ihren Besitz zusammen. Wenn sie etwas brauchten, verkauften sie Grundstücke und Wertgegenstände und verteilten den Erlös unter die Bedürftigen. Täglich versammelten sie sich im Tempel, und in ihren Häusern feierten sie in unbekümmerter Freude das gemeinsame Mahl. Sie lobten Gott und waren überall gern gesehen. Der Herr führte ihnen jeden Tag Menschen zu, die er retten wollte (Apg 2,42-47).

Vgl. dazu auch noch Apg 4,32-35; 6,7; 9,31 u. a.

Wir wollen die Richtigkeit solcher Aussagen nicht bestreiten. Wir sollten uns aber daran erinnern, daß Lukas nicht ein «objektiver» Geschichtsschreiber ist. Lukas ist auch und vor allem ein engagierter Schriftsteller. Seine Gemeinden haben es offenbar nötig, daß ihnen gesagt wird, wie ideal die Anfänge der Kirche waren. Die Gemeinden hatten dieses Bild wohl darum so nötig, weil die Zustände in den Gemeinden zur Zeit des Lukas eben alles andere als ideal waren. Die Anfänge eines Unternehmens werden dann idealisiert, wenn es mit dem Unternehmen zu hapern beginnt.

Ganz abgesehen davon gibt es in der Apostelgeschichte

Hinweise genug, nach denen die Gläubigen ganz und gar nicht immer «ein Herz und eine Seele» (Apg 4,32) waren. Nicht nur gab es in den Gemeinden Unterschlagungen (5,1-11), persönliche Reibereien (15,36-40) und zum Einschlafen lange Predigten (20,7ff); die «Sieben» in Jerusalem wurden eingesetzt, weil ein «Streit» ausgebrochen war zwischen den griechisch sprechenden und den aramäisch sprechenden Gemeindegliedern (6,1), und das sogenannte Apostelkonzil war veranlaßt durch eine «heftige Auseinandersetzung» in Antiochien (15,1-2) und hatte als Haupttraktandum eben diese «Streitfrage». Wenn schon Lukas von solchen Mißstimmigkeiten berichtet, der sonst wie gesagt eher die Tendenz hat, die Ursprünge zu beschönigen, können wir sicher sein, daß in der Urchristenheit lange nicht alles so reibungslos verlaufen ist. Jesus hat seinen Jüngern und der Kirche eben nicht ein geregeltes Hauswesen hinterlassen. Er schenkte ihnen seinen Geist und mutete ihnen zu, die Probleme selbst zu meistern.

5. DIE PASTORALBRIEFE – DAS VERMÄCHTNIS DES UNAUFGEBBAREN

Sachte mit voreiligen Übersetzungen

Diejenigen Schriften des Neuen Testaments, welche die Kirchenorganisation am meisten beeinflußt haben, sind die sogenannten Pastoralbriefe, d. h. die beiden Briefe an Timotheus und der Brief an Titus. Hier haben wir fast alle «Ämter» erwähnt, wie sie nachher in der Kirche Schule machten: wir haben Presbyter, den Episkopos und die Diakonoi. Zum vornherein sei der Hinweis erlaubt, daß wir gut daran tun, weiterhin diese griechischen Namen zu gebrauchen und nicht sogleich die späteren Ämter in sie hineinzulesen. Die Presbyter sind nicht die «Priester», der Episkopos nicht der «Bischof» und die Diakonoi nicht die «Diakone», wie wir sie heute kennen. Wenn wir schon eine Übersetzung vornehmen wollen, dann eher in dem Sinn, daß wir in den Presbytern die «Gemeindeältesten», den «Gemeinderat» oder die «Gemeindevorsteher» sehen, im Episkopos den «Gemeindeaufseher» oder den «Gemeindeleiter» und in den Diakonoi so etwas wie die «Gemeindehelfer». Gewiß werden durch eine solche Übersetzung die Ämter des Presbyters und des Episkopos nicht genügend voneinander abgegrenzt, doch darf man nicht vergessen, daß auch im Griechischen eine gewisse Zweideutigkeit besteht.

Und noch eine Vorbemerkung. Ich bin nicht sicher, ob es richtig ist, von Presbytern und Diakonoi in der Mehrzahl und vom Episkopos in der Einzahl zu sprechen. Es ist zwar richtig, daß in 1 Tim 3,2 und Tit 1,7 der Episkopos in der Einzahl steht; man ist aber berechtigt anzunehmen, daß es sich hier um eine «generische Einzahl» handelt. Wenn ich sage: «Der Bankangestellte sollte gute Sprachkenntnisse haben», meine ich damit nicht, es gäbe auf der ganzen Welt nur einen einzigen Bankangestellten, oder jede Bank hätte nur einen einzigen Angestellten. Ebenso könnte ich sagen: «*Jeder* Bankangestellte sollte gute Sprachkenntnisse haben.» In diesem «generischen» Sinn ist wohl die Einzahl zu verstehen, wenn wir in Tit 1,7 lesen: «Der Episkopos sollte als Verwalter Gottes untadelig dastehen.»

Nach diesen beiden Vorbemerkungen wollen wir so nüchtern wie möglich an die Sache herangehen.

Zuerst einmal bringt uns die Frage in Verlegenheit, was denn Timotheus und Titus, an welche die Briefe gerichtet sind, für ein Amt ausgeübt haben. Es lassen sich aus den Briefen eine ganze Menge von Pflichten und Aufgaben ausfindig machen, die diese beiden zu übernehmen hatten bzw. übernommen haben. Für sich selber sollen sie fest und standhaft bleiben (2 Tim 3,14; 1 Tim 4,16). Ihren Glauben sollen sie als kostbaren Schatz sorgfältig und treu bewahren (1 Tim 4,15f; 6,20; 2 Tim 1,12). Sie sollen auf einen guten Lebenswandel achten, denn in allen Tugenden und guten Werken sollen sie Vorbild sein (1 Tim 4,11; Tit 2,7). Was ihre Verpflichtungen gegenüber der Gemeinde anbelangt, wird ihnen immer wieder nahegelegt, daß sie «erinnern», «vorlegen», oder «bezeugen» müssen in Lehre und Predigt (vgl. z. B. 2 Tim 4,1ff). Theologischen Neuerungen und dummem Geschwätz sollen sie aus dem Weg gehen (1 Tim 4,7; 6,20 u. ö.). Irrlehren sollen sie entgegentreten (1 Tim 1,3 u. ö.). Die richtige Lehre unversehrt zu bewahren und weiterzugeben ist ihre wichtigste Aufgabe (1 Tim 4,11; 6,3 u. ö.). Sie sollen nicht voreilig die Hände auflegen (1 Tim 5,22) – wobei nicht ganz sicher ist, was damit gemeint ist – und sie sollen das Gebet mit der Gemeinde pflegen (1 Tim 2,1-12).

Es besteht kein Zweifel, daß Timotheus und Titus in mehrfacher Hinsicht für die Gemeinde Verantwortung zu tragen haben. Aber ein bestimmter Amtsbegriff oder ein Amtstitel läßt sich nicht ausfindig machen. «Titel» gibt es für sie schon, aber sie sind recht ungenau und sonst kaum gebräuchlich. So wird Timotheus einmal «Diakonos Jesu

Christi» genannt (2 Tim 2,15), dann auch «Streiter» (2 Tim 2,3); er wird gemahnt, ein guter «Arbeiter» zu sein (2 Tim 2,15); er wird mit einem «Landmann» (2 Tim 2,6) oder mit einem «Sklaven» verglichen (2 Tim 2,24). Aber mit all diesen Ausdrücken und Vergleichen wird nicht ein bestimmtes Amt oder eine bestimmte Gemeindefunktion anvisiert. Wenn Timotheus und Titus dann in späteren Zeiten als «Bischöfe» oder als «Metropoliten» bezeichnet werden, sind solche Bezeichnungen nicht nur anachronistisch; sie haben in den Briefen selbst keinen Anhaltspunkt.

Wenn das Image zerbröckelt

Es erstaunt, daß «Paulus» die beiden immer wieder auf die – man könnte sagen: primitivsten – Christenverpflichtungen aufmerksam macht: sie sollen die «Begierden der Jugend» fliehen und nach Gerechtigkeit, Glaubensgeist, Liebe und Frieden trachten (2 Tim 2,22); sie sollen nicht den Streit lieben, sondern gegen alle freundlich sein (2 Tim 2,24); ältere Männer sollen sie nicht anfahren (1 Tim 5,1), sondern sich lieber in der Frömmigkeit üben (1 Tim 4,7) usw. Ja, man hat berechtigte Zweifel, in den Adressaten dieser Briefe jenen Timotheus oder jenen Titus zu sehen, die nach anderen neutestamentlichen Zeugnissen Mitarbeiter oder gar langjährige Gefährten des Paulus waren (für Timotheus vgl. Apg 16,1; 17,14-15; 18,5; 19,22; 20,4; Röm 16,21; 1 Kor 4,17; 16,10; 2 Kor 1,1; Phil 1,1; 2,19; 1 Thess 1,1; 3,2-6; für Titus vgl. 2 Kor 2,13; 7,6.13-14; 8,6.16.23; 12,18).

Man könnte sich fragen, wie ein Timotheus z. B. überhaupt zu seiner Stellung gekommen sei. Zweimal ist in 1 Tim davon die Rede, daß Prophetenworte über ihn ergangen seien (1 Tim 1,18; 4,14); das eine Mal war dieses Prophetenwort verbunden mit der Handauflegung (4,14).

Vernachlässige nicht die Gabe (Charisma), die Gott dir geschenkt hat, als die Propheten in der Gemeinde dich beriefen und die Vorsteher (Presbyterium) dir unter Gebeten die Hände auflegten.

Dieser Text steht allerdings in Spannung zu 2 Tim 1,6, wonach Paulus selber dem Timotheus die Hände aufgelegt hat:

Darum ermahne ich dich: Laß die Gabe (Charisma) zur Wirkung kommen, die Gott dir geschenkt hat, als ich dir die Hände auflegte.

Handelt es sich beide Male um das gleiche Ereignis? Erhielt Timotheus zwei verschiedene Beauftragungen, eine durch das Presbyterium, die andere durch Paulus selbst?

Wir sehen: in diesen Briefen, in denen scheinbar eine «fertige» Ordnung der frühen Kirche präsentiert wird, stellen sich bei genauerer Lektüre Fragen über Fragen.

Nicht viel besser geht es uns, wenn wir die verschiedenen Ämter näher untersuchen.

Der Episkopos muß für vieles herhalten

Wie bereits erwähnt, ist der Titel «Episkopos» ab und zu in den Listen griechischer Kultvereine anzutreffen, ab und zu auch in den Listen staatlicher Ämter. Der Episkopos ist hier meist eine Art Aufseher, Inspektor, Verwalter. Im Neuen Testament ist der Ausdruck selten zu finden. Zum ersten Mal taucht er im Briefkopf des Philipperbriefes auf. Paulus (und Timotheus) schreibt seinen Brief «an alle Heiligen in

Christus Jesus, die in Philippi sind, mit den Episkopoi und den Diakonoi». Da im Brief selber weder die Episkopoi noch die Diakonoi eine Rolle spielen oder auch nur erwähnt werden, läßt sich für die Bedeutung dieser beiden Gruppen von Funktionsinhabern nichts ausmachen (vgl. oben, S. 103). Wie frei und wenig amtlich der Titel Episkopos in der frühen Kirche gebraucht wurde, zeigt die Tatsache, daß im 1. Petrusbrief Jesus Christus «Episkopos eurer Seelen» (2,25) genannt wird. Hier allerdings in der Doppelwendung «Hirte und Episkopos». Wir haben im vorausgehenden Kapitel gesehen, daß die Funktion des Hirten tatsächlich etwas mit «aufsehen» oder «verwalten» zu tun hat.

Auf alle Fälle ist der Titel für die junge Christenheit noch völlig unbelastet; er konnte inhaltlich mit dem gefüllt werden, was eben gerade nötig war.

Ein «edler Beruf»

Hat der Episkopos in den Pastoralbriefen ein präziseres Gesicht, eine festumrissene Aufgabe? Lesen wir, was in 1 Tim 3,1-7 über den Episkopos geschrieben steht.

Es ist ein wahres Wort: «Wenn jemand den Episkopat erstrebt, so wünscht er sich eine große Aufgabe.» Ein Episkopos soll ein Mann sein, an dem es nichts auszusetzen gibt. Er darf nur einmal verheiratet sein. Er muß nüchtern, besonnen und ehrbar sein. Er muß gastfreundlich sein und lehren können. Er soll kein Trinker oder gewalttätiger Mensch sein, sondern ein freundlicher und friedliebender Mann. Er darf auch nicht am Geld hängen. Er muß ein guter Familienvater sein und Kinder haben, die ihn achten und ihm gehorchen. Denn wenn jemand seine eigene Familie nicht zu leiten versteht, wie kann er dann die Sorge für die Gemeinde Gottes übernehmen? Er darf nicht gerade erst Christ geworden sein; sonst wird er zu stolz, und der Teufel bringt ihn so weit, daß Gott ihn verurteilen muß. Auch außerhalb der Gemeinde muß er in gutem Ruf stehen; man sollte nichts Belastendes über sein Vorleben erzählen können. Sonst kann ihm der Teufel daraus einen Strick drehen.

Vgl. dazu auch Tit 1,7-9.

Auf die besonderen Anforderungen, die an dieses Amt gestellt sind, wollen wir nicht näher eingehen. Im großen und ganzen sind es Qualitäten, die nicht nur keinem Christen, sondern überhaupt keinem Menschen abgehen sollten. Nur auf drei Hinweise wollen wir uns im Zusammenhang dieses Textes beschränken.

1. Da man den Episkopat «erstreben» kann als eine große Aufgabe oder einen «edlen Beruf», wie andere Übersetzungen sagen, muß der Episkopat auch etwas fest Umschriebenes gewesen sein. Man konnte sich von dieser Aufgabe, von diesem «Beruf» eine Vorstellung machen.

2. Eine der Voraussetzungen, die ein Kandidat für den Episkopat mitbringen muß, ist die: er muß lehren können, d. h. er muß lehrtüchtig sein. Ganz offensichtlich versah der Episkopos – wenigstens unter anderem – auch das Amt des Lehrers, d. h. des Katecheten und eventuell auch des Predigers. Diese Anforderung kennt auch Tit 1,9.

3. Erprobt wird die Tüchtigkeit des Kandidaten für den Episkopat dadurch, daß er ein guter Familienvater ist, daß er seine Familie zu leiten versteht. Allem Anschein nach kommt also dem Episkopos eine Leitungsfunktion zu, die mit der eines Familienvaters zu vergleichen ist, eine Leitungs- aber ebensosehr auch eine Sorge-Funktion, hat doch

der Familienvater dafür zu sorgen, daß seine Familie mit allem Nötigen versehen ist.

Was für einem Kreis der Episkopos entnommen ist, können wir nicht mit Bestimmtheit sagen. Manche Interpreten sehen aber in 1 Tim 5,17ff die Möglichkeit gegeben, daß die Episkopoi entweder zugleich auch Presbyter oder aber dem Kreis der Presbyter entnommen waren. Aus den Texten geht aber nicht hervor, daß die Episkopoi im Kreis der Presbyter eine Sonderstellung eingenommen hätten. Erst recht erlauben uns die Texte nicht, an eine Form des monarchischen Episkopats zu denken.

Ein Wort an die Ältesten

«Presbyter» bedeutet zuerst einmal der ältere Mensch im Unterschied zum jungen. Timotheus wird gemahnt, einen älteren Menschen (Presbyter) nicht hart anzufahren (1 Tim 5,1).

Seit jeher holte man in Israel in wichtigen Belangen den Rat der Erfahrenen ein, d. h. den Rat derer, die im Lauf der Jahre weiser und abgeklärter geworden sind, der «Ältern» oder der «Ältesten», wie man sie auch nannte. Wir haben in einem der vorausgehenden Abschnitte bereits gesehen, daß die Juden mit «Presbyter» bzw. «Presbyterium» das leitende Gremium der Synagoge bezeichneten (vgl. oben S. 91).

Was für Anforderungen werden in den Pastoralbriefen an die Presbyter der christlichen Gemeinden gestellt? Lesen wir dazu Tit 1,5-6.

Ich habe dich in Kreta zurückgelassen, damit du tust, was ich selbst nicht mehr ausführen konnte. In jeder Stadt sollst du Presbyter einsetzen. Denke an meine Anweisungen: Einem Presbyter darf man nichts nachsagen können. Er darf nur einmal verheiratet sein. Auch seine Kinder sollen Christen sein; man soll ihnen nicht vorwerfen können, daß sie liederlich und ungehorsam sind.

Ähnlich wie bei den Episkopoi sind also auch hier die Anforderungen und Voraussetzungen sehr allgemein gehalten. Der eben zitierte Text bringt uns eigentlich nur dann in Verlegenheit, wenn wir ihn weiterlesen.

Denn ein *Episkopos* sollte als Hausverwalter Gottes keinerlei Anlaß zur Kritik geben...

Nun werden also die Presbyter plötzlich als Episkopoi bezeichnet. Das bringt uns auf den berechtigten Verdacht, daß für den Verfasser der Pastoralbriefe eine klare Grenzziehung zwischen Presbyter und Episkopos nicht vorgenommen wird.

Aufschlußreich für das Bild der Presbyter in den Pastoralbriefen ist ferner 1 Tim 5,17ff. Dort lesen wir unter anderem:

Die Presbyter, die ihren Dienst gut ausüben, haben doppelten Lohn verdient, besonders wenn sie predigen und unterrichten.

«Vorgesetzte» scheinen es nie leicht zu haben

Presbyter sind also Leute, die sich besonders in der Gemeinde und für die Gemeinde abmühen, und darum sollten sie in der Gemeinde auch besonderes Ansehen, besondere Wertschätzung genießen (das könnte unter «doppeltem Lohn» auch verstanden werden). Ferner sind die Presbyter auch (alle?) mit der Aufgabe der Predigt und der Unterweisung betraut, einer Aufgabe, die – wie wir sahen –

auch schon den Episkopoi zukommt. Im gleichen Textabschnitt zeigt sich dann, daß dem Verfasser daran liegt, daß die Presbyter vor leichtfertiger und unberechtigter Anklage geschützt bleiben (5,18). Offenbar machte man schon sehr bald die Erfahrung, daß Leute, die sich besonders abmühen und eine besondere Verantwortung übernehmen, größerer Kritik und auch größeren Verdächtigungen ausgesetzt sind als andere. Darum soll Timotheus eine Klage gegenüber Presbyter nur anhören, wenn sie von zwei oder drei Zeugen bestätigt wird (5,19). Wenn sich ein Presbyter tatsächlich etwas zuschulden kommen läßt, dann soll man das nicht vertuschen; Timotheus soll ihn öffentlich zurechtweisen, «damit sich auch die anderen fürchten» (5,20).

Es ist zu vermuten, daß die Presbyter durch Handauflegung in ihr Amt eingesetzt wurden; denn Timotheus wird in diesem Zusammenhang gemahnt, niemandem zu schnell die Hände aufzulegen (5,22). Timotheus soll sich also die Kandidaten gut ansehen, bevor er sie in das Amt eines Presbyters einsetzt. Auf der anderen Seite waren es aber auch Presbyter bzw. das Presbyterium (= das Gremium der Presbyter), die dem Timotheus die Hände auflegten (1 Tim 4,14).

Überblicken wir die Aussagen der Pastoralbriefe bezüglich der Presbyter, läßt sich zwar allerhand herauslesen. Was uns etwas hilflos macht, ist die Tatsache, daß wir die Presbyter von den Episkopoi nur schwer unterscheiden können, nicht nur was die Person, sondern auch was die Tätigkeit anbelangt. Vermutlich war es so gemeint, daß es unter den Presbytern bzw. im Presbyterium einen (oder mehrere?) besonders Beauftragte gab, denen zur Aufgabe des Vorstehens, Predigens und Lehrens auch noch die der Verwaltung und/oder der Koordination und/oder der «Supervision», der Oberaufsicht zukam. Aber weit über diese Vermutungen kommen wir nicht hinaus.

«Diakonos» – ein Name für jedes kirchliche Amt

Von Diakonoi lesen wir nur im 1. Timotheusbrief. In der außerbiblischen Literatur bedeutet Diakonos zuerst einmal «Diener» oder auch «Beamter» im weitesten Sinn. Verschiedene Funktionen in einem Verein oder in einem Gemeinwesen werden von Diakonoi ausgeübt.

In der christlichen Kirche erhält der «Dienst» und alles, was damit zusammenhängt, eine besondere Inhaltlichkeit, und zwar deshalb, weil jeder Dienst und darum auch jede Dienstleistung, jede Funktion und jede Beauftragung vom «Dienst» Jesu Christi sein Maß nehmen muß. Nach einer breiten evangelischen Tradition konnte man das ganze Tun Jesu, sein Leben und Sterben in dem Wort «dienen» (diakonein) zusammenfassen (vgl. die markante Aussage in Mk 10,45). Entsprechend ist auch der, der in der Nachfolge Jesu steht und in der Gemeinde eine Aufgabe oder Verantwortung übernimmt, zuerst und vor allem ein «Diener» (vgl. Mk 10,43 im Zusammenhang von 10,42-45). So kann denn der Titel «Diakonos» für jede wie immer geartete Dienstleistung in der Gemeinde gebraucht werden.

Und trotzdem. Entsprechend dem Wortgebrauch, wie er damals gang und gäbe war, wurde auch in der christlichen Gemeinde das Wort Diakonos schon bald für bestimmte Aufgaben gebraucht. Wenn sich eine klare Abgrenzung gegenüber anderen Funktionen nicht immer durchführen läßt, kommt das daher, daß auch die Bedürfnisse der Vereine und Gemeinwesen, denen der Diakonos entsprechen sollte, je recht verschieden waren. Aber lesen wir, was 1 Tim 3,8-13 über die Diakonoi sagt.

Auch die Diakonoi müssen charakterlich einwandfrei sein. Auf ihr Wort muß man sich verlassen können. Sie dürfen nicht übermäßig Wein trinken und nicht darauf aus sein, sich zu bereichern. Sie sollen die Wahrheit, die Gott uns bekannt gemacht hat, mit einem guten Gewissen bewahren. Zuerst muß man prüfen, ob sie auch geeignet sind. Nur wenn keiner ihnen etwas nachsagen kann, dürfen sie zum Dienst zugelassen werden. Auch die (ihre?) Frauen müssen einen guten Charakter haben; sie sollen keine Klatschbasen sein, sondern nüchtern und in allem zuverlässig. Ein Diakonos darf nur einmal verheiratet sein. Er muß seine Kinder zum Guten anhalten und sein Hauswesen in Ordnung halten. Wer seinen Dienst als Diakonos vorbildlich tut, erwirbt sich einen Ehrenplatz und kann voll Zuversicht vor Gott hintreten, weil er Jesus Christus vertraut.

Als bei meiner Diakonatsweihe der Bischof diesen Text las, war ich eher amüsiert als verlegen, und ich hatte den Eindruck, daß sich auch der Bischof eines Schmunzelns kaum erwehren konnte. Zwar hatte ich, seitdem ich einigermaßen erwachsen war, ein Glas guten Weines nie verabscheut. Das übermäßige Weintrinken habe ich mir aber weder vor noch nach der Diakonatsweihe je zur Gewohnheit werden lassen. Mein Bischof war auch über meine Frau ziemlich gut informiert, hatte ich doch nur wenige Monate zuvor ziemlich feierlich versprochen, unverheiratet zu bleiben. Aber lassen wir diese etwas anachronistische Interpretation des Textes.

Auch im Passus über die Diakonoi bleiben die Anforderungen und Bedingungen recht im Allgemeinen. Daß die Kandidaten zuerst «geprüft» werden sollen, ist vielleicht eine kleine Besonderheit. Falls aber 1 Tim 5,22 («Lege keinem voreilig die Hände auf!») für die Einsetzung von Presbytern gilt, kann man sagen, daß wohl jede «Amtseinsetzung» mit einer vorausgehenden «Prüfung» verbunden war.

Auffallend ist, daß die geforderten Eigenschaften der Diakonoi mit denen der Episkopoi fast übereinstimmen. Auch das Bild vom Hauswesen spielt wieder mit. Es ist richtig, daß von den Diakonoi nicht ausdrücklich «Lehrtüchtigkeit» verlangt wird wie von den Episkopoi, aber es heißt doch, daß sie «die Wahrheit, die Gott uns bekannt gemacht hat, mit einem guten Gewissen bewahren» sollen. Ob diese Forderung nicht doch wieder die Aufgabe des Lehrens miteinschließt? So haben wir wieder größte Mühe, den Aufgabenbereich der Diakonoi von dem der Episkopoi genau zu unterscheiden.

Eine Vermutung, die man ernst nehmen sollte

Nur scheinbar gibt es also in den Pastoralbriefen eine klare Gliederung der Organisation und Leitung der Gemeinden. Bei näherem Zusehen zeigt sich, daß wir auch hier kein abgeschlossenes und einheitliches Modell vorfinden, geschweige denn, daß ein solches Modell für alle Zeiten für verbindlich erklärt würde. Wohl darf man in den Bezeichnungen «Presbyter», «Episkopos» und «Diakonos» so etwas wie Ämter sehen; was aber diese Ämter in den Gemeinden konkret für Aufgaben zu bewältigen hatten, und mehr noch, wie diese Ämter sich voneinander unterschieden, wie sie zueinander standen, wie sie unter sich die Kompetenzen verteilten: all das wissen wir nicht. Auf alle Fälle wissen wir nicht genug, um uns daraus ein konkretes Bild zu machen oder um daraus für die Kirche verbindliche Schlüsse zu ziehen.

Warum ist das so? So einfach läßt sich diese Frage nicht beantworten. Aber wir können in die ganze Fragestellung etwas Klarheit bringen, wenn wir die Vermutung ernstnehmen, daß der Verfasser der Pastoralbriefe nicht der Apostel Paulus und die Adressaten dieser Briefe nicht die uns sonst vom Neuen Testament her bekannten Mitarbeiter des Paulus waren.

Diese zuerst einmal negative Feststellung läßt sich verhältnismäßig gut begründen.

Paulus wird zum Heiligen erklärt

Wenn wir uns mit dem Paulusbild der Pastoralbriefe näher befassen, können wir leicht feststellen, daß hier nicht der gleiche Mann zur Sprache kommt wie der in den Korintherbriefen, im Galater-, Philipper- oder Römerbrief. Wohl gibt es in den Pastoralbriefen einige «autobiographische Notizen», in denen «Paulus» von sich selber, von seiner Bekehrung und Berufung (vgl. 1 Tim 1,12-17) oder von seinem Leiden (vgl. 2 Tim 2,1-13) spricht. Wenn wir aber diese Aussagen mit denen der echten Briefe vergleichen, merken wir sofort, daß der Paulus der Pastoralbriefe viel mehr als

Beispiel und Modell aller Christen, besonders aber der Verantwortlichen der Gemeinden wirkt. Ja, man kann sagen, der Paulus der Pastoralbriefe werde bereits als Heiliger verehrt. Er hat «den guten Kampf gekämpft», er hat «den Lauf vollendet», er ist «bis zum Ende treu geblieben»; auf ihn «wartet» nur mehr «der Siegespreis» (2 Tim 4,6-8).

Es ist wahr, daß sich Paulus auch in seinen echten Briefen als «Vorbild» präsentiert, als «Vater» der Gemeinden (vgl. etwa 1 Kor 4,14-17). Aber es gibt doch vor und neben ihm auch noch die anderen Apostel (vgl. 1 Kor 15,9-11). Es gibt Männer, die Paulus selbst als «maßgebend» ansieht (vgl. Gal 2,6-7). Es gibt einen Jakobus, einen Kephas und einen Johannes, «die als Säulen gelten» (Gal 2,9). Es gibt eine Reihe von anderen Predigern und Missionaren wie den Apollos, den Timotheus und den Barnabas. In den Pastoralbriefen aber gibt es nur noch *den* Apostel, nämlich Paulus. Und dieser Apostel, der in seinem Verkünden und in seinem Leiden Jesus Christus selber präsentiert, ist in seinem Lehren und Verkünden und Leiden auch zur einzigen Größe geworden, nach der sich die Gemeinden und ihre Verantwortlichen auszurichten haben.

Abschluß der theologischen Forschung

Eine nähere Untersuchung der Sprache und der Theologie der Pastoralbriefe ergibt, daß der Verfasser dieser Briefe die echten Paulusbriefe oder wenigstens einige davon kannte. In letzter Zeit ist sogar die Vermutung geäußert worden, der Theologe, der die Paulusbriefe gesammelt und neu herausgegeben habe, habe die Pastoralbriefe gewissermaßen als

Begleitbriefe im Namen und unter dem Namen des Paulus geschrieben. Wie immer dem sei: in den Pastoralbriefen finden wir nicht mehr die theologische Lebendigkeit und den theologischen Einfallsreichtum des Paulus, wir finden auch nicht eine Vertiefung seiner Theologie. Die Theologie des Paulus ist vom Verfasser der Pastoralbriefe durch die Brille anderer, mehr traditioneller Theologien gelesen worden. Es geht in den Pastoralbriefen weniger um eine lebendige theologische Auseinandersetzung mit der «Welt» als um den Rückverweis auf das, was man «hat», um den Rückverweis auf die «gesunde Lehre», die man gar nicht mehr erst zu formulieren braucht, da sie bei den Adressaten bereits als bekannt vorausgesetzt werden kann.

Wenn der Gegner verketzert wird

Typisch ist die Art und Weise, wie der Verfasser der Pastoralbriefe mit den «Ketzern», den «Häretikern» umgeht. Man erlaube mir zu sagen, daß es für Paulus geradezu eine Lust war zu streiten; und wenn er keinen Gegner hatte, «machte» er sich einen, wie das in der damaligen Rhetorik der Brauch war («Diatribenstil»). In der Tat kann Paulus seine Gedanken am besten und am klarsten dann zu Papier bringen, wenn er sich mit anderen Meinungen und Haltungen auseinandersetzt. Hier gelingt es ihm, das Eigene, das Besondere und auch das Persönlichste seines Glaubens und Denkens zum Ausdruck zu bringen. Demgegenüber will sich der Verfasser der Pastoralbriefe auf Streitfragen gar nicht erst einlassen, und wiederholt bittet und ermahnt er seine Adressaten, von unnötigen Diskussionen – «Geschwätz» und

«Altweiberfabeln» nennt er sie (1 Tim 1,6; 4,7 u. ö) – Abstand zu nehmen. Was die Leute glauben und wissen müssen, ist im «Evangelium», in der «Überlieferung», im Schatz der «gesunden Lehre» enthalten, so daß sich jegliches Diskutieren erübrigt.

Aber nicht nur das. Wir kennen Paulus aus seinen Briefen als einen sehr temperamentvollen Mann, der mit spitzen Bemerkungen und Seitenhieben nicht geizte. Seine Auseinandersetzungen sind aber immer – oder doch allermeistens – von theologischen Argumenten getragen. Der Verfasser der Pastoralbriefe argumentiert kaum mehr. Die «Gegner» werden als «Schwätzer», als «Leute, die nicht überlegen» (1 Tim 1,7), als «heuchlerische Lügner» (1 Tim 4,2), als «aufgeblasene Menschen» (1 Tim 6,4) hingestellt, die «verkehrten Sinnes» (1 Tim 6,4) sind und «Neid und Zwiespalt» (1 Tim 6,4-5) säen.

Keine Angst vor Pseudonymen

Es ist freilich immer wieder schwierig und verwirrend zugleich, wenn man von einem Schriftstück, das sich als vom Apostel Paulus geschrieben ausgibt und das in der Kirche auch während Jahrhunderten als solches gelesen wurde, «plötzlich» behauptet, ein Anderer, Späterer hätte es verfaßt. Nur so nebenbei gesagt: so «plötzlich» kommt diese Behauptung nicht. Sie ist sicher schon seit 200 Jahren vorbereitet. Und die Bibelwissenschaft wäre keine Wissenschaft, wenn es ihr zum vornherein verwehrt wäre, zu neueren und tieferen Einsichten in frühere Zeiten zu kommen.

Der «Schock» um die «falsche Verfasserangabe» in den

Pastoralbriefen bleibt denn auch aus, wenn wir uns bewußt werden, daß diese Art oder Unart, ein Schreiben unter einem anderen oder falschen Namen – eben «pseudonym» – zu publizieren, weit verbreitet war. Warum sollten sich christliche Schriftsteller nicht jener Stilmittel bedienen können, die in ihrem Umkreis gang und gäbe waren? Nur so hatten sie die Chance, daß sie von ihrer Umwelt auch verstanden wurden. Und – meistens – wurden sie auch verstanden.

Damit möchte ich mit einigen Hinweisen das Positive nicht nur der falschen Verfasserangabe, sondern auch der Pastoralbriefe hervorheben.

Was würden denn Sie tun?

Offen gesagt: Ich möchte die Pastoralbriefe nicht missen, und ich bin dankbar dafür, daß sie auch im «Verzeichnis der Heiligen Schriften» (= Kanon) Platz gefunden haben – neben den Paulusbriefen, neben den Evangelien usw. Die Pastoralbriefe geben uns nämlich wertvolle Hinweise darüber, wie die Kirche in einer schwierigen Zeit mit schwierigen Problemen fertig zu werden versuchte. Stellen wir uns vor: Die erste und weitgehend auch die zweite Generation der Christen ist von der Bühne getreten. Wie sollen begeisterte und begeisternde Männer wie Paulus, Kephas, Barnabas, Apollos, Timotheus und wie sie alle heißen ersetzt werden? Begeisterung kann man nicht befehlen! An Stelle der kleinen, dynamischen Gemeinden in den Städten und Dörfern sind große z. T. schwerfällige Gebilde getreten. Wohl wurden Christen verfolgt, was vielerorts zu Resignation führen konnte. Aber es wird auch schon Orte gegeben haben, wo es bereits zum «guten Ton» gehörte, Christ zu sein. Und was sich damit alles Mögliche in die Kirche hineinschlich, läßt sich kaum mehr vorstellen. Persönliche Reibereien, Besserwisserei, Abspaltungen, Machtkämpfe usw. waren an der Tagesordnung.

Was soll nun ein Verantwortlicher tun, der in einer paulinischen Gemeinde aufgewachsen ist, seither schon viele Predigten von Missionaren, Episkopoi, Presbytern, Diakonoi gehört hat, selbst in ein solches Amt hineingewachsen ist und so die Schwierigkeiten und Probleme stärker zu erfahren bekommt als ein anderer? Was soll er tun, wenn er feststellt, daß nicht nur ihm, sondern auch Verantwortlichen in anderen Gemeinden die Probleme über den Kopf wachsen? Was soll er tun, wenn er zwar einen großen Eifer hat, ein gutes Gespür auch, was die Probleme und Bedürfnisse der Gemeinden anlangt, aber wenn ihm nun mal theologischer Einfallsreichtum und theologische Kreativität abgehen? Wenn er überlegene und gewiegte Leute wie einen Paulus nicht mehr zur Hand hat? Wenn der Enthusiasmus und das begeisternde Feuer der ersten Tage nicht mehr da ist? – Alles Phänomene, die es ja auch in späteren Zeiten der Kirchengeschichte immer wieder gab. – Nun, der Verfasser tat das, was er konnte. Und wenn wir näher hinsehen, ist das, was er sich überlegte und für die Gemeinden niederschrieb, gar nicht so abwegig, wie das etwas betretene Theologen immer wieder behaupten.

Als jemand, der in der näheren oder ferneren Beeinflussung des Paulus stand, tat der Verfasser der Pastoralbriefe das, was wohl das Nächstliegende sein dürfte: Er «kanonisierte» den Paulus. Paulus wurde zu *dem* Heiligen, zu *dem* Apostel, zu *dem* Vorbild, an dem alle sich festhalten, auf den alle hören, nach dem sich alle ausrichten können. Christentum ist nicht ein Diskussionsgegenstand, sondern an erster Stelle eine Frage der Nachfolge, der Praxis. Und eine gewisse «praktische Veranlagung» soll man dem Verfasser der Pastoralbriefe nicht absprechen.

Gerade sein Sinn für praktische Fragen macht ihn des weitschweifigen Theologisierens überdrüssig, das seiner Meinung nach nicht weiterhilft. Er zieht es vor, auf «gutbürgerliche», lange bewährte Tugenden hinzuweisen, die nicht nur gerade dem Christen, sondern jedem Menschen helfen, mit dem Leben und seinen Schwierigkeiten zu Rand zu kommen. Nicht Überspanntheit, sondern «Vernünftigkeit» ist die Grundlage der Ethik der Kirche, die sich in dieser Welt zurechtzufinden hat und nicht nur in «höheren Sphären» beheimatet sein will. Schließlich kann die Kirche nicht immer nur in kritischer Distanz zu Welt und Gesellschaft leben, sie muß mit anderen Menschen «guten Willens» auch Verantwortung tragen für die Gestaltung dieser Welt.

Dementsprechend sieht auch das «Tugendbild» der Gemeindeleiter aus. Es ist nicht einem Spezialkatalog entnommen. Der Gemeindeleiter hat sich in jenen Tugenden zu üben, in denen sich alle Menschen zu bewähren haben, die in der Gesellschaft zum guten Gelingen des Zusammenlebens Verantwortung tragen: im gesunden Menschenverstand, im sozialen Verhalten, im Schatz der Erfahrungen, aus denen heraus auch andere ihr Leben bewältigt haben. Typisch der Hinweis, den wir sowohl den Episkopoi wie auch den Diakonoi ins Stammbuch geschrieben sahen: sie sollen zuerst einmal zeigen, daß sie für ihre eigene Familie sorgen können. Im Grunde genommen gilt das nicht nur für die Verantwortlichen der Gemeinden, das gilt für jeden Christen, wenn es 1 Tim 5,8 heißt:

Sorgt sich jemand nicht um seine Angehörigen, besonders wenn sie mit ihm zusammen wohnen, dann verleugnet er den Glauben und ist schlimmer als ein Ungläubiger.

Die «Norm» des Christlichen

Wie wird denn aber die Christlichkeit der Christen gegenüber den Ungläubigen bestimmt? Wo finden die Christen die «Norm» für ihr Christsein? Der Verfasser der Pastoralbriefe gebraucht hierfür zwei Ausdrücke, die wir im folgenden kurz erklären wollen: die Paratheke und die Didaskalia.

Norm für das Christsein ist die *Paratheke*. Dieser Ausdruck, den wir zuerst einmal griechisch wiedergeben, ist der profanen Handels- und Rechtssprache entnommen. Ein Beispiel: Ein Mann, der ziemlich viel Bargeld hat, macht eine längere Reise. Da er nun nicht während mehrerer Monate das ganze Geld mitschleppen will, vertraut er es jemandem an. Das kann ein Freund sein, das kann aber auch eine eigens zu solchen Zwecken errichtete Gesellschaft sein. Verschiedene Gesetze regeln die Rechte und Pflichten sowohl dessen, der das Geld jemandem anvertraut wie auch dessen oder derer, denen das Geld anvertraut wird. Die ganze Gesetzgebung richtet sich darauf aus, daß der Mann, wenn er von der Reise zurückkommt, wieder in den Besitz seines Geldes gelangt, und daß derjenige, der es hütete, für das Risiko und die Mühen auch entschädigt wird. Denn es muß ja nicht nur Geld sein, das ihm anvertraut wird, sondern auch ein anderes Gut, das man nicht auf die Reise nimmt.

Die Paratheke ist das anvertraute Gut, das unversehrt zu bewahren und an einem bestimmen Tag wieder zurückzugeben ist.

Das Heiligste, das wir haben

Nach den Pastoralbriefen ist die Paratheke das Wichtigste, Entscheidendste und Heiligste, das die Kirche besitzt. Der Verfasser wird nicht müde, seinen Leuten immer wieder einzuhämmern, diese Paratheke treu zu bewahren und weiterzugeben. Das bedeutet aber auch, daß die Paratheke, das der Kirche anvertraute Gut, in Gefahr war. Und die Gefahr lag, wie der Verfasser das Kind beim Namen nennt, in der «Gnosis». Die «Gnosis» war damals eine «Weltanschauung», die überall anzutreffen war, und die auf alle Menschen eine große Anziehungskraft ausübte. Auf eine – leider allzu kurze – Formel gebracht kann man sagen, die «Gnosis» verlege den Schauplatz unserer Erlösung und Befreiung einzig und allein in das Innere des Menschen, in sein Denken, Fühlen und Trachten, in sein «Erkennen» (mit diesem Wort wird der griechische Ausdruck «Gnosis» vielfach übersetzt). Eine solche Weltanschauung war für den christlichen Glauben eine große Gefahr. Der Tod Jesu für uns Menschen, seine Auferstehung, seine «Sache», die Gemeinschaft der Kirche und ihre Sendung in die Welt: all das wurde von der «Gnosis» zu Vorgängen im Inneren des Menschen uminterpretiert, wurde «mythologisch» und «tiefenpsychologisch» vereinnahmt. Das «Geheimnis des Glaubens» verflüchtigte sich, bröckelte ab und entschwand.

Das «Rezept», das der Verfasser der Pastoralbriefe dagegen empfiehlt: Festhalten, bewahren! Uns ist ein kostbares Gut anvertraut, und wir haben es unversehrt weiterzugeben, damit es intakt bleibt, wenn der Herr kommt und von uns Rechenschaft verlangt. Wir dürfen es nicht zulassen, daß dieses kostbare Gut unter unseren Händen zerrinnt. Der 1. Timotheusbrief könnte kurz zusammengefaßt werden mit der Schlußmahnung in 6,20:

> O Timotheus, bewahre die Paratheke, das dir anvertraute Gut, und halte dich fern von den gottlosen, leeren Reden und Streitsätzen der fälschlich so genannten Gnosis.

Was aber ist *inhaltlich* mit diesem «anvertrauten Gut» gemeint? Aufschlußreich ist hier 2 Tim 1,10-14. Aus dem Zusammenhang geht gut hervor, daß mit dem «anvertrauten Gut» das *«Evangelium»* gemeint ist. Freilich, damit man dieses Evangelium – wir könnten auch sagen: die Sache Jesu – unversehrt bewahren und weitergeben kann, ist verlangt, daß es in «griffige» Sätze gegossen wird. Erst wenn ich etwas formuliert (und eventuell auch notiert) habe, kann ich einigermaßen sicher sein, daß es mir nicht gleich wieder zerrinnt.

Das ist nicht etwas völlig Neues. Das hat schon ein Paulus

so gehalten: er selbst hat das «Evangelium» in festen Formeln übernommen und weitergegeben (1 Kor 15,1-5); er selber hat für die Korinther das Evangelium in Worte gefaßt, damit diese etwas in der Hand hätten, sich gegen falsche Prediger zur Wehr zu setzen (s. oben S. 150–154).

Da der Verfasser der Pastoralbriefe nicht fähig war oder sich nicht zutraute, das Evangelium in eine für seine Zeit geläufige Sprache zu übersetzen, verwies er einfach auf das, was bereits vorlag.

Die Lehre und der Lehrer

Neben der Paratheke nennt der Verfasser der Pastoralbriefe noch eine weitere Größe, die als stabilisierendes Element normativ ist im Kampf gegen die «Gnosis». Es ist die *Didaskalia.* Wir können dieses Wort mit «Lehre» übersetzen. Nicht weniger als 14mal kommt dieser Ausdruck in den Pastoralbriefen vor, was schon zur Genüge zeigt, wie wichtig er ist. Die «Lehre» ist nicht etwas ganz anderes als das «anvertraute Gut». Die «Lehre» ist unmittelbar verknüpft mit dem «Lehrer», und für die Pastoralbriefe gibt es nur einen Lehrer: Paulus. Mit «Lehre» ist all das gemeint, was der Apostel Paulus verkündet hat und was nun in den drei Pastoralbriefen gewissermaßen als Vermächtnis des Paulus vorgelegt wird. «Lehre» ist ein weiterer Begriff als «Evangelium» oder «anvertrautes Gut», weil Paulus mit dem Evangelium auch noch konkrete Anweisungen praktischer Art gegeben hat.

Wir müssen aber noch ein Drittes bedenken, das dem Verfasser der Pastoralbriefe sehr wichtig war: Das «anvertraute Gut», die «gesunde Lehre»: sie müssen bewahrt und weitergegeben werden. Dafür braucht es die Ämter, konkret: Menschen, die mit der Kraft des Geistes, mit dem «Charisma» ausgerüstet, sich für diese besondere Aufgabe zur Verfügung stellen.

Damit kommen wir zu den Ämteraussagen der Pastoralbriefe. Ämter muß es geben. Es muß auch eine gewisse «Sukzession» geben, d. h. das Unternehmen darf nicht einfach aufhören und dann von irgendwem wieder aufgenommen werden, der dann «irgend etwas» ins Rollen bringt. *Wie* sich das Amt und die Sukzession gestalten, darüber äußert sich der Verfasser der Pastoralbriefe nicht. Wir haben selber feststellen können, daß sich die von den Pastoralbriefen erwähnten Ämter gar nicht so klar voneinander abgrenzen lassen. Auch die «Handauflegung», wodurch das Amt weitergegeben werden soll, ist offensichtlich für den Verfasser nicht eine klar geregelte, abgeschlossene Einrichtung. Bei allen Äußerungen über Presbyter, Episkopoi, Diakonoi, Handauflegung usw. geht es dem Verfasser zuerst darum, daß das «anvertraute Gut» in rechten Händen ist. Darum die Betonung der «Lehrtüchtigkeit», die Betonung der Zuverlässigkeit, darum auch der wiederholte Vergleich mit dem Familienvater. Denn so sehr das «Evangelium» auch in feste Formen gepreßt werden kann: zu seiner Aufbewahrung und Weitergabe braucht es mehr als Computer. Es braucht dafür persönlich engagierte Menschen. Darum auch immer wieder der Hinweis auf das Leben und die «Amtsführung» des

Paulus selbst: auf seinen Glauben, auf sein Apostolat, auf seine Treue, auf sein Ausharren, auf sein Leiden.

Worauf es ankommt

Die Pastoralbriefe werden um so interessanter und verständlicher, je mehr wir mit der Einsicht ernst machen, daß ihr Verfasser nicht der Apostel Paulus ist, sondern ein Mann (oder mehrere Männer?), der sich in der dritten Generation der Kirche vor große Probleme gestellt sieht und entschlossen versucht, sie zu meistern. Gegenüber der Bedrohung durch die «Gnosis» setzt er sich nicht dadurch zur Wehr, daß er genau umschriebene Ämter schafft und sie für alle kommenden Zeiten für gültig und normativ erklärt. Normativ ist für ihn das Evangelium, wie es in festgeprägter Formulierung vorliegt; normativ ist für ihn die «Lehre», all jene Satzungen und Bestimmungen, die dem Menschen helfen, das «anvertraute Gut», das Evangelium auch ins Leben umzusetzen; normativ sind für ihn die «Ämter», welche die Sicherung und die Weitergabe des anvertrauten Gutes gewährleisten sollen.

Was für eine *konkrete* Ausgestaltung diese Ämter haben sollen, das hat der Verfasser der Pastoralbriefe offensichtlich nicht als so vordringlich empfunden, daß er es hätte «definieren» müssen. Wichtiger und entscheidender ist für ihn, *wie* diese Ämter und Funktionen von Menschen ausgeübt werden: nämlich in Treue, in Zuverlässigkeit und Beharrlichkeit.

Vielleicht tönen diese Tugenden – wie die Pastoralbriefe überhaupt – hart und langweilig, und wir sähen lieber

Begeisterung und «charismatisches flair». Und doch bin ich froh um diese Briefe. Sie lehren uns, daß es schon sehr früh in der Kirche «flaue Zeiten» gab. Und sie lehren uns jene Tugenden, die uns vielleicht sehr langweilig und alltäglich vorkommen mögen, durch die aber die «Sache» doch zum Tragen kommen kann, wenn wir uns dieser «Sache» anheimstellen. Und die «Sache» ist letztlich auch in den Pastoralbriefen das Evangelium, die Sache Jesu selbst.

SCHLUSS

Die Bibel ist kein Alibi...

Noch einmal möchte ich auf den in der Einleitung erwähnten «Biblizismus» zurückkommen. Oft wird gesagt, an dem hierarchischen Dreiklang «Bischöfe – Priester – Diakone» komme man nicht vorbei, weil er so von der Bibel gefordert sei. Besonders die Beschäftigung mit den Pastoralbriefen machte deutlich, daß eine solche Argumentation nicht richtig ist. Unmöglich ist es, die biblischen Schriften als Zeugen anzurufen, um die Frauen von den Ämtern fernzuhalten. Auch eine Trennung der Kirchenglieder in «Kleriker» und «Laien» läßt sich nicht durch die Bibel rechtfertigen. Umsonst wird man sich auf das Neue Testament berufen, wenn man – aus was für Gründen auch immer – nicht willens ist, auch verheirateten Männern und Frauen die Hände aufzulegen und sie mit der Gemeindeleitung zu beauftragen. «Priestertum auf Zeit» – das ist für viele katholische Ohren ein Horror. Für die Bibel ist das kein Problem. Die extreme Zentralisierung in der Kirche, die so weit geht, daß der römische Bischof den einzelnen Kirchen nicht erlaubt, andere als die von ihm gebilligten eucharistischen Hochgebete in der Meßfeier zu verwenden, ja sogar verbietet, daß Mädchen den Altardienst versehen, kann sich nicht auf den biblischen Petrusdienst abstützen...

So ließe sich noch lange weiterfahren. Es gibt in unserer Kirche viele Einrichtungen, die man als sakrosankt und unabänderlich betrachtet, weil man meint, sie seien in der Bibel begründet. Bei näherem Zusehen zeigt sich, daß die

Bibel vielfach nur als Alibi für mangelnden Einfallsreichtum herhalten muß. Angst und Phantasielosigkeit wird mit dem «Willen Gottes» verwechselt. Ich könnte mir vorstellen, daß uns das Neue Testament und die ersten christlichen Gemeinden sagen würden: «Ihr macht es euch zu einfach, wenn ihr Gewehr bei Fuß steht und alle Verantwortung uns in die Schuhe schiebt. Warum seid ihr so ängstlich? Habt ihr denn kein Vertrauen (vgl. Mk 4,40)? Schaut endlich selber zu, wie ihr zu Rande kommt!»

... aber auch kein Rezeptbuch

Wenn Leute in der Kirche alle möglichen und unmöglichen Änderungen vornehmen wollen und sich dabei auf die Bibel berufen, muß man zum mindesten vorsichtig sein. Im Grunde genommen entstammt nämlich auch diese Haltung der Angst vor Verantwortung und der Mißachtung der Geschichte. Wenn jemand nach verheirateten Diakonen ruft, weil die Bibel solche vorsehe, ist größte Zurückhaltung am Platz. Wenn jemand das Papsttum abschaffen will mit der Begründung, Jesus hätte sich gegen jegliche Form von Herrschaft in der Kirche ausgesprochen, ist er offensichtlich selber noch nicht von einem gewissen «Herrschaftsdenken» befreit. Wenn jemand verlangt, jeder Laie soll der Eucharistiefeier vorstehen können, weil es im Neuen Testament keine Priester gebe, trägt er seine eigenen Vorstellungen in die Bibel hinein. Wer der Meinung ist, jede christliche Gemeinde müsse von einem Presbyterium geleitet werden, das aus drei oder sieben Männern bestehe, soll sich dabei nicht auf die Bibel berufen. Wenn jemand behauptet, im

Neuen Testament gebe es keine festen Gemeindestrukturen, und darum solle auch heute jede Gemeinde tun und lassen können, was sie wolle, hat er von der Freiheit, wie das Neue Testament sie versteht, nicht eben viel verstanden...

Es gibt Leute, welche die Bibel wie ein Kochbuch verwenden und erst noch meinen, sie seien «biblisch» eingestellt. Ich könnte mir vorstellen, daß das Neue Testament und die ersten Gemeinden so reagieren würden: «Warum läßt ihr euch nicht selber etwas einfallen? Nicht auf unsere Einrichtungen müßt ihr schauen, sondern auf den Glauben, aus dem heraus wir für unsere Zeit nach geeigneten Strukturen suchten. Der Geist ist es, der lebendig macht; der Buchstabe tötet (vgl. 2 Kor 3,6). Ihr mißversteht uns, wenn ihr unsere Einrichtungen mit unserem Glauben, wenn ihr den Buchstaben mit dem Geist verwechselt.»

Die Verbindlichkeit der Bibel

Was aber hat denn nun die Bibel an Verbindlichem und Konkretem zu sagen?

Verbindlich und konkret ist die Sache Jesu. Sie kann nicht ein für allemal «definiert» werden – sonst bräuchten wir ja keine Bibel mehr. Nur in der ständigen Auseinandersetzung mit dem, was Jesus gewollt und was Gott mit Jesus will, kann Kirche und Christsein gelebt werden.

Damit ist es aber noch nicht getan. Die Sache Jesu und die Gestalt der Kirche darf man nicht auseinanderreißen. Wir dürfen aus dem Vorausgehenden nicht den Schluß ziehen: «Die Hauptsache ist, daß die Sache Jesu ‹stimmt›; was die Kirche anbelangt, sind uns die Hände gebunden oder können wir basteln wie wir wollen.» Wir konnten feststellen, daß uns das Neue Testament auch verschiedene Modelle von Gemeindebildungen und Kirchenleitungen verrät. Von ihnen darf nicht abgesehen werden. Sie geben uns beredtes Zeugnis dafür, daß die Gemeinden zur Zeit des Neuen Testaments frei und angstlos nach Möglichkeiten suchten, die Sache Jesu leibhaft werden zu lassen. Und gerade das ist für uns der springende Punkt. Nicht die Modelle sind maßgebend und verbindlich, nicht die Einrichtungen und Amtsbezeichnungen. Maßgebend und verbindlich für uns ist die von der Sache Jesu her eröffnete *Freiheit*, mit der wir *für unsere Zeit* nach Mitteln und Wegen suchen *sollen*, damit die Sache Jesu *in unserer Welt* Gestalt annehme, damit sich *Kirche heute* verwirklichen kann. Eben diese Freiheit läßt es nicht zu, daß wir uns untätig hinter der Bibel verschanzen oder nur das als gültig ansehen, was die Bibel in neutestamentlicher Zeit an Ämtern und Strukturen erwähnt. Die Freiheit, zu der uns das Neue Testament verpflichtet, ist eine kreative Freiheit, die sich nur im Glauben an Jesus, den Christus und in der Auseinandersetzung mit der Welt heute verwirklichen läßt.

In einem der Eucharistischen Hochgebete bitten wir: «Mache die Kirche zu einem Ort der Wahrheit und Freiheit, der Gerechtigkeit und des Friedens, damit die Menschen neue Hoffnung schöpfen.» Von dieser Bitte sind die Ämter und Strukturen der Kirche, die ja untrennbar zu ihr gehören, nicht ausgenommen. Kirche kann nur dann zum «Ort der Freiheit» werden, wenn sie sich in freier Treue zur Sache Jesu jeweils jene Strukturen und Ämter gibt und geben läßt, die für die Befreiung der Welt und der Menschen nötig sind. Alle sollen «neue Hoffnung» schöpfen können...

Ein ähnliches Buch wie dieses sollte auch von einem Kirchengeschichtler und von einem Dogmatiker geschrieben werden. Wir dürfen von dem, was die Kirche und die Gemeinden im Lauf der Jahrhunderte mit ihrem Auftrag gemacht haben, nicht absehen. Den Ergebnissen dieser Untersuchungen kann ich nicht vorgreifen – ich bin dazu nicht kompetent –, aber ich würde mich wundern, wenn uns die Geschichte von der ersten nachapostolischen Zeit bis auf den heutigen Tag nicht zeigen würde, daß sich die Kirche verhältnismäßig viel Freiheit genommen hat, um ihrem Auftrag treu zu bleiben. Das große Gefälle zwischen den Gemeindeorganisationen im Neuen Testament und den heutigen Kirchenstrukturen dürfte dafür der beste Beweis sein. Das will doch meinen, daß die Kirche sich immer wieder den Gegebenheiten und den Bedürfnissen der jeweiligen Zeit angepaßt und daß sie auch immer wieder nach der Sache Jesu gefragt hat.

Gewiß: es gab «stärkere» und «flauere» Zeiten. Das gab es schon zur neutestamentlichen Zeit. Aber Kirche wäre nicht Kirche, wenn sie nicht immer wieder versucht hätte, in Freiheit und Angstlosigkeit nach jenen geeigneten Mitteln zu suchen, mit denen der Sache Jesu und damit auch den Menschen in einer sich wandelnden Zeit am besten gedient ist. Sollte etwa unsere Generation vom Suchen nach der Sache Jesu und vom Eingehen auf die Bedürfnisse der Menschen und der Welt dispensiert sein? Wir müssen ja nicht gleich meinen, wir hätten für alle kommenden Geschlechter Lösungen zu finden. Das wäre – so paradox es klingen mag – wieder zu einfach. Wir haben auf den Notschrei der Hungernden und Entrechteten, der Verschuldeten und Verzweifelten *heute* zu hören. Es scheint, daß das bei weitem schwieriger ist, als am Grünen Tisch Gesetze und Dekrete zu entwerfen und antiquierte Formeln zu wiederholen...

Der Pastoraltheologe hat das Wort

Der Beitrag des Biblikers zur Lösung dieses Problems wäre also falsch verstanden, wenn man nun eifrig Gemeinden nach dem Muster «Korinth» oder «Antiochien» oder «Jerusalem» aufbauen würde. Auch die Modelle, die der Historiker findet, werden kaum für unsere Tage taugen. Das will heißen, daß all unsere historischen und theologischen Überlegungen den Pastoraltheologen nicht ersetzen. An ihm ist es, die Bedürfnisse der heutigen Zeit, der heutigen Gemeinden, der heutigen Welt abzuhorchen und theologisch zu deuten. Wie sieht Erlösung und Befreiung in einer Zeit aus, die völlig vom Konsumzwang beherrscht ist? Wie sieht Erlösung und Befreiung dort aus, wo Menschen von anderen ausgebeutet werden? Wie sieht Erlösung und Befreiung dort aus, wo Menschen täglich vor Hunger sterben? Was meint Erlösung und Befreiung in jenen Gegenden, in denen sich der sogenannte Christ aus allen möglichen Angeboten einen Lebensstil zurechtschneidert, der ihm am meisten nützt und vom dem er glaubt, daß er ihm am besten über die Runden hilft? Wie kann in der heutigen Welt die Sache Jesu Gestalt annehmen? Wie können in ihr Überwindung der Dumpfheit und echtes Glück um sich greifen?

Am Pastoraltheologen wird es sein, nach einer gründlichen theologischen Analyse und Interpretation unserer Zeit

Vorschläge und praktikable Konzepte zu entwerfen, die dann von den Gemeinden und je nachdem auch von der Kirche als ganzer angenommen und durchgeführt werden müßten. Die Freiheit, die uns vom Neuen Testament nicht nur zugebilligt sondern aufgetragen ist, hat mit einem «laisser faire, laisser aller» nichts zu tun. Sie ist eine Herausforderung an alle Kräfte, die in der Kirche und in der Welt für eine bessere Zukunft tätig sein wollen.

Ein Blick über den Zaun

Die Frage nach der Kirchenorganisation und den Ämtern nimmt in der Wichtigkeitsskala des ökumenischen Dialogs einen hervorragenden Platz ein. Nicht nur das. Sie ist eine jener Fragen, die den ökumenischen Dialog am schwersten belasten.

Wenn man vom Neuen Testament her kommt, ist eine solche Sachlage kaum verständlich. Die Vermutung drängt sich auf, daß in diesen Diskussionen die Amtsfrage für sich allein betrachtet wird, getrennt vom Anliegen Jesu, unabhängig von der Herausforderung der Welt und ungeachtet der je eigenen Geschichte der «anderen» Kirche. Man läßt Menschen verhungern, nur weil man sich nicht entscheiden kann, ob man ihnen das Essen in einem Jutesack oder in einem Tragkorb bringen soll.

Man sollte doch auch einsehen, daß es bisher keiner Kirche gelungen ist, das ganze Potential an evangelischer Freiheit zu verwirklichen, die ganze Herausforderung der Welt anzunehmen, das ganze Anliegen Jesu durchzuhalten. Jede Kirche hinkt weit hinter dem Anspruch, der an sie gestellt ist, her. Die Frage ist doch nicht die, welche Kirche im Lauf der Zeit das «richtigste» Amt entwickelt hat, sondern welches Amt oder welche Ämter die Kirche heute und morgen braucht, damit sie ihren Auftrag möglichst treu erfüllen kann. Wir haben alle Möglichkeiten, begangene Fehler zu korrigieren und in der Planung neu anzusetzen. Wer meint, den Stein der Weisen für alle Zeiten und für alle Kirchen gefunden zu haben, soll zusehen, daß er nicht morgen schon von der Entwicklung überrannt wird.

Es ist auch nicht einzusehen, warum alle Kirchen die gleichen Strukturen und Ämter haben müssen. So wie es nicht *die* Staatsverfassung gibt, so gibt es auch nicht *die* Kirchenverfassung. Gerade wir Schweizer sollten besonders sensibel sein für einen gewissen Föderalismus. Der Kanton Jura braucht nicht die gleiche Verfassung wie der Kanton Graubünden, der Kanton Genf nicht die gleiche wie der Kanton Uri. Zuzubilligen, daß jede Zeit und jedes Volk jeweils andere Ansprüche stellt und vor anderen Problemen steht, ist nicht nur eine Frage eidgenössischer Kompromißbereitschaft, sondern letztlich eine Frage gemeinsamen Überlebens.

Gewisse Fragen, die im Zusammenhang der Ökumene immer wieder gestellt werden, sind darum fehl am Platz: Sollen immer wir den anderen entgegengehen? Müssen immer wir von unserem «Grundbesitz» abtreten? Warum macht nicht einmal der andere einen Schritt in unsere Richtung? – Wer im ökumenischen Gespräch das Prestige der eigenen Kirche sucht, verliert das aus den Augen, was wichtig ist. Und wichtig ist nicht das, was eine Kirche «abtreten» muß, auch nicht das, was die andere Kirche hergeben muß, sondern einzig und allein das, was der einzelnen Kirche und der Kirche als ganzer helfen kann, ihren Auftrag aufs beste wahrzunehmen, die Sache Jesu weiterzuführen.

Wenn ich vom andern verlange, daß er mir entgegenkommt, könnte ich ihn dabei vielleicht hindern weiterzugehen...

Keine Angst vor Veränderung

Der Mensch verändert sich dauernd, und trotzdem bleibt er zeitlebens der gleiche. Dabei ändert sich der Mensch nicht nur dadurch, daß ihm die Haare wachsen (oder ausgehen) und daß er eines guten (oder schlechten) Tages Brillenträger wird. Die Veränderungen des Menschen gehen viel tiefer. Sich und seine Umwelt verändert er vor allem durch die Entscheidungen, die er trifft bzw. die Entscheidungen, die um ihn getroffen werden: er erwählt einen Beruf, er heiratet, er läßt sich in den Regierungsrat wählen. Die Änderungen, die durch diese Entscheidungen herbeigeführt werden, können für den betreffenden Menschen, für seine Geschichte und für seine Umwelt sehr einschneidend sein. Und doch wird ein Mensch durch eine Heirat oder durch einen bestimmten Beruf – im Normalfall – nicht ein ganz anderer. Im Gegenteil. Der Mann heiratet die Frau in der Hoffnung, daß sie die gleiche bleibt; und ein Mann wird in die Regierung gewählt, weil die Wählenden erwarten, daß er auch nach der Wahl seinen politischen Vorstellungen und Grundsätzen treu bleibt. Ich selber habe im Lauf der letzten 20 Jahre manche Entscheidung getroffen, durch die ich mich und meine Umwelt verändert habe: ich habe Theologie studiert, bin Priester geworden, habe mich mit Bibelwissenschaft herumgeschlagen, bin von meinem Bischof zum Vizeregens des Priesterseminars ernannt worden, habe ein Buch geschrieben, ein Auto gekauft und habe mich um eine Professur beworben. Inzwischen starben mein Vater und meine liebe Schwester... Als ich letztes Jahr meine Klassenkameraden aus der Gymnasialzeit 20 Jahre nach der Matura wiedersah, sagten sie zu mir: «Du bist doch immer noch der gleiche» (wobei ich nicht so recht wußte, ob das ein Kompliment oder ein Vorwurf sein sollte...).

So war und ist es auch mit der Kirche. Im Lauf der Jahrhunderte hat sie z. T. sehr einschneidende Entscheidungen getroffen, durch die sie sich und ihre Umwelt verändert hat – denken wir an die Heidenmission, an die Auseinandersetzung mit dem griechischen Denken, an ihr Engagement in den Schulen und Krankenhäusern, an den Einbezug neuer Formen in die Liturgie, an ihren Einsatz für die Armen und Unterdrückten in Lateinamerika usw. Und trotzdem ist sie die gleiche geblieben. Ja, ich wage zu behaupten: gerade deswegen ist sie die gleiche geblieben. Denn durch ihre Entscheidungen ist sie immer mehr sie selber, ist sie immer mehr Kirche, leibhafter Christus geworden. In der Treue zu Jesus Christus braucht sie nicht Angst zu haben, ihre Identität zu verlieren. Ihre Identität wird sie nur dann verlieren, wenn sie sich nicht entscheidet, wenn sie sich nicht verändert, wenn sie sich von der Sache Jesu und von der Not der Welt nicht mehr herausfordern und bewegen läßt.

Angst vor Veränderungen in der Kirche ist ein schlechter Ratgeber, wenn es gilt, längst fällige Reformen durchzuführen. Denn diese Angst ist zu oft eingeflüstert von Unglauben und Bequemlichkeit.

Sind so unsere Ausführungen über Gemeinde und ihre Ämter in der neutestamentlichen Zeit in den richtigen Zusammenhang gebracht, können wir sehr kurz zusammenfassen.

Das Amt – Zeichen der Freiheit und der Treue

Kirche hat sich zu jeder Zeit nach der «Sache Jesu» zu richten. Diese bestimmt nicht nur das «Wesen» der Kirche, sondern auch ihre äußere Erscheinungsform, ihre Struktur und Organisation, ihre Ämter und Funktionen.

Die Kirche ist nämlich nicht etwas, das von außen her zur Sache Jesu «hinzukommt», sie ist nicht eine Institution, welche die Sache Jesu verwaltet oder in Regie nimmt. Kirche ist selbst die Leibhaftigkeit der Sache Jesu. Das bedeutet, daß man an ihr die Züge Jesu Christi erkennen kann und soll.

- In der Kirche begegnet der Mensch dem Eintreten Jesu für die Armen und Kranken, für die Kleinen und Entrechteten, für die Versklavten und Schuldiggewordenen.
- In der Kirche begegnet der Mensch der Vision Jesu eines neuen Menschen, der Vision der Gewaltlosigkeit, des Friedens und des umfassenden Glücks.
- In der Kirche begegnet der Mensch einer neuen Brüderlichkeit, die alle ungerechten Machtverhältnisse und Unfreiheiten überwindet und den Nächsten in die Mitte stellt.
- In der Kirche kann jeder Mensch zu sich selbst finden und wird gerade so in die Sendung Jesu an die ganze Welt eingewiesen.

Die Ämter, Charismen, Funktionen und Dienstleistungen, die für die Kirche und ihre Sendung unabdingbar sind, haben an nichts anderem ihr Maß zu nehmen als an dieser Kirche selbst, die der leibhafte Christus ist. So wie es für die Kirche an keinem Punkt der Geschichte einen Stillstand gibt, so auch und erst recht nicht für die Ämter. Sie sollen die Leibhaftigkeit der Kirche lebendig erhalten; sie sollen die Kirche «auferbauen». So wie die Kirche ihre Treue zur Sendung nur leben kann, wenn sie sich stets erneuert (Ecclesia semper reformanda), so wird sie auch die Ämter immer wieder in den Prozeß ihrer Umkehr und Erneuerung einbeziehen müssen.

So können die Ämter selber tatsächlich sichtbare und wirksame Zeichen der Freiheit und der Treue sein (beide lassen sich voneinander nicht trennen), mit welcher die Kirche die Leibhaftigkeit Christi in dieser Welt lebt.

ANHANG

Literaturhinweise

Es handelt sich hier um eine kleine Auswahl von Monographien und Aufsätzen, die mir zur Vorbereitung meines Buches besondere Dienste geleistet haben. Nicht berücksichtigt sind Titel von Textausgaben, exegetischen Hilfsmitteln und Kommentaren. Für ein umfassenderes Literaturverzeichnis verweise ich auf den Artikel «Amt/Ämter/Amtsverständnis» in der Theologischen Realenzyklopädie (TRE) II, Berlin 1978, 500-622, bes. 530-533 (im Neuen Testament).

R. Baumann, Mitte und Norm des Christlichen. Eine Auslegung von 1 Korinther 1,1-3,4, (NTA 5) Münster 1968

N. Baumert, Täglich sterben und auferstehen. Der Literalsinn von 2 Kor 4,12-5,10, (StANT 34) München 1973

J. Blank, Kirche – Gemeinde oder/und Institution? Exegetische Reflexionen zu einem aktuellen Thema, in: Biblische Randbemerkungen, (FS R. Schnackenburg) Würzburg 1974, 79-93

U. Brockhaus, Charisma und Amt. Die paulinische Charismenlehre auf dem Hintergrund der frühchristlichen Gemeindefunktionen, Wuppertal 1972

R. E. Brown/K. P. Donfried/J. Reumann, Der Petrus der Bibel. Eine ökumenische Untersuchung, Stuttgart 1976

N. Brox, Zu den persönlichen Notizen der Pastoralbriefe, BZ (NF) 13 (1969) 76-94

Ders., Falsche Verfasserangaben. Zur Erklärung der frühchristlichen Pseudepigraphie, (SBS 79), Stuttgart 1975

G. Dautzenberg, Urchristliche Prophetie. Ihre Erforschung, ihre Voraussetzungen im Judentum und ihre Struktur im ersten Korintherbrief, (BWANT 104) Stuttgart 1975

A. Deissler/H. Schlier/J.-P. Audet, Der priesterliche Dienst I. Ursprung und Frühgeschichte, (QD 46) Freiburg 1970

J. Delorme (Hrsg.), Le ministère et les ministères selon de Nouveau

Testament. Dossier exégétique et réflexion théologique, Paris 1974

G. Denzler (Hrsg.), Priester für heute. Antworten auf das Schreiben Papst Johannes Paulus II. an die Priester. Mit Dokumentation des Papstschreibens vom 8. April 1979, München 1980

Ch. Dietzfelbinger, Die Antithesen der Bergpredigt, (TEH 186) München 1975

Ch. Duquoc, Théologie de l'Eglise et crise du ministère, Etudes (1979) 101-113

W. Elliger, Paulus in Griechenland. Philippi, Thessaloniki, Athen, Korinth, (SBS 92/93) Stuttgart 1978

J. H. Emminghaus, Amtsverständnis und Amtsübertragung im Judentum und in der frühen Kirche des 1. Jahrhunderts, BiLi 50 (1977) 174-186

J. Ernst, Herr der Geschichte. Perspektiven der lukanischen Eschatologie, (SBS 88) Stuttgart 1978

H. Flender, Die Kirche in den Lukas-Schriften als Frage an ihre heutige Gestalt, in: G. Braumann, Das Lukas-Evangelium. Die redaktions- und kompositionsgeschichtliche Forschung, (WdF CCLXXX) Darmstadt 1974, 261-286

H. Frankemölle, Amtskritik im Matthäusevangelium? Bib 54 (1973) 247-262

G. Friedrich, Christus, Einheit und Norm der Christen. Das Grundmotiv des 1. Korintherbriefs, KuD 9 (1963) 235-258

J. Gutmann (Hrsg.), The Synagogue: Studies in Origins, Archeology and Architecture, New York 1975

F. Hahn/A. Strobel/E. Schweizer, Die Anfänge der Kirche im Neuen Testament (EvFo 8) Göttingen 1967

J. Hainz (Hrsg.), Kirche im Werden. Studien zum Thema Amt und Gemeinde im Neuen Testament, Paderborn 1976

Ders., Ekklesia. Strukturen paulinischer Gemeinde-Theologie und Gemeinde-Ordnung, (BU 9) Regensburg 1972

G. Hasenhüttl, Charisma. Ordnungsprinzip der Kirche, (OeF.E 5) Freiburg 1969

S. Heine, Leibhafter Glaube. Ein Beitrag zum Verständnis der theologischen Konzeption des Paulus, Freiburg 1976

M. Hengel, Nachfolge und Charisma. Eine exegetisch-religionsgeschichtliche Studie zu Mt 8,21 und Jesu Ruf in die Nachfolge, (BZNW 34) Berlin 1968
Ders., Judentum und Hellenismus, (WUNT 107) Tübingen 1973
J. Herten, Amt und Gemeinde im Neuen Testament, ThG 19 (1976) 165-172
P. Hoffmann, Der Petrus-Primat im Mattäusevangelium, in: Neues Testament und Kirche, (FS R. Schnackenburg) Freiburg 1974, 94-114
Ders., Studien zu Theologie der Logienquelle, (NTA 8) Münster 1972
W. J. Hollenweger, Konflikt in Korinth. Memoiren eines alten Mannes. Zwei narrative Exegesen zu 1. Korinther 12-14 und Ezechiel 37, (Kaiser Traktate 31) München 1978
Ders., Erfahrungen in Ephesus. Darstellungen eines Davongekommenen. Drei narrative Exegesen zu 1. Mose 8,15-22; Joh. 6,1-15 und Offb. 21,1-6, (Kaiser Traktate 46) München 1979
Ders., Erfahrungen der Leibhaftigkeit (Interkulturelle Theologie 1), München 1979
K. Hruby, Die Synagoge. Geschichtliche Entwicklung einer Institution, Zürich 1971
E. A. Judge, Christliche Gruppen in nichtchristlicher Gesellschaft. Die Sozialstruktur christlicher Gruppen im ersten Jahrhundert, (Neue Studienreihe 4) Wuppertal 1964
K. Kertelge, Verkündigung und Amt im Neuen Testament, BiLe 10 (1969) 189-198
Ders., Gemeinde und Amt im Neuen Testament, (BiH X) München 1972
Ders. (Hrsg.), Rückfrage nach Jesus. Zur Methodik und Bedeutung der Frage nach dem historischen Jesus, (QD 63) Freiburg 1974
Ders., (Hrsg.), Der Tod Jesu. Deutungen im Neuen Testament, (QD 74) Freiburg 1976
Ders., Offene Fragen zum Thema «Geistliches Amt» und das neutestamentliche Verständnis von der «repraesentatio Christi», in: Die Kirche des Anfangs, (FS H. Schürmann) Freiburg 1978, 583-606

W. G. Kümmel, Kirchenbegriff und Geschichtsbewußtsein in der Urgemeinde und bei Jesus, Göttingen ²1968
H. Leroy, Jesus. Überlieferung und Deutung, (EdF 95) Darmstadt 1978
G. Lohfink, Die Normativität der Amtsvorstellungen in den Pastoralbriefen, TThQ 157 (1977) 93-106
E. Lohse, Die Gemeinde und ihre Ordnung bei den Synoptikern und bei Paulus, in: Jesus und Paulus, (FS W. G. Kümmel) Göttingen 1975, 189-200
L. de Lorenzi (Hrsg.), Paul de Tarse. Apôtre du notre temps, (Benedictina, Section paulinienne I) Rom 1979
W. A. Meeks (Hrsg.), Zur Soziologie des Urchristentums. Ausgewählte Beiträge zum frühchristlichen Gemeinschaftsleben in seiner gesellschaftlichen Umwelt, (TB 62) München 1979
H. Merklein, Das kirchliche Amt nach dem Epheserbrief, (StANT 33) München 1973
Ders., Die Ekklesia Gottes. Der Kirchenbegriff bei Paulus und in Jerusalem, BZ (NF) 23 (1979) 48-70
F. Mussner, Petrus und Paulus – Pole der Einheit. Eine Hilfe für die Kirchen, (QD 76) Freiburg 1976
R. Pesch/H. A. Zwergel, Kontinuität in Jesus. Zugänge zu Leben, Tod und Auferstehung, Freiburg 1974
Ders., Das Abendmahl und Jesu Todesverständnis, (QD 80) Freiburg 1978
F. Poland, Geschichte des griech. Vereinswesens, Leipzig 1909
F. Prast, Presbyter und Evangelium in nachapostolischer Zeit. Die Abschiedsrede des Paulus in Milet (Apg 20,17-38) im Rahmen der lukanischen Konzeption der Evangeliumsverkündigung, (fzb 29) Stuttgart 1979
J. Roloff, Apostolat – Verkündigung – Kirche. Inhalt und Funktion des kirchlichen Apostelamtes nach Paulus, Lukas und den Pastoralbriefen, Gütersloh 1965
O. Semmelroth/M. Zerwick, Vaticanum II über das Wort Gottes, (SBS 16) Stuttgart 1966
K. H. Schelkle, Dienste und Diener in den Kirchen der neutestamentlichen Zeit, Conc (D) 5 (1969) 159-164

Ders., Charisma und Amt, in: Begegnung mit dem Wort, (FS H. Zimmermann) (BBB 53) Bonn 1980, 311-323

G. Schille, Anfänge der Kirche. Erwägungen zur apostolischen Frühgeschichte, (BEvTh 43) München 1966

E. Schillebeeckx, Die christliche Gemeinde und ihre Amtsträger. Versuch einer synthetischen Auswertung, Conc (D) 16 (1980) 205-227

R. Schnackenburg, Lukas als Zeuge verschiedener Gemeindestrukturen, BiLe 12 (1971) 232-247

Ders., Ortsgemeinde und «Kirche Gottes» im 1 Kor, in: Ortskirche, Weltkirche, (FS J. Döpfner) Würzburg 1973, 32-47

Ders., Ursprung und Sinn des kirchlichen Amtes, in: Ders., Maßstab des Glaubens. Fragen heutiger Christen im Licht des Neuen Testaments, Freiburg 1978, 119-154

A. Schreiber, Die Gemeinde in Korinth. Versuch einer gruppendynamischen Betrachtung der Entwicklung der Gemeinde von Korinth auf der Basis des ersten Korintherbriefes, (NTA 12) Münster 1977

J. Schreiner (Hrsg.), Gestalt und Anspruch des Neuen Testaments, Würzburg 1969

H. Schürmann, Die geistlichen Gnadengaben in den paulinischen Gemeinden, in: Ders., Ursprung und Gestalt, Düsseldorf 1970, 236-267

Ders., Jesu ureigener Tod. Exegetische Besinnungen und Ausblick, Freiburg 1975

S. Schulz, Die Charismenlehre des Paulus. Bilanz der Probleme und Ergebnisse, in: Rechtfertigung, (FS E. Käsemann) Tübingen 1976, 443-460

E. Schweizer, Gemeinde und Gemeindeordnung im Neuen Testament, (AThANT 35) Zürich ²1962

Ders., Matthäus und seine Gemeinde, (SBS 71) Stuttgart 1974

G. Theissen, Soziologie der Jesusbewegung. Ein Beitrag zur Entstehungsgeschichte des Urchristentums, (TEH 194) München 1977

Ders., Studien zur Soziologie des Urchristentums, (WUNT 19) Tübingen 1979

W. Thüsing, Dienstfunktion und Vollmacht kirchlicher Ämter nach dem Neuen Testament, BiLe 14 (1973) 77-88
W. Trilling, Amt und Amtsverständnis bei Matthäus, in: Mélanges bibliques en hommage à Béda Rigaux, Gembloux 1970, 29-44
Ders., Zum Petrusamt im Neuen Testament, ThQ 151 (1971) 110-133
Ders., Die Botschaft Jesu. Exegetische Orientierungen, Freiburg 1978
P. Trummer, Die Paulustradition der Pastoralbriefe, (BET 8) Frankfurt a. M. 1978
A. Vögtle, Exegetische Reflexionen zur Apostolizität des Amtes und zur Amtssukzession, in: Die Kirche des Anfangs, (FS H. Schürmann) Freiburg 1978, 529-582
E. Ziebarth, Das griechische Vereinswesen, Leipzig 1896

Abraham 129
Achaia 104
Achaikus 109, 115
Adam 212
Agrippa, Vierfürst 211
Alexandrien 79
Amt, Ämter 16, 75, 102, 107f, 120f, 144, 147ff, 155–165, 176ff, 186f, 201ff, 225f, 227f, 230f, 254ff, 260f, 263f, 267f
Antiochien 219, 220f, 223, 230, 262
Apollos 112, 177f, 247
Apostel 144f, 148, 154, 179f, 185f, 203f, 214, 216, 230, 244
Apostelrechte 116f
Apostolisch 174, 180f, 208
Auferweckung/Auferstehung 61ff, 182
Augustus, Kaiser 212

Barnabas 85, 110, 220, 222, 226, 247
Basileia s. Herrschaft Gottes
Bau s. Kirche
Besitz, Besitzlosigkeit 69, 80
Befreiungstheologie 86
Bergpredigt 57f
Bibel als Norm 16–27, 31, 259
Biblizismus 19–22, 257
Bischof 76, 117, 121, 154f, 161, 204, 226, 231, 233, 257

Charisma, Charismatiker 70, 136–147, 155–165, 234, 268
Chloe 115
Claudius, Kaiser 79

Diakon 18, 218, 231, 257, 259
Diakonia 225
Diakonos 94, 99, 136, 231, 233, 235, 240ff, 248
Didaskalia 253f
Dienstleistungen 146, 240ff, 268

Ehe, Ehelosigkeit 118ff, 139f, 169
Einheit 184f, 189
Ekklesia (vgl. Kirche) 98
Enthusiasten, Ekstatiker 141–157
Epaphroditus 110
Ephesus 109, 177–189, 215, 224
Episkopos (vgl. Bischof) 99, 223, 225, 231, 234–237, 240, 242, 248
Eucharistie 154, 204, 259
Evangelist 185
Evangelium 35f

Familie 69, 79
Fasten 52f, 73
Festus 211
Flavius Josephus 69
Fortunatus 109, 115
Frauen 257

Freiheit 39, 58, 72, 146, 185, 260, 267
Friede 71, 261
Fundament 179f

Galater 23f
Galiläa 19f, 34f, 66, 85, 217
Geist 142f, 214ff, 225f, 228, 259
Gemeinde 61, 103, 122–126, 160f, 171, 199f
Gemeindeleiter 75, 199–203, 249
Gesetz 58, 60, 73, 159
Glaube 39f
Glaubensbekenntnisse 173
Gnosis 251, 253

Häresien 172ff, 245f
Handauflegung 154, 215, 219f
Hannas 212
Hasmonäer 82
Heimat, Heimatlosigkeit 69
Hellenismus, Hellenisten 82f, 218
Herde 225
Herodes d. Große 60, 66, 82
Herodes Antipas 212
Herrschaft Gottes 37ff, 43f, 47, 49, 62ff, 71, 81, 169, 204
Hierarchie 101, 187, 204, 257
Hieronymus 162
Hirte 184
Historisch-kritische Methode 19–23

Jakobus 85, 207, 209, 216, 220, 244
Jerusalem 19f, 22f, 66, 123, 176, 207, 215, 217f, 220, 222, 262
Jesaja 213f
Joel 125, 213
Johannes, Apostel 244
Johannes Markus 110
Johannes der Täufer 66, 80, 212
Josua 219
Judentum 60, 66
Jünger 41ff, 69, 195f, 203f

Kajafas 212
Kardinalskollegium 18
Katechet 15, 253f
Katholisch 172, 174, 181
Kephas (vgl. Petrus) 77, 112, 177f, 244, 247
Kirche 62ff, 133–136, 169, 177–181, 199ff, 261f
Kirche als Norm 31ff
Kirchengesetz 76, 159
Klerus 15, 161, 201, 257
Konzil 76f, 223, 230
Korinth 24, 84f, 101f, 108–126, 131, 140f, 146ff, 177, 262
Korporativpersönlichkeit 129f
Kosmos 181
Kreativität 23f

Laie 15, 161, 257, 259
Laientheologe 15, 75
Lehre 71, 86, 253

Lehrer 144f, 148, 185f, 202, 219, 221f
Leib 127–130
Leibhaftigkeit, leibhafter Christus 131–136, 156, 268
Levi 49ff, 192ff
Lukas, Evangelium, Apostelgeschichte 210–230

Macht 136, 159f
Maria 71
Marta 71
Mattäus, Evangelium (vgl. Levi) 189ff
Mattias 216
Mazedonien 104
Metropolit 232
Milet 224
Mitte der Schrift 24f
Mose 150, 219

Nachfolge 41ff, 73, 75, 240
Naherwartung 168ff
Nazaret 211, 213
Neuinterpretation 22f
Normenverschärfung 83f

Objektive Geschichtsbetrachtung 31–34
Ökumene 263ff
Organismusgedanke 128ff

Papst 18, 77, 154, 209f, 258, 259
Paratheke 250ff
Pastoralbriefe 230ff
Pastoralassistent 15, 75
Paulus 23ff, 77, 85, 102ff, 112, 115, 117f, 177f, 217, 220, 222, 226, 233, 243f, 247, 249
Petrus (vgl. Kephas) 71, 85, 205f, 210, 213, 216, 220, 258
Pfarrer 75, 154
Pfingsten 213, 214ff
Pharisäer 34, 54ff, 60, 73, 83, 193, 202
Philipper 110
Philippus 219
Phöbe 18
Pneumatiker 113
Pontius Pilatus 212
Prediger 149f, 154f
Presbyter 94, 220f, 231–234, 238–240, 242, 248, 259
Priester, Hohepriester
  jüdisch 73, 82, 100, 212
  heidnisch 99
  christlich 15, 100, 154, 161, 204, 231, 257
Priesteramtskandidat 75
Priestertum auf Zeit 258
Propheten 144f, 148, 179f, 185f, 219, 221f, 234
Pseudepigraphie 243, 246f

Quirinius 212
Qumran 55f, 79–81, 83

Randgruppen 46f, 50f, 71, 114
Reinheitsvorschriften 46f
Rundschreiben 182

Sabbat 54ff, 58f
Sadduzäer 61
Schriftgelehrte 73, 95, 197, 202
Seelsorgerhelfer(in) 15
Seminarien 161
Siebner-Kollegium 95, 218, 230, 259
Soziologie 65f, 69, 116
Stephanas 108, 109, 115
Stephanus 219
Sündenvergebung 48f
Sympathisanten 66, 69, 70f
Synagoge, synagogale Ämter 92–100, 218f

Tempel 66, 229
Theokratie 81f
Thessalonich 104–108
Tiberius, Kaiser 212
Timotheus 230, 232f, 247
Titus 230, 232f
Tod Jesu 61–63
Toleranz 112
Treue 23f, 267f

Vereine, griechisch 96–100, 124, 234
Versöhnung 82, 152–155
Vikar 75
Volk Gottes 96
Vorsteher 106, 227

Wanderprediger 69–72, 95, 171
Weihe, Beauftragung 109, 117
Widerstandskämpfer 79, 80, 81, 83
Witwenstand 18
Wundertäter 150

Zeitfaktor 211, 213f, 216
Zeloten 42f, 81
Zöllner 50f, 192ff

Register der Bibelstellen (Neues Testament)

Mattäusevangelium

4,15	35
4,18–22	196
5–7	57–58
5,17ff	73,194
5,21–48	58, 83–84
5,23	73
6,6	69
6,16ff	73
6,25–34	70–71
8,20	69
9,1	196
9,9–13	192–200
10	203–204
10,2–4	195–196
10,5ff	69, 70–71, 169
10,23	81
10,34	194
13,24–30. 36–43	191
13,47–50	191
13,51	197
16,16	208
16,17	208
16,18	207
16,18–19	205
16,19	73
17,24ff	73
18,1ff	200–201
18,18	73
18,20	26
22,11–14	191
23,1ff	22, 73, 202–203
23,11	204
24,25f	80
27,45–56	61
28,16–20	19, 191, 224

Markusevangelium

1,14–3,6	34–60
1,15	43,169,194
1,16–20	41–43, 49–50
1,21–28	43–44, 45
1,29	71
1,29–31	44–45
1,32–34	45
1,35–39	45–46
1,40–45	46–47
2,1–12	48–49
2,13–17	192–195
2,13–14	49–50
2,15–17	50–51
2,18–22	52–53
2,23–28	54–58
3,1–6	58–61
4,40	249
5,37	206
6,7–11	70–71
6,7–13	169
8,30–33	206
9,2	206
10,42–45	240
14,3ff	71
14,25	169
14,33	206
14,66–72	207, 208
15,33–41	61
16,5–7	19

16,14–19 224

Lukasevangelium
1,1–4 211, 214, 218
2,1–2 212
3,1–2 212
3,4 212
3,32–38 212–213
4,14–21 213–214
5,10 208
6,20–49 57–58
8,2f 71
9,1–6 70–71
9,57–62 42
10,1–12 43
10,2–12 70–71, 169
10,38ff 71
12,22–31 70–71
12,32 225
12,37 225
12,49 194
14,26 69
15,11–32 152–153
17,8 225
17,21 53
22,14–38 224–225
24,4–6 20
24,27 213
24,34 207
24,44–52 224
24,49 20

Johannesevangelium
1,42 207
6,67–69 208
13–17 224
13,1–15 41–42
13,23f 206
20,2ff 206
21,1ff 19,25
21,7 206
21,15–19 208

Apostelgeschichte
1,2 214
1,4–9 224
1,4 20, 217
1,8 214, 217–218
1,15–26 207, 216
2,1–13 213, 214
2,14–36 125, 207, 213
2,17 214
2,24–47 229–230
4,8 215
4,31 215
4,32–35 229–230
5,1–11 230
6,1 230
6,1–6 215, 218–219
6,7 229–230
6,9 92
7,55 215
8,17–18 215
9,2 92
9,31 215, 229–230
10,44 215
11,19–30 220–223
11,25 215
12,1–2 216
13,1–3 219–220, 221–222
13,9 215
14,14 216

14,23	226–227
14,27	222
15,1–35	85, 172, 207, 215, 220, 223, 230
15,36–40	110, 230
18,3	130
18,11	116, 131
19,6	215
20,7ff	230
20,17–38	223–228
21,18	220, 221
22,22–29	85
26,26	211
28,1ff	218

Römerbrief

10	125
11,11	169
12,4–5	127
12,6	139
12,7–8	147, 148
13,12	169
16,1	18

1. Korintherbrief

1–2	118
1,2	103, 122–126, 171
1,4–7	138
1,11–16	108, 112, 115, 177
2,1	62
3,3–4	112
3,5–17	116, 136, 178
4,14–17	116, 245
4,21	117
5	114
5,4–5	120
6,1–11	114
6,12–20	113,114
7	114–115, 118–120
7,1	109
7,7	139–140
7,25ff	169
8	115
9	115, 117, 130
10–11	115
10,23	121
10,32	171
11,7–12	120
11,16	120, 172
11,18	112, 171
11,23–25	171, 204
12–14	115
12	22, 127–138, 140–148, 185–186
13	121, 145
14	145
15	115
15,1–5	252–253
15,3–5	171
15,5	207
15,8	130
15,9–11	245
15,12–19	120
16,15–16	108–109
16,17	109, 115
16,18	109

2. Korintherbrief

1,1	103
2,14–7,4	149–155
2,17	149

3,1	150
3,5	150
3,6	260
3,12–18	150
4,5	150
4,10	117, 150
5,11–21	149–154
5,17	124
5,21	61
11,21 f	150
11,30	150
12,11	150

Galaterbrief

1,2	103
1,15–16	130
1,18	207
2	85
2,6–10	244
2,11–14	77, 207
3,13	61
3,28	126
6,15	124

Epheserbrief

1,1	180
1,3–14	182
1,15–23	182–183
1,22–23	127, 183
2,19–22	179
2,20	187
3,5–6	186, 187
4	184–189

Philipperbrief

1,1	103, 235
2,6–11	171
2,25–30	110

Kolosserbrief

1,18	127

1. Thessalonicherbrief

1,1	103
1,2–10	104
2,14	123
4,3–12	104
4,18	104
5,11	104
5,12f	105–107
5,14	104, 107
5,20–21	105

1. Timotheusbrief

1,3	232
1,6	245–246
1,12–17	243
1,18	233–234
2,1–12	232
3,1–7	231, 235–236
3,8–13	241
4,7	232, 233, 245–246
4,11	232
4,14	233–234, 239
4,15f	232
5,1	233, 237
5,8	249
5,17ff	237–239
5,22	232, 242
6,3	232
6,20	232, 252

2. Timotheusbrief
1,6 234
1,10–14 232, 252
2,1–13 233, 243
2,15 232–233
2,22 233
2,24 233
3,14 232
4,1 ff 232
4,6–8 244

Titusbrief
1,5–6 237–238
1,7–9 231, 236
2,7 232

1. Petrusbrief
2,25 235
5,2–3 225

2. Petrusbrief
3,3–15 170

Offenbarung des Johannes
2,9 92
3,9 92